书山有路勤为径，优质资源伴你行
注册世纪波学院会员，享精品图书增值服务

AI数字化项目管理 创新思维 +91个实战场景

平涛 包秀明 田文谦 岳建伟 周敏 王俊峰◎编著

INNOVATIVE MINDS IN AI-
DRIVEN PROJECT MANAGEMENT+
91 PRACTICAL SCENARIOS

电子工业出版社·
Publishing House of Electronics Industry
北京·BEIJING

图书在版编目（CIP）数据

AI数字化项目管理创新思维+91个实战场景 / 平涛等

编著. -- 北京：电子工业出版社，2025.1（2025.9重印）. -- ISBN
978-7-121-49118-4

Ⅰ. F224.5-39

中国国家版本馆CIP数据核字第2024L8U414号

责任编辑：袁桂春
印　　刷：河北虎彩印刷有限公司
装　　订：河北虎彩印刷有限公司
出版发行：电子工业出版社
　　　　　北京市海淀区万寿路173信箱　　邮编100036
开　　本：720×1000　1/16　　印张：18.25　　字数：405千字
版　　次：2025年1月第1版
印　　次：2025年9月第5次印刷
定　　价：88.00元

凡所购买电子工业出版社图书有缺损问题，请向购买书店调换。若书店售缺，请与本社
发行部联系，联系及邮购电话：（010）88254888，88258888。

质量投诉请发邮件至zlts@phei.com.cn，盗版侵权举报请发邮件至dbqq@phei.com.cn。

本书咨询联系方式：（010）88254199，sjb@phei.com.cn。

序

在数字化浪潮席卷全球的今天，项目管理正经历着前所未有的变革。传统的管理模式已难以应对复杂多变的商业环境和海量数据带来的挑战，而人工智能（Artificial Intelligence，AI）技术的迅猛发展，则为项目管理带来了全新的机遇和可能。

本书作者团队深耕数字化项目管理多年，对AI技术在项目管理领域的应用进行了深入研究和实践探索。他们敏锐地洞察到，AI不仅是提高效率的工具，更是重塑项目管理思维、推动管理模式创新的引擎。

本书以"本质思维、创新思维、智能思维"为主线，系统阐述了AI赋能数字化项目管理的理念、方法和实践案例。书中不仅深入剖析了数字化时代项目管理的本质需求，更跳出传统思维框架，借鉴其他学科理论，提出了富有洞见的创新思维。同时，作者团队结合自身丰富的实战经验，将AI技术与项目管理的各个环节深度融合，为读者呈现了AI在目标管理、范围管理、需求管理、计划管理等方面的具体应用场景和解决方案。

尤为值得一提的是，本书在介绍AI工具的同时，更注重培养读者的AI思维方式。作者团队总结提炼了"角色+任务+步骤+模型+数据+条件+需求"的AI万能提问公式，帮助读者更好地与AI进行互动，挖掘AI的潜力，解决实际问题。

我相信，无论是数字化项目管理从业人员、人工智能领域学习者，还是企业高管、创业者，都能从本书中获得启发和收获。它不仅是一本实用的工具书，更是一本引领未来项目管理发展的指南。

让我们一起拥抱AI，开启数字化项目管理的新篇章！

周敏

深圳市世纪卓越管理咨询有限公司、深圳市鲲鹏人工智能科技开发有限公司董事长

前　言

写作背景

本书的创作灵感来源于对当下数字化项目管理领域的深入研究和对人工智能（Artificial Intelligence，AI）技术的探索。数字化时代的到来为企业管理带来了前所未有的挑战和机遇。AI技术的快速发展为项目管理提供了全新的解决思路和实践场景。因此，作者希望通过本书为读者系统介绍项目管理的新本质思维、新创新思维、新智能思维，以及AI工具如何赋能数字化项目管理。

写作目的

本书的目的是帮助读者理解和掌握AI技术在数字化项目管理中的应用，引领读者跨越传统项目管理的边界，打造一个高效、智能的项目管理体系。通过深入剖析AI技术和数字化项目管理的结合，本书能够激发读者的创新思维，培养读者运用AI技术解决实际问题的能力，同时提供实战案例供读者借鉴和参考。

读者对象

本书的读者对象包括以下几类。

（1）数字化项目管理从业人员，如项目经理、产品经理、技术经理、数据分析师等。他们希望通过了解项目管理高频难点问题和实战场景，提升自身在数字化项目管理方面的能力。

（2）AI领域学习者，如对AI技术感兴趣的学生、研究者、开发者等。他们希望了解如何将AI应用于数字化项目管理中，以及如何在实践中解决各种问题。

（3）企业高层管理者及决策者，如首席执行官（Chief Executive Officer，CEO）、首席技术官（Chief Technology Officer，CTO）及首席信息官（Chief Information Officer）等高层管理者。他们希望了解如何利用AI技术和创新思维来改进数字化项目管理，提高企业效率和竞争力。

（4）创业者和中小企业主。他们希望了解如何利用AI和创新思维解决数字化项目管理中的难题，提高企业运营效率和管理水平。

（5）教育机构与研究机构。它们希望在数字化项目管理和AI领域进行教学和研究。

主要内容

本书包括以下3个单元。

第1单元通过解读数字化时代的项目管理需求及项目管理的"道、法、术、器"，阐述了项目管理的新本质思维、借鉴项目管理理论之外其他理论的新创新思维，以及AI在项目管理中的重要应用的新智能思维。特别注意，在向AI提问时，本单元在向AI提问的万能公式"角色+任务+步骤+条件+需求"的基础上，总结提出了用模型思维改进的向AI提问的万能公式"角色+任务+步骤+模型+数据+条件+需求"。

第2单元介绍了AI赋能数字化项目管理四个角色的主要思路及应用场景案例。

第3单元通过具体案例介绍了最常见的项目管理难点问题及解决思路的AI应用场景，包括项目管理中的目标管理、范围管理、需求管理、计划管理、进度管理、敏捷管理、团队管理、结项管理等。

写作感想

在写作本书的过程中，我们深切感受到AI对数字化项目管理的革命性影响。AI技术的应用不仅提高了项目管理的效率和准确性，更带来了全新的商业模式和管理理念。同时，我们也逐渐意识到AI技术的发展和应用必须与人文关怀相结合，关注人与技术的和谐共生。希望本书能为读者提供启示，引发读者对项目管理未来发展的思考和探索。

写作分工及致谢

本书是团队合作的成果。写作团队有6名成员，基于多年数字化项目管理从业经验及对AI技术的研究共同写作了本书。在写作过程中，写作团队得到了相关领域专家和学者的指导与支持，他们为本书提供了丰富的案例和深刻的观点。在此，我们对所有在写作过程中给予我们支持和帮助的人表示衷心感谢。特别感谢家人和朋友们在情感上对我们的支持和理解。没有你们的支持与帮助，本书是不可能顺利付梓的。

在本书的精心策划与出版过程中，我们由衷地感谢本书策划编辑刘淑丽女士的卓越贡献与不懈努力。她以专业的眼光、严谨的态度，为本书的品质提升与价值彰显提供了保障。若您对本书有任何宝贵建议，我们诚挚地邀请您通过邮箱liusl@phei.com.cn与我们联系。

愿本书能为读者带来启示和收获，成为数字化项目管理领域的参考书。我们相信，通过所有从业者的共同努力，我们可以打造更加智能、高效的未来项目管理体系。祝大家阅读愉快！

平涛　包秀明　田文谦　岳建伟　周敏　王俊峰

目 录

导读

0.1　本书的框架体系

本书的框架体系如图0.1所示。第一个维度是AI与项目管理三大思维（新本质思维、新创新思维和新智能思维）融合的独特思考，即AI赋能项目的独特思维。第二个维度是AI对于项目管理四个角色（决策者、管理者、骨干者和执行者）的独特价值体现，即AI赋能群体的独特价值。第三个维度是AI在项目管理八个核心领域的独特场景应用，即AI赋能领域的独特场景。

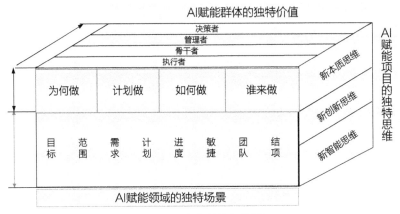

图 0.1　本书的框架体系

0.2　第1单元解读

从AI赋能项目的独特思维角度来说，本书的思路如图0.2所示。项目要做到四点对齐，就是在项目的起点、终点、卡点和赛点，通过运用三类思维，即秉承项目价值创造的新本质思维，跳出框架拥抱变化的新创新思维，以及融合让项目管理更智能的新智能思维，最终取得四类聚焦的效果，实现项目的成功交付。

图 0.2　AI赋能项目的独特思维

在探讨项目管理的新本质思维与新创新思维之前，我们有必要对《PMBOK®指南》的两个版本进行一番比较。《PMBOK®指南》（第6版）主要侧重于项目管理过程，即一系列定义明确的步骤和活动，旨在指导项目从开始到结束的每个阶段。然而，随着项目管理实践的发展，《PMBOK®指南》（第7版）已经做出了重大转变，从基于过程的模式转变为基于原则的模式。这种转变意味着项目管理不再仅仅依赖于固定的流程，而是更加注重灵活性和适应性，以原则为指导，更好地应对复杂多变的环境。《PMBOK®指南》（第7版）提出了12个项目管理原则，这些原则旨在为项目管理者提供一个更为灵活和适应性强的框架，以支持他们在不断变化的项目环境中做出明智的决策。对这些原则的分类可以参考表0.1，它们代表了项目管理思维的最新发展，强调了持续改进和适应性的重要性。通过这些原则，项目管理者可以更加有效地引导项目团队，确保项目目标的实现，同时保持对新兴挑战的敏感性和响应能力。

表 0.1　《PMBOK®指南》（第7版）中项目管理12个原则的分类

《PMBOK®指南》（第7版）中项目管理12个原则		分类
管家式管理	成为勤勉、尊重和关心他人的"管家"	人
团队	营造协作的项目团队环境	
干系人	有效的干系人参与	
领导力	展现有领导力的行为	
系统思考	识别、评估和响应系统交互	过程
质量	将质量意识融入过程和结果	
风险	优化风险应对	
裁剪	根据环境进行裁剪	
价值	聚焦于价值	商业环境
复杂性	驾驭复杂性	
变革	为实现预期的未来状态而驱动变革	
适应性和韧性	拥抱适应性和韧性	

至今，《PMBOK®指南》还没有系统地阐明项目管理的底层逻辑和方法论。《PMBOK®指南》（第6版）主要讨论了工具和过程。然而，在不理解底层逻辑和方法论的情况下，只知道有哪些可用工具，就像种花不清楚种子的生长规律、土壤特性一样，只会机械地使用工具，容易选择错误的花盆、土壤和水源。从项目经理个人的层面来看，我们发现尽管很多人拥有 PMP®证书，但在日常项目管理中很难实践学到的理论知识，项目也常常弄得一团糟；从企业组织的层面来看，许多中小企业也开始重视精细化管理，向管理较为成熟的公司取经，但学习华为、阿里巴巴、腾讯等企业的成熟管理经验后，却苦于无法将其应用到本企业实践中。

这些问题的根本原因在于只学习了"器"的层面,而没有真正理解"道""法""术"。因此,机械地复制并应用这些经验的效果不佳。基于以上问题,我们有必要着重讨论项目管理的"道"和"法"。显然,《PMBOK®指南》(第7版)也意识到了这个问题,添加了项目管理12个原则。这些原则更偏向于"道"的层面。

项目管理的"道""法""术""器"如图0.3所示。

道	本质层面
法	方法论层面
术	实操层面
器	工具层面

图0.3 项目管理的"道""法""术""器"

项目管理的"道"就是分析问题的思维及解决问题、实现价值的能力,属于本质层面,具体步骤包括准确定位问题本质,抓住导致问题出现的核心原因,并建立解决问题的思路框架和思维模型。

项目管理的"法"就是项目管理的方法、规章、流程、制度,属于方法论层面。例如,瀑布开发、敏捷开发等都是软件项目领域常见的开发方法。还有一些框架如Scrum、SAFe®和IBM RUP,它们不仅提供了项目运作过程,还提供了详细的行为指导和实践指南。另外,PMP®五大过程组和十大领域对项目管理知识进行了结构化梳理,并提供了最佳实践方法。这些方法可以为项目经理提供参考,确保项目管理工作规范、有序。

项目管理的"术"就是具体项目管理实操的经验与实践,属于实操层面。每个项目都有其独特的特点,项目经理需要在掌握组织项目管理制度的基础上,根据项目的特点制订合理的项目计划。这包括项目交付策略、干系人沟通技巧、需求提交和变更管理机制,以及风险识别和管理策略等。公司的项目管理办公室(Project Management Office,PMO)会制定组织层面的项目管理制度,然后由项目经理根据该制度进行项目管理活动的过程裁剪。

项目管理的"器"就是在项目管理工作过程中能帮助项目经理更高效地管理项目的工具和管理技巧,属于工具层面。常用的工具包括Jira、看板、Confluence、Xmind、Excel和甘特图等。常用的技巧则包括及时记录会议纪要、跟踪会议待办事项、构建项目管理知识库、组织每日站会、与相关人员及时沟通,以及灵活使用线上协同办公工具等。

本书认为,AI工具只是一种"器",AI工具的使用技巧是一种"法",但是要想真正掌握AI工具的使用技巧，就要明白背后的"道"，也就是思维。本书介绍的思维有以下三类。第一类是项目管理的新本质思维。我们学习的《PMBOK®指南》内容来源于美国项目管理协会（Project Management Institute，PMI），美国人使用的这一套方法背后其实是有思维模型的，我们不仅要学其中的"法"，更要深刻理解背后的"道"。遗憾的是，很少有人讲解其背后的"道"。本书的鲜明特色之一就是基于作者20多年的项目管理培训咨询和实际项目管理工作经验，尝试分析《PMBOK®指南》背后的"道"。

第二类思维是项目管理的新创新思维，这些思维不是来源于《PMBOK®指南》，而是来源于作者自身的经验。我们发现很多项目管理的难点问题不仅要用到项目管理的知识，而且要用到更广泛的企业管理学的知识，因此称为项目管理的新创新思维。

第三类思维是项目管理的新智能思维，总结了对AI提问的各种方法，并提出了AI在项目管理中的主要应用方向，包括点状思维、逻辑思维、结构思维、模型思维等。

0.3　第2单元解读

AI赋能四种角色的独特价值如图0.4所示。对于决策者，AI可以帮助他们进行高质量决策，让决策者更聪明；对于管理者，AI是极简指挥棒，让管理者更精准；对于骨干者，AI帮助他们从乱战中突围，让骨干者更突出；对于执行者，AI是工作百宝箱，让执行者更高效。

图0.4　AI赋能四种角色的独特价值

0.4　第3单元解读

在前两个单元的基础上，我们会发现AI技术与项目管理这个领域的适配性及应用度非常高。项目管理的目标性与过程性、一次性与变化性、理论性与实践性的混合特征，为AI技术的应用提供了丰富的场景。这也是本书的初衷，通过多个AI赋能的项目管理实战案例与场景，为读者提供一种沉浸式、交互式的阅读感受。

本书针对高频难点问题，从三个角度（项目管理新本质思维、新创新思维、AI应用）提出解决思路。以目标管理章节为例，如表0.2所示。

表0.2　目标管理章节高频难点问题及解决思路

高频难点问题	解决思路		
	项目管理新本质思维	新创新思维	AI应用
1. 需求方的目标不清晰	目标思维（1.3.1 节） 适度思维（1.3.7 节） 程序思维（1.3.8 节）	关联检测法（2.2.2 节）	案例51、案例52
2. 目标清晰了，但是有隐藏目标	目标思维（1.3.1 节） 适度思维（1.3.7 节） 程序思维（1.3.8 节）	时空挖掘法（2.2.1 节）	案例53
3. 目标不止一个	目标思维（1.3.1 节） 系统思维（1.3.3 节） 排序思维（1.3.5 节） 平衡思维（1.3.2 节）	四类决策、四类利益共生（2.5.2 节）	案例54
4. 各干系人目标不一致	目标思维（1.3.1 节） 排序思维（1.3.5 节） 平衡思维（1.3.2 节） 控制思维（1.3.6 节）	—	案例55

第1单元

AI赋能数字化项目管理之思维篇

第1章 ▶▶

传统项目管理的原则、核心价值观及新本质思维

1.1 传统项目管理的六个原则

传统项目管理的六个原则如图1.1所示。它们形成了一个完整而有序的框架，引导着项目的顺利推进和成功实现。

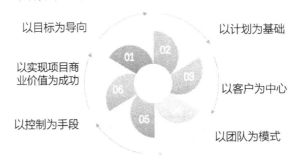

以目标为导向　　　　　　　以计划为基础

以实现项目商业价值为成功

以客户为中心

以控制为手段

以团队为模式

图1.1　传统项目管理的六个原则

第一，作为项目管理的核心，我们必须以目标为导向。一个项目成功与否取决于目标是否具有明确性和可达性。在制订项目计划之前，我们需要明确项目的目标和预期成果，确保整个团队对目标有一致的认同和理解。同时需要确立清晰的评价指标，以衡量项目的进展和成果是否符合预期。

第二，以计划为基础。这是传统项目管理中的重要原则之一。良好的计划是项目成功的基石，通过详细的计划，我们可以合理分配资源、安排工作任务和确定关键里程碑。在制订计划的过程中，我们需要考虑各种潜在风险，制定相应的风险应对策略，确保项目按时、按质、按量完成。

第三，以客户为中心。客户满意度是衡量项目成功的重要指标。我们要深入了解客户需求，尽可能地满足他们的期望。有效的沟通和良好的合作将帮助我们更好地理

解客户需求，并及时调整项目方向和策略。

第四，以团队为模式。团队的凝聚力和协作能力对于项目的成功至关重要。我们需要建立一个高效的团队，明确每个成员的角色和责任，并提供必要的资源和支持。通过团队的协作和互动，我们能够充分发挥每个人的优势，共同推进项目。

第五，以控制为手段。在项目执行过程中，我们需要进行全方位的监督和控制，确保项目按照计划进行并取得预期效果。项目风险管理、质量控制和变更管理等方面的措施都是必不可少的。及时发现问题并采取相应的纠正措施，能够有效降低不良影响，确保项目稳步推进。

第六，以实现项目商业价值为成功。项目的最终目标是为组织创造价值。我们需要始终关注项目的商业意义和价值，将项目成果与组织的战略目标紧密结合，使项目的成功不仅体现在项目交付上，还体现在产生持久的商业价值上。

综上所述，传统项目管理的六个原则是以目标为导向、以计划为基础、以客户为中心、以团队为模式、以控制为手段和以实现项目商业价值为成功。这些原则贯穿整个项目管理过程，引导项目经理和团队朝着共同目标努力，确保项目能够高质量、高效率地实现预期目标，并为组织带来持久的商业价值。

1.2 传统项目管理的11个核心价值观

《PMBOK®指南》中的相关内容可以归纳为11个核心价值观，如表1.1所示。

表1.1 11个核心价值观

序号	核心价值观	《PMBOK®指南》中对应的内容
1	成果交付	目标
2	过程控制	规章、制度、方法
3	计划为纲	计划
4	动态调整	监控、变更
5	运筹帷幄	整合
6	恰到好处	范围、质量
7	合作共赢	人力、干系人、采购
8	互通有无	沟通
9	未雨绸缪	风险
10	"资治通鉴"	组织过程资产
11	"运用之妙，存乎一心"	组织内外部环境

传统项目管理的11个核心价值观在当今复杂多变的商业环境中仍然具有重要意

义。这些价值观是项目管理领域的基石，为项目团队提供了行之有效的指导原则和方法论。

成果交付是项目管理不可或缺的核心。它强调项目最终要产生实际成果并实现预期目标。这一理念与《PMBOK®指南》中的项目目标密切相关，强调项目团队必须明确目标并致力于实现这些目标。

过程控制是确保项目按计划推进的关键。通过规章、制度和方法的约束和引导，项目团队能够有效地控制项目的执行过程，确保项目按时、按质完成。

计划为纲，一个好的计划是项目成功的基石，能够帮助团队明确目标、分解任务、合理分配资源，并制定详细的实施路径。

动态调整也是不可或缺的。在项目执行过程中，监控项目进展并及时进行变更是确保项目成功的关键。团队必须灵活应对变化，及时做出调整。

运筹帷幄意味着项目经理需要统筹全局，整合各方资源，确保项目各项工作有序展开，达到整体最优。

恰到好处是对项目范围和质量的要求。应根据项目需求恰如其分地确定项目范围和保证项目质量，既不能过度扩大范围导致资源浪费，也不能为完成任务而对质量做出妥协。

合作共赢强调团队合作和干系人管理的重要性。只有进行有效的人力、干系人和采购管理，项目才能实现共赢，并促进各方共同成长。

互通有无强调沟通的重要性。良好的沟通是项目成功的关键，只有及时、准确地传递信息、解决问题，团队才能保持高效运转。

未雨绸缪强调风险管理的重要性。项目团队需要提前识别和评估风险，并制定相应的风险应对策略，以做好应对准备。

"资治通鉴"意味着充分利用组织过程资产。项目团队需要充分了解和利用组织过程资产，借鉴以往项目经验和最佳实践，提高项目执行效率和质量。

"运用之妙，存乎一心"强调项目经理需要全面考虑组织内外部环境因素，制定相应策略。只有深入了解组织内外部环境，灵活应对各种挑战和机遇，才能实现项目顺利推进和成功交付。

综上所述，传统项目管理的11个核心价值观在当今项目管理实践中仍具有重要意义。只有恪守这些核心价值观，并将其灵活运用于实际项目中，项目团队才能提高执行效率，确保项目成功交付。

1.3　重塑项目管理的八个新本质思维

本书提出的重塑项目管理的八个新本质思维是数字化时代中对项目管理新特征、新趋势的思考，基于目标论、系统论、价值论的思维结构，聚焦数字化项目范围，旨

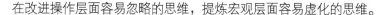
在改进操作层面容易忽略的思维，提炼宏观层面容易虚化的思维。

1.3.1 案例1：目标思维——成果导向与问题导向

1. 知识介绍

成果性目标体现的是成果导向的思维，即目标思维。它强调在项目实施过程中要取得的具体成果和要实现的目标，关注的是项目的最终产出是否符合预期和满足需求。这种思维方式以实际结果为导向，注重实际效果和实际价值，追求项目的成功，而不仅仅是解决项目实施过程中的困难和挑战。设定明确的成果性目标，可以帮助项目团队和相关项目干系人更好地进行决策和规划，并将资源和注意力集中在实现最终目标上。

"领导为什么总是针对我？"

"当初要不是朋友叫我跳槽，我现在已经在原公司享受分红，实现财务自由了。"

"项目工作做得很好，但项目失败了？这事我可不背锅。"

当你频繁这么想的时候，就要警惕自己是不是陷入受害者思维了。

受害者思维又称弱者思维，典型的表现是"我没有错""都是你们害了我""都是你们对不起我"。当出现这种思维时，你往往在当时感觉极为愉悦，因为你会发现，原来的各种自责、压力都没有了，你还可以反过来指责别人。但愉悦过后，各种问题就接踵而至了：

- 以前虽然觉得自己不行，但至少还能做成一两件事；现在觉得自己行了，反而一件事都没有做成，到处都是给自己挖坑的"猪队友"。
- 以前自己做事虽然会遭遇很多挫折，但多多少少还有些成长；现在自己虽然看起来不犯错了，但没有了成长的空间。
- 以前还有几个不错的朋友，家人也跟自己挺亲近；但现在一个朋友都没有了，家人也跟自己越来越疏远。

这就是陷入受害者思维后必然产生的危害。你撇开自己的责任和压力，处处指责别人，认为你的问题都是别人导致的，久而久之，不仅自我成长停滞，人际关系也越来越差。

既然受害者思维有这么大的不良作用，那么我们要如何才能走出来呢？

当对现状不满时，陷入受害者思维的人总是不停地抱怨，不停地推责，但就是不思考接下来该怎么办。把注意力放在问题上，只会导致怨天尤人；而把注意力放在目标上，则会让你快速摆脱受害者思维。面对问题时，具有问题导向思维的人习惯这样思考：为什么会出现这样的问题？是谁的错？这样的问责模式容易制造紧张氛围，使人本能地想解释、逃避责任。而具有成果导向思维的人则看向未来，重在解决问题。例如，你可以这样思考：

- 为了达成目标，遇到这个问题，我可以怎样做？
- 除了这种方法，还有其他方法能帮助我达成目标吗？
- 哪种方法更有助于达成目标呢？

总之，在制定项目目标时，以及在项目执行过程中，主要采用成果导向思维，不要过多地采用问题导向思维。在总结经验教训时，采用问题导向思维才是合适的。任何时候都不要陷入受害者思维。

2. 典型案例

张丽是某家互联网科技公司的高级项目经理，她负责带领一个团队开发一款新型智能手机。在这个项目中，张丽一直秉持成果导向思维，并设定了明确的成果性目标。

张丽：大家好！我们的目标是推出一款功能强大、用户体验优秀的新型智能手机！为了达成这个目标，我们需要注重产品的实际效果和实际价值。大家有什么想法呢？

小明：我觉得我们应该注重在技术选型上做出明智的决策，毕竟技术是产品的核心。

张丽：没错！技术确实非常重要，但我们也要考虑成本控制和供方交付能力。希望大家能够提出不同的方法，并评估它们的可行性。

小红：我有一个创新的技术解决方案，可以满足技术要求，并能控制成本，而且供方交付能力也很可靠。

张丽：太棒了！我们来讨论一下你的方案，看看它是否符合我们的目标和需求。

在处理技术挑战的同时，张丽还非常注重与项目干系人的沟通和合作。

张丽：大家都知道，一个成功的项目不仅需要合适的技术，还需要理解市场需求和协调各方利益。因此，我希望我们能够与销售团队、研发团队和市场团队等项目干系人保持密切联系，了解他们的需求和期望。

小李：我可以跟销售团队沟通，问问他们对于新型智能手机的市场需求有什么看法。

张丽：太好了！请你尽快和销售团队取得联系，我们需要把市场需求纳入产品规划。

随着项目的推进，张丽和她的团队取得了辉煌的成果。他们成功地推出了一款功能强大、用户体验优秀的新型智能手机，并在市场上获得了巨大的成功。

3. 案例分析与总结

这个项目的成功离不开张丽及其团队的努力，以及她一直秉持的成果导向思维。通过注重实际效果、与团队成员紧密合作、解决问题并实现目标，张丽成功地带领团队完成了任务。同时，她也通过与项目干系人的有效沟通和合作，使项目的最终产出符合预期。这个项目的成功不仅是技术和产品方面的胜利，更是张丽秉持的成果导向思维的胜利。

1.3.2 案例2：平衡思维——权衡取舍与弹性调整

1. 知识介绍

项目的约束性目标包括质量约束、成本约束、时间约束，体现了项目管理的平衡思维。平衡思维是一种重要的认知方式，涉及权衡取舍、弹性调整等方面。如果把平

衡思维比喻成一把天平，我们就可以更加深入地理解其内涵。

天平是一种古老的衡量工具，用于平衡不同物体的重量。在日常生活中，我们也经常使用类似的概念，如在做决策时需要权衡利弊，在处理人际关系时需要调整情绪和立场等。正如天平两端的物体重量相等才能保持平衡，平衡思维也要求我们在不同选择之间寻找平衡点，避免过度偏向某一方而产生不想要的后果。

权衡取舍是平衡思维的重要组成部分。在人生道路上，我们常常需要做出选择，权衡不同因素的利弊，最终找到最合适的选项。这就像在天平两端放置不同重量的物体，我们需要根据实际情况尽可能使两端保持平衡。有时需要牺牲一些东西来换取更大的利益；而有时则需要放弃某些诱惑以保持心灵的平静。只有不断练习权衡取舍，才能培养出良好的平衡思维能力。

弹性调整是指在面对突发情况或变化时，能够迅速调整自己的心态和行为。就像天平在施加外力后需要调整姿态以保持平衡一样，我们在生活中也需要具备应变能力，随机应变。当遭遇挑战或困难时，若能保持冷静、审时度势、有所作为，就能够更好地解决问题，走出困境。弹性调整不仅是对自身能力的一种考验，更是一个人综合素质的展现。

总之，平衡思维涉及权衡取舍、弹性调整等方方面面。它不仅是一种认知方式，更是一种处世哲学。当我们能够像操作天平一样，运用平衡思维来应对生活中的各种挑战和选择时，就能够更加从容地面对变化，在纷繁复杂的社会中披荆斩棘，走向成功的彼岸。

"中庸"是中华优秀传统文化中的重要思想。随着社会的不断发展，人们开始尝试将中庸之道运用于各种领域，其中也包括项目管理领域。在项目管理中，贯彻中庸之道能够取得显著的效果，使团队更加和谐，工作更加高效。中庸之道与平衡思维之间存在怎样的关系？

首先，理解中庸之道的核心精神对于项目管理至关重要。在项目管理中，要做到既不偏离目标，又不过度追求成果，同时平衡资源利用和团队发展。这正是中庸之道所倡导的平衡、调和和适度的原则。只有把握好这种平衡，项目才能稳步推进，持续发展。

其次，中庸之道强调合理分配资源。在项目管理中，资源是有限的，如何合理分配资源成为决定项目成败的关键因素之一。借鉴中庸之道的理念，项目经理可以避免偏向极端，更加注重团队协作和资源整合，实现资源的最优配置，从而提高项目的效率和质量。

再次，中庸之道也强调团队心态的调和。在项目管理中，团队的积极性、凝聚力和协作能力直接影响项目的进展和完成质量。引导团队成员树立"中庸"思维，能够更好地化解内部矛盾，建立和谐的工作氛围，激发每个成员的潜力，共同为项目成功而努力。

最后，中庸之道提倡以和为贵。在项目管理中，处理各种复杂的利益关系、冲突和压力是常见的挑战。如果能够以和为贵，即在保持原则性的同时寻求共赢的解决方案，团队间的沟通就会更加顺畅，项目执行的难度也会大大降低。

总之，将中庸之道运用于项目管理，不仅可以帮助项目经理更好地把握整体局势，确保项目朝着正确的方向发展，而且可以增强团队的凝聚力和执行力，提高项目的成功率。因此，中庸之道与平衡思维密不可分，都是为了实现整体平衡、协调、和谐，推动项目管理的进步与发展。

平衡思维在项目管理中被视为一种重要的能力和方法。平衡思维要求项目经理在满足时间约束的前提下保持对项目质量的关注，确保交付的成果符合质量标准和客户需求。同时，项目经理还需要根据可用资源和预算来合理安排项目成本，确保项目能够在允许的成本范围内完成。项目管理中的平衡有很多种，以下是几个例子：

- 领导与员工之间常常产生矛盾，项目经理需要妥善把握上下级之间的关系，实现人员互动的平衡。
- 不同职能部门的考核指标各异，因此项目经理需要有效地平衡不同职能部门的需求和期望，确保项目目标顺利实现。
- 项目管理的"铁三角"之间会有冲突，项目经理需要维持它们之间的平衡。
- 项目具有长期目标和短期目标，相互之间可能存在冲突，同样需要进行资源分配的平衡。
- 客户与供应商之间往往存在不可调和的矛盾。客户希望供应商在少拿钱的情况下完成更多工作，而供应商则希望客户多支付费用而自己承担较少的工作。项目经理必须考虑如何在这些利益冲突中实现平衡。

另外，不同背景、不同文化和不同性格也需要平衡，否则易出现冲突和矛盾，导致项目无法正常进行。

由此可见，项目经理需要培养一种能够在各种不同目标和相关方之间建立平衡的能力，并且这种能力需要通过长期锻炼来培养和提升。整个项目过程都需要维持平衡。

2. 典型案例

工头1：我们施工队伍很"牛气"，你不能只顾及那些规定和标准，得顾及我们的感受。

李明：我明白。所以我想和大家好好沟通，找到一个平衡点，既满足你们的需求，又不影响工程进度和质量。

工头2：你要多多关照我们啊！不然我们可不干活了。

李明：放心吧，我会把你们的意见反馈给设计团队和监理机构，确保施工方案合规且满足美观要求。

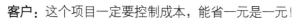

客户：这个项目一定要控制成本，能省一元是一元！

供应商：可是我们也要赚点钱啊，你不能压榨我们啊！价格要公道！

李明：嗯，我理解你们的立场。我会努力在你们之间寻找平衡点，不仅保证项目质量和进度，也维护良好的合作关系。

领导：我希望大家都能按照我的意图去做事，不能有太多的反对声音。

员工：可是领导，我们也有自己的想法和创新啊！不能一味听从你的命令。

李明：大家别争执了。我会倾听大家的意见，并通过有效的沟通和协调，营造积极的工作氛围，促进团队协作。

3. 案例分析与总结

在这个案例中，项目经理李明面对诸多约束目标和挑战。他需要平衡时间限制、高质量建筑标准、成本控制等方面的要求。与此同时，他还需要平衡各方利益关系，包括与工头、设计团队、监理机构、客户、供应商、领导及员工的关系。

为了顺利完成项目，李明必须运用自己的沟通和协调技巧，维持各方的平衡。他要善于倾听各方的意见，找到满足各方需求的平衡点，并推动团队协作，提高工作效率。这种平衡思维和能力是顺利完成项目的关键。

总之，李明作为一位优秀的项目经理，能够在不同约束目标和干系人之间保持平衡，体现了中国传统的中庸文化与项目管理的契合点。只有通过平衡各方需求和利益，李明才能最大限度地利用资源、控制成本，确保项目按时、按质完成。

1.3.3 案例3：系统思维——牢笼困境与全局思考

1. 知识介绍

在当今复杂多变的社会中，系统思维和牢笼困境之间的关系日益凸显，深刻影响着个体和组织的发展进程。系统思维作为一种全面、综合的思考方式，强调从整体角度审视问题，关注各要素之间的相互联系和相互作用，具有独特而重要的价值。然而，在实践过程中，个体或组织往往陷入牢笼困境，难以突破固有的思维模式和框架，导致无法有效应对挑战和变革。因此，全局思考在这一背景下显得尤为迫切和重要。

系统思维作为一种综合性的思考方式，强调整体性、系统性和辩证性，要求个体必须超越片面化、零散化的思维模式，以更加宏观的视野审视世界。通过系统思维，个体能够深入挖掘问题背后的根本原因，洞察事物之间的因果关系，把握问题的本质，避免片面性和表面性的分析，从而更好地制定决策和行动方案，以解决问题和提高绩效。然而，尽管系统思维具有诸多优势和价值，但是个体在实践中常常受到种种限制和束缚，陷入牢笼困境。

牢笼困境是指由于个体自身认知结构、思维模式或环境因素的影响，个体陷入一种僵化、受限的思维状态，难以突破。在当今快速发展的社会中，个体或组织往往受到传统观念、制度机制、思维定式等多方面的束缚，难以拓展思维边界，创新思维方式，从而限制了个体的发展潜力和组织的创新力。牢笼困境给个体和组织带来了许多负面影响，如局限性思维、盲目从众、缺乏创新等，严重制约了个体和组织的持续发展和成长。

在面对系统思维与牢笼困境的关系时，全局思考显得尤为重要和必要。全局思考是指个体具备超前眼光，以全局的角度审视和思考问题，不受局部利益、短期利益的干扰，注重整体利益和长远发展。通过全局思考，个体能够以更加开阔的视野看待问题，避免陷入狭隘的利己主义和片面的个人主义，发挥系统思维，突破牢笼困境，实现个体和组织的可持续发展。

因此，要提升个体和组织的综合素质和竞争力，就必须重视系统思维、避开牢笼困境、注重全局思考。个体应不断拓展自身的认知边界，更新思维方式，培养系统思维能力，提升对复杂问题的分析和解决能力；组织应营造积极的创新氛围，打破陈规旧俗，鼓励员工跳出固有思维模式，勇于尝试新事物，实现创新发展。只有进行全局思考，个体和组织才能真正实现突破和转型，迎接未来的挑战和机遇。

2. 典型案例

项目经理王进步正在面对项目延迟问题，他希望通过加人解决这个问题。王进步心里有很多想法，于是和资深项目经理王鑫进行了对话。

王进步：王鑫，我负责的项目延迟了，要不要加些人进来解决问题呢？

王鑫：加人？这可能不是一个好主意，我们得考虑一下可能遇到的问题。

王进步：加人不就能快点完成任务吗？怎么会有问题呢？

王鑫：王进步，新人加入后需要一个熟悉的过程，他们不能马上投入项目。而且，我们还要花时间培训他们，这会影响项目进度。

王进步：我明白了。加人还会导致其他问题吗？

王鑫：是的，加人还会增加系统沟通和协调的成本，这会导致系统运行效率降低。而且，新人对项目不熟悉，可能引发更多问题，这样又得"老人"来修复，项目又延迟了。

王进步：原来如此，加人并不是解决问题的好办法。那我们应该怎么办呢？

王鑫：面对延迟，我们作为项目经理需要进行系统思考。我们需要考虑新人什么时候能够真正参与工作，并权衡为此付出的代价。或许，我们还可以寻找其他解决延迟问题的方式。

3. 案例分析与总结

面对复杂的环境，项目经理需要进行系统思考，不能仅仅凭借直觉行事。我们要注意平衡短期利益和长远利益，避免简化复杂问题的思考方式。在关注系统的同时，我们也要关注系统中的人，洞察人心，了解他们的动机。只有把握全局，从全局角度

思考，才能走出困境，避免被困在系统中。

以"加人"为例，因项目延迟而加人可能在刚开始的时候效果立竿见影，但是随着新人越加越多，整个系统的运行反而慢了下来。为什么？加人的基本假设是这些新人能够立刻且高效地投入工作，并且这些新人的加入没有给整个系统的运行带来"摩擦力"。但是现实的情况是：

- 新人加入后需要一个熟悉项目的过程，并不能立即投入项目。
- 新人需要"老人"培训，"老人"实施培训需要花费时间，这可能影响项目的进度。
- 新人的加入增加了系统的沟通和协调成本（可能是指数级的），产生了更多的摩擦，系统的运行效率降低。
- 新人对项目不熟悉，可能导致更多的问题，这些问题需要"老人"来"还债"，这样也间接影响了项目的进度。

在项目进度出现延迟的情况下，作为项目经理，必须运用系统化思维方式，从整体角度审视问题并做出相应决策。面对延迟，项目经理首先需要考虑的是如何有效地调配资源来解决问题。其中一个选择是增加团队成员，但这并不是唯一且立竿见影的解决方案。加人带来的资源并非立即可以投入使用，因此项目经理必须权衡新成员投入产出的时间差，以及引入新成员所需的成本。在决定是否增补人手时，项目经理需要慎重考虑，确保新人能够及时且有效地融入团队，否则可能带来更多的不确定性和成本。

除纳入新人这一选择外，项目经理还应探寻其他可能的解决方案，以应对项目延迟带来的挑战。在权衡利弊时，需要深思熟虑是否有其他方法可以更有效地解决延迟问题。要考虑的因素包括但不限于：是否存在技术手段或工具可以提高团队效率？是否可以重新规划项目进度表，以适应新的情况？是否可以调整资源分配，优化团队合作方式？这些问题都需要项目经理综合考量，寻找最合适和有效的解决途径。

当面对项目延迟时，项目经理需要保持清醒的头脑和镇定、冷静的态度。全盘分析当前局势，并展开系统性思考，才能够做出明智的决策。项目管理并不是单一线性的过程，而是一个极富挑战性和复杂性的系统工程。因此，项目经理需要具备跨学科的思维能力，能够同时考虑到各方面的因素，从而找到最佳的解决方案。

1.3.4 案例4：结构思维——突围神器与框架至上

1. 知识介绍

结构思维是一种分析和解决问题的思维方式，它强调从整体角度看待问题，并理解问题中各因素之间的相互关系。结构思维能够帮助人们识别出问题背后的根本原因，以及问题的各部分和各因素之间的相互作用，可以以金字塔的方式表示，如图1.2

所示。

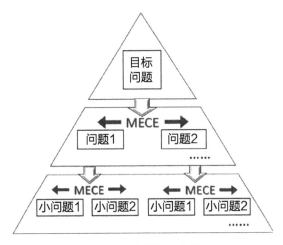

图1.2　结构思维金字塔

在项目管理中，项目管理结构思维的作用不容忽视。它不仅是一种工具或方法，而且是一种"突围神器"，一种让项目顺利推进并取得成功的关键要素。项目管理结构思维贯穿于整个项目的生命周期，发挥着至关重要的作用。

首先，项目管理结构思维是项目成功的基石。它为项目设定了清晰的框架和方向，指导团队成员在整个项目过程中保持一致的目标和步调。通过合理的结构安排，项目可以更加有序地进行，避免出现混乱和冲突，提高工作效率和质量。

其次，项目管理结构思维是项目管理者的利器。在项目管理过程中，管理者需要不断把握项目的进展、风险和变化情况，并做出及时调整。项目管理结构思维帮助管理者建立起系统化的思维模式，使其能够全面、准确地分析问题，制订有效的解决方案，并有效地分配资源，确保项目按时、按质完成。

最后，项目管理结构思维还是团队协作和沟通的桥梁。在一个项目团队中，成员往往具有不同的经历、专业领域和文化背景，因此沟通和协作可能存在障碍。项目管理结构思维通过规范沟通渠道和流程，明确角色分工和责任制度，促进团队成员之间相互理解和协作，减少误解和冲突，提高团队合作效率。

总体来说，项目管理结构思维是项目管理过程中不可或缺的一环。它不仅是完成项目任务的工具，更是提高项目成功率和团队效率的关键。只有不断强化项目管理结构思维，深化对项目管理本质的理解，才能在日益复杂和多变的项目环境中保持竞争优势，实现项目目标并取得成功。

2. 典型案例

场景：项目团队在开会讨论解决项目中的问题。

项目经理：大家好！我们今天要讨论一下如何应对这个高速公路桥梁建设项目

中的挑战。

工程师：我们面对的首要问题是土地资源紧张和地理条件复杂。怎样才能确保项目具有可行性且规划清晰？

设计师：我想我们可以尝试采用结构思维，将问题化繁为简。我们可以从整体景观、结构设计、环境保护等方面进行分类分级，逐步求精，找出最合适的解决方案。

项目经理：好主意！我们还可以通过自顶向下的方法，将项目进一步分解为不同的工作包，确保每个工作包都有明确的责任和目标。这样可以帮助我们更好地掌握项目进度。

工程师：另外，在清晰表达方面，我们可以采用简明扼要的语言，确保团队成员之间互相理解和协作顺畅。

设计师：是的，我们可以简化复杂的技术术语和概念，使团队成员能够轻松理解和运用。

领导者：我认为我们还可以运用结构思维分层次地组织决策项目信息，这样我可以更好地把握关键内容，指导项目进展。

项目顺利进行，最终成功交付。

项目经理：通过对结构思维的运用，我们不仅化繁为简、清晰表达，还成功地归纳、整合了项目中涉及的知识。

工程师：是的，这使我们能够更全面地掌握项目相关领域的知识，提高我们的工作效率和质量。

设计师：结构思维成为我们解决难题、促进团队合作的强大工具。

领导者：结构思维的价值在项目中充分体现，为项目的顺利实施和成功交付做出了重要贡献。

3. 案例分析与总结

结构思维在项目管理过程中具有多重价值。以典型案例中的项目为例，该项目旨在建造一座重要的高速公路桥梁，以缓解当地交通压力。然而，由于土地资源紧张、地理条件复杂等因素，该项目面临多个挑战，包括设计、环境保护、资源调配等方面的问题。

（1）化繁为简

项目团队采用结构思维的分类分级方法，将问题分解为综合、具体的子问题，逐步求精。首先，他们从整体景观、结构设计、环境影响评估等方面进行全面的分类分级，以确保整个项目的目标和规划清晰可行。其次，通过自顶向下的方法，他们将项目进一步分解为不同的工作包，确保每个工作包都有明确的责任和目标。最后，他们逐步求精，不断优化设计方案，以确保桥梁具有安全性和可持续性。

（2）清晰表达

在清晰表达方面，项目团队注重有效沟通，遵循结构思维原则。他们将复杂的技术术语和概念转化为容易理解的语言，并采用简明扼要的表达方式，确保团队成员之间互相理解和协作顺畅。另外，他们还运用结构思维分层次地组织决策项目信息，以便领导者能够迅速掌握关键内容，从而更好地指导项目进展。

（3）知识归一

知识归一是该项目运用结构思维的又一重要价值。项目团队面对大量知识和信息，但这些知识繁杂、碎片化，不易获取和应用。通过结构思维，他们采用自下而上的方法，在整个项目过程中对涉及的知识进行系统梳理和归纳整合。这样可以使团队成员更加全面地掌握项目相关领域的知识，形成完整的知识体系。在日常工作中，他们可以更加灵活地运用知识解决问题，提高工作效率和质量。

通过运用结构思维，项目团队成功解决了基础设施建设项目中的复杂问题。化繁为简、清晰表达和知识归一的价值在项目管理中得到充分体现，为项目的顺利实施和成功交付做出了重要贡献。结构思维成为项目团队解决难题、促进团队合作的强大工具，也提升了团队成员的能力与竞争力。

1.3.5　案例5：排序思维——排列组合与剑指核心

1. 知识介绍

排序思维是一种分析和组织信息的思维方式，它通过对不同元素按照一定标准进行排序，帮助人们更好地理解和处理数据、问题或情况。排序思维可以帮助人们整理复杂的信息，发现模式和规律，以及做出有意义的比较和决策。

在排序思维中，先要确定一个合适的排序标准或指标，如大小、重要性、时间等；再根据这个标准，将待排序的元素进行排列，从而形成一个有序的序列或列表。通过排序，人们可以更清晰地观察每个元素的位置、关系和特点。

排序思维可以在各种领域和情境中应用。在日常生活中，排序思维可以帮助人们整理物品、计划任务的优先级、评估选择等。在数据分析和统计中，排序思维可以帮助人们发现数据的分布规律和趋势，以及找出异常值或特殊情况。在问题解决过程中，排序思维可以帮助人们将问题的各个方面按照重要性或优先级进行排序，找出解决问题的关键因素。通过对问题元素的排序，人们可以更有效地制订解决方案、优化决策，并做出明智的选择。

2. 典型案例

项目经理： 大家好！我们计划开发一款新产品，但是时间有限，任务很重，"压力山大"啊！

团队成员A： 没问题，我们得先确定项目进度，制订一个详细的项目计划。我们可以用排序思维来帮助确定任务的优先级和顺序。例如，设计产品外观和制定产品规格这些直接影响产品市场竞争力的任务要优先完成。

团队成员B：其他一些支持性的任务，如编写用户手册和培训材料，可以稍后处理。

团队成员C：对，通过优先排序，我们可以更好地安排工作，确保项目进度合理。

项目经理：我们还需要解决资源分配的问题。我们的资源是有限的，怎么办呢？

团队成员A：我们可以利用排序思维来合理分配资源。在确定任务的优先级后，我们可以将更多的资源投入优先级较高的任务，确保关键任务能够得到足够的支持。

团队成员B：这样可以提高我们项目的成功率！

项目经理：还有一个重要的问题就是风险管理，我们必须做好预防工作。

团队成员C：没错！通过排序思维，我们可以将高优先级的任务与风险相关联，给予其更多关注，并采取相应的风险管理措施。这样能够避免潜在的风险为整个项目带来不利影响，保证项目顺利进行。

团队成员D：对，我们要及时识别潜在的风险和问题，并采取措施解决，确保项目顺利进行。

项目经理：在项目决策中，排序思维也能起到很重要的作用。

团队成员A：没错！通过排序思维，我们可以确定哪些决策是最重要的，将更多的资源和时间投入关键决策的制定，确保项目顺利进行。

团队成员B：对，我们要做出明智的决策，这样才能保证项目成功。

项目经理：另外，沟通和协调也非常重要。大家要好好配合才行啊！

团队成员C：对！通过排序思维，我们可以明确自己的任务和职责，了解其他成员的任务和职责，从而更好地协调工作，确保项目顺利进行。

团队成员D：没错，我们相互之间要加强沟通，共同努力，项目一定会成功的！

3.案例分析与总结

公司计划开发一款新产品，项目团队需要在有限的时间内完成各项任务，确保项目按时交付。在项目启动初期，团队面临诸多挑战，包括时间紧迫、资源有限、不确定因素众多等。

（1）排序思维帮助团队确定项目进度，制订详细的项目计划

使用排序思维，团队成员可以思考每个任务的优先级和顺序，将任务分为紧急、重要和次要任务等。例如，设计产品外观和制定产品规格这些直接影响产品质量和市场竞争力的任务优先级较高，应该优先完成。而一些支持性的任务，如编写用户手册和培训材料可以稍后处理。通过优先排序，团队可以更好地安排工作，确保项目进度合理。

（2）排序思维有助于解决项目管理过程中常遇到的资源分配问题

公司资源有限，团队需要合理分配资源以保证项目成功交付。排序思维在这个过程中起到了重要作用。通过确定任务的优先级，团队可以将更多资源投入优先级较高的任务，确保关键任务能够得到足够的资源，从而提高项目成功率。

（3）排序思维在风险管理中发挥重要作用

团队需要识别潜在的风险和问题，并采取相应的措施。通过排序思维，团队可以将高优先级的任务与风险相关联，给予其更多关注，并采取相应的风险管理措施。这样可以避免潜在的风险为整个项目带来不利影响，保证项目顺利进行。

（4）排序思维指导团队制定决策

在项目管理过程中，团队需要做出各种决策，如选择供应商、确定设计方案、安排人员等。通过排序思维，团队可以确定哪些决策是最重要的，从而将更多的资源和时间投入关键决策的制定，确保项目顺利进行。

（5）排序思维对沟通协调起到积极作用

团队成员可以通过排序思维明确自身的任务和职责，了解其他成员的任务和职责，以便更好地协调工作，确保项目顺利进行。

总之，排序思维在项目管理中的应用非常广泛。合理确定任务的优先级和顺序，可以帮助团队管理项目进度、分配资源、进行风险管理、做出决策和进行沟通协调等。尤其在面对项目的复杂情况时，排序思维能够帮助团队找到并优先解决最关键的问题，从而解决大部分问题，确保项目成功交付。

1.3.6　案例6：控制思维——计划为纲与监督保障

1. 知识介绍

为什么要做计划？当然是因为它对我们有所帮助。计划也是一种控制思维，计划是基础，控制是手段。

项目计划是项目控制的基础，这可以通过以下几个关键方面来体现。

（1）明确目标和范围

项目计划能够详细定义项目的目标和范围。通过落实具体指标和里程碑，确保所有参与者都清楚最终需要达到的目标和限制条件，避免偏离既定方向，从而为后续的控制和调整提供依据。

（2）时间管理

项目计划包括详细的时间表，列明各项任务的开始和结束时间，这成为项目进度控制的基准。在项目实施过程中，通过与计划进行对比，及时发现滞后的环节，并采取纠正措施，确保任务按时完成。

（3）资源分配

项目计划规定了人力、物力等各种资源的配置情况，通过合理安排和优化资源使

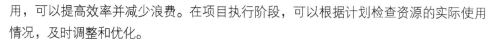

用，可以提高效率并减少浪费。在项目执行阶段，可以根据计划检查资源的实际使用情况，及时调整和优化。

（4）成本控制

详细的项目预算和财务计划是成本控制的前提，项目计划通常涉及详细的成本估算和财务安排。在实施中不断对比实际支出与预算，及时发现费用超支或节约的情况，做出必要调整。

（5）风险管理

项目计划包括风险评估和应对策略。实时监控、识别和评估风险，对已制定的应对措施进行落实和调整，确保项目风险可控。

（6）沟通与协调

明确的项目计划提供了沟通和协作的基础。它明确了任务分工和责任人，有助于团队成员之间进行信息沟通、问题反馈及合作。同时，在整个项目过程中，定期的状态审核和报告机制也能有效确保及时识别和解决问题。

（7）质量保证

项目计划包括质量标准和检验方法，为质量控制提供了基础。通过持续对比实际成果和预定质量标准，发现误差，及时调整施工或生产过程，保证交付结果符合预期。

计划是项目管理中至关重要的一环。它不仅使未来变得可预期，还可以缓解团队成员的焦虑，并使他们在潜意识中对自己有所督促，从而提高工作效率。下面通过一个项目管理中的典型案例来详细说明这些好处。

2. 典型案例

公司确定了一个充满悬念和刺激的大型项目，王进步被任命为项目经理。为了确保项目不会变得一团糟，王进步制作了一份比地图还详细的计划。然后他召集了项目团队，在会议室里摆开架势，准备迎接未知的挑战。

王进步（微笑）：喂，各位调皮鬼，准备好开启我们超酷项目的冒险之旅了吗？别怕，有我在，啥坑都能跳过去！

李花（眉飞色舞）：老大说得对！我们得先掰开这项目的龙头，摸清底细，然后结合情报、谍报，提前揪出所有可能潜藏的困难。

王进步（态度严肃）：没错，李花！接着，我们就得做出一份完美到不能再完美的计划，列出细致、准确、真实的工作流程、时间表，标记那些举足轻重的事件和关键资源分配。每个人心里都得清楚自己的任务，按部就班，别乱来。

王晨（惊呼连连）：老大，你这计划，我给满分！

王进步（兴致勃勃）：没错，王晨！周密的计划能让我们的项目工作更高效，尽早明白目标和任务，做好对敌准备。但是小伙伴们啊，要记住，此计划仅供参考，遭遇突发状况，咱们也得灵活应对！衍生任务必须处理偏差和障碍，咱们要诚心献计、明智分析、共同讨论、立即调整，以期大家"心心相印"。如果遇到进度延误、品质"出轨"、队友"变节"、技术卡壳、需求剧变、手续"绕弯"、忽然加任务等难题，立即寻找支撑点，及时汇报、核准并合理调整计划，保障项目一帆风顺。

3. 案例分析与总结

从项目管理的角度来看，王进步在该案例中展示了一些良好的项目管理实践和方法。以下是对该案例的分析和总结：

- 预备阶段——认真准备。王进步在项目启动之初，先制订了一份详细的计划，并召集项目团队开会。这表现出他在项目开始之前进行了周密的准备，并且重视团队的配合和参与。
- 情报收集——找出潜在困难。李花提到了收集情报和调查项目背景的重要性。这有助于识别潜在的风险和挑战，并采取相应的应对措施。
- 制订计划——精确规划。王进步强调了制订细致、准确、真实的工作流程和时间表的重要性。这有助于确保每个人都明确自己的任务和目标，并按照计划有序地工作。
- 灵活应对——突发情况处理。王进步强调计划仅供参考，并鼓励团队在遇到突发情况时灵活应对。这表明他意识到项目中可能出现困难和障碍，并鼓励团队通过寻找支撑点、汇报和调整计划来解决问题。
- 团队协作——合作和参与。王进步强调了团队的合作和参与，鼓励团队成员以诚心献计、明智分析、共同讨论为核心，共同应对项目中可能出现的各种挑战。
- 风险管理——应对风险。王进步提到了进度延误、品质"出轨"、需求剧变等问题可能出现，并强调及时汇报、核准并合理调整计划，以保证项目顺利进行。这表明他注重风险管理和适时采取应对措施。

总之，王进步在该案例中展示了项目经理的一些重要职责和技能，如认真准备、情报收集、制订计划、灵活应对、团队协作和风险管理。他对团队的领导和沟通，以及对项目细致、全面的管理，确保项目能够在众多挑战和不确定性中取得成功。

1.3.7　案例7：适度思维——勇于行动与逐步细化

1. 知识介绍

在决策和行动之前过于纠结、瞻前顾后，导致拖延、犹豫不决，这种心态叫过度思考，在项目管理过程中也经常出现。我们要避免过度思考，适度即可。

在处理问题和做出决策时，适度地进行思考，而不过度深入细节，以免产生"分析瘫痪"，这就是适度思维。这种思维方式强调在有限的时间和信息条件下做出合理而有效的决策：

- 避免过度复杂。适度思维会帮助你避开"细节泥潭"，减少信息过载导致的决策延迟。
- 注重实效。它强调实际操作中的可行性和效率，不追求完美，而是寻找行之有效的解决方案。
- 平衡的视角。既不草率行事，也不追求面面俱到，而是通过一种平衡的视角来应对问题。

2. 典型案例

某公司计划执行一个重要的市场推广项目，该项目需要通过精确的目标定位和策略制定来确保成功。然而，在项目开始之前，项目团队陷入了过度思考的困境。下面是他们的对话。

项目成员A：你注意到我们团队在这个推广项目上似乎有点犹豫不决吗？

项目成员B：是啊，感觉大家都在过度思考，拖延了项目进度。

项目成员A：我觉得可能是因为大家害怕决策错误导致项目失败，所以一直犹豫不决。

项目成员B：对，还有那些追求完美的人，他们总想让每个决策都达到理想标准，结果花费了太多时间。

项目成员A：还有些团队成员缺乏自信，对自己的能力和选择产生怀疑，这也导致他们陷入反复思考和拖延的状态。

项目成员B：不仅是个人因素，社会环境也有影响。大家在意他人的评论和批评，希望在决策上取得广泛认可。

项目成员A：对，这种社会评价压力让人犹豫不决、拖延行动。

项目成员B：另外，市场推广项目面临太多选择，大家需要花费很多时间思考各种策略和方案。

项目成员A：而且市场信息泛滥，大量数据反而禁锢了我们的思维，使我们陷入长时间的思虑。

项目成员B：那我们该如何应对过度思考引发的拖延呢？

项目成员A：我觉得先要树立正确的价值观，重视实践、行动，不要过于追求完美。

项目成员B：对，我们要相信自己的能力和判断，勇敢面对挑战，通过学习和积累经验来增强信心。

项目成员A：同时，我们应该合理控制信息获取，专注于收集和分析对项目决策有重要意义的信息。

项目成员B：还有，明确制定目标和计划，确定具体的时间表和行动计划，这样就能减少不必要的思考时间。

项目成员A：想办法解决过度思考带来的拖延对于项目管理至关重要，我们可以采用先发散再聚集的思维方式。

项目成员B：先发散可以让团队成员从不同角度思考问题，产生更多灵感和解决方案，再聚集各种想法和意见，筛选最佳策略来推动项目。

项目成员A：没错！团队成员要意识到过度思考的原因和社会环境因素，并采取相应措施来克服拖延，以推动项目顺利进行。

3. 案例分析与总结

（1）过度思考引发拖延的原因

- 恐惧心理。团队成员担心项目决策错误导致失败，因此在做出决策之前一直犹豫不决，使项目进展缓慢。
- 完美主义倾向。团队成员追求完美，希望每个决策都符合理想标准，因此花费大量时间反复思考每个决策的优劣，耽误了项目进度。
- 自我怀疑。部分团队成员缺乏自信，对自己的能力和选择产生怀疑，这种不确定性让他们陷入了反复思考和拖延的状态。

（2）过度思考引发拖延的社会环境因素

- 社会评价压力。团队成员在意他人的评论和批评，希望在决策上取得广泛认可，这种压力导致他们犹豫不决、拖延行动。
- 过多选择。在市场推广项目中，团队面临众多策略和方案的选择，这些选择给团队成员带来了困扰，导致思考时间过长，从而影响了项目进度。
- 信息泛滥。市场推广领域信息泛滥，团队成员在获取各种关键数据和市场洞察时可能产生困扰。由于负担过重，他们会陷入长时间的思考中，无法做出决策和采取行动。

（3）过度思考引发拖延的应对措施

- 树立正确的价值观。团队成员应重视实践、行动，不要过于追求完美。在市场推广项目中，迅速采取行动比一直追求完美更加重要。
- 增强自信。团队成员应相信自己的能力和判断，勇于面对挑战，通过持续学习和积累经验增强自信，以减少过度思考的影响。
- 控制信息获取。团队成员应合理规划时间，避免信息过载，专注于收集和分析对项目决策有重要意义的信息。过多的信息可能使团队成员陷入思考的困境，因此需要有意识地筛选和整理信息。
- 制定明确的目标和计划。在项目开始时，团队就应确定具体的时间表和行动计划，这有助于为团队成员提供指导，减少不必要的思考。

另外，在项目管理中，更加明确的做事思路和方法也是至关重要的。例如，在没有思路的情况下，团队可以采用先发散再聚集的思维方式。先发散可以让团队成员从

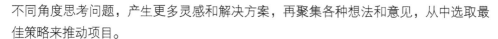

不同角度思考问题，产生更多灵感和解决方案，再聚集各种想法和意见，从中选取最佳策略来推动项目。

综上所述，过度思考是一种常见的拖延现象，在项目管理中可能对项目进展产生不利影响。团队成员应意识到过度思考的原因和社会环境因素，并采取相应措施来克服拖延，以推动项目顺利进行。

1.3.8　案例8：程序思维——公事公办与有法可依

1. 知识介绍

程序思维源于工程管理理论，强调规范、流程和程序的执行。项目管理是一种以计划为基础的方法，追求通过严格遵循事先设定的规则和程序来管理和控制项目。在这种思维下，项目的执行被视为一个程序性的过程，要求各环节按照既定的步骤和规范进行操作，并对结果进行可预测的评估和控制。管理者注重规范和程序的执行，认为只有严格按照规定的路径和要求进行操作，项目才能得到有效支持和顺利实施。传统项目管理的程序思维将重点放在确保规范性和预期性方面，以提高项目管理的效率和可控性。

在实施程序思维时，传统项目管理注重规范、流程和程序的执行。首先，制定明确的规则与程序是关键。项目团队成员必须遵守事先设定的规则和流程，而非根据个人意愿单独行事。这种规范的执行要求确保项目的一致性和可控性，防止出现错误和变数。

其次，注重计划与目标的设定及实施过程的监督。在传统项目管理中，项目计划被视为全面指导项目执行的路线图。明确的目标和阶段性里程碑有助于项目成员按部就班地推进工作，并及时发现和解决问题。同时，对实施过程进行监督和检查，可以确保控制项目进度和质量，以增加项目成功的可能性。

最后，变更管理和问题解决的方法也是程序思维中的关键措施。传统项目管理强调变更的管理和控制，确保所有变更都经过正式的审批和评估，并在遵循规范的前提下实施。对于出现的问题和风险，传统项目管理也倡导采用系统性的方法进行分析和解决，保证项目稳定、可靠。

适度思维可以帮助人们确定重点，快速找到重要的关键点，而程序思维则提供了一种系统化的方式去处理和解决问题。两者相结合，可以在确保解决问题效率的同时保证决策的质量和逻辑性。例如，你可以在实施项目时通过适度思维来确定快速启动的要素，然后利用程序思维逐步细化和执行每个子任务。

2. 典型案例

内部审计人员A：今天我想和大家讨论一下我们的内部审计制度和流程。如你们所知，我们在制定这些规则时已经与所有相关人员进行了确认，一切看起来都很顺利。但是，最近发生了一个小插曲。

内部审计人员B： 哦？发生了什么事？

内部审计人员A： 完成审计后，我直接向部门领导汇报了审计结果。可是，在部门会议上，某下属部门领导突然质疑我为什么没有事先和他沟通确认，他觉得我应该先和他沟通一下再汇报。我解释说我们的审计制度规定无须事先与被审计人员的领导沟通确认，只要与被审计人员确认，就可以直接提交审计报告，这样可以有效维护审计结果的公正性。我们内部审计部门一向遵循程序正义原则，公事公办嘛。

内部审计人员C： 那你怎么回应他的质疑呢？

内部审计人员A： 我告诉他，如果他觉得审计流程有问题，那么我们可以修改内部审计制度，重新发布制度之后再按照新制度执行。但他听后还是不太满意。

3. 案例分析与总结

在内部审计流程中，审计人员发现问题后，先与被审计人员确认问题，再提交审计结果，这种方式存在以下一些优点和缺点。

（1）优点

- 确保准确性。与被审计人员确认问题后再提交审计结果，能够避免由于信息传递和理解的误差而导致审计结果不准确。
- 提升可信度。与被审计人员沟通确认问题，可以使审计结果更具可信度，被审计人员对审计结果更加认可。
- 强化合作关系。在确认问题后再提交审计结果，能够体现出审计团队与被审计人员之间的合作态度，有利于促进双方的良好合作。
- 快速解决问题。与被审计人员确认问题，可以及时引起被审计人员的重视，并促使他们采取必要的措施来解决问题。

（2）缺点

- 增加时间成本。与被审计人员确认问题可能需要一定的时间，增加了审计过程的时间成本。
- 有潜在合谋风险。与被审计人员确认问题后再提交审计结果，有潜在的合谋风险，被审计人员可能试图影响审计结果或掩盖问题。
- 独立性受限。在确认问题的过程中，审计团队的独立性可能受到影响，因为他们需要与被审计人员进行密切沟通。
- 有信息泄露风险。与被审计人员确认问题可能增加敏感信息泄露的风险，特别是在涉及财务、商业等敏感数据的情况下。

在内部审计流程中，审计人员发现问题后，不与被审计部门领导沟通确认，直接提交审计结果，这种方式存在以下一些优点和缺点。

（1）优点

- 保持独立性。不与被审计部门领导沟通确认，可以避免受到领导的影响，从而保持审计团队的独立性和客观性。
- 减少干扰和阻力。不与被审计部门领导沟通确认，可以减少可能的干扰和阻力，审计团队能更专注地完成审计工作。
- 避免信息泄露。不与被审计部门领导沟通确认，有助于保护审计结果的机密性，避免信息在传递过程中泄露。

（2）缺点

- 缺乏管理支持。不与被审计部门领导沟通确认审计结果，可能导致审计团队缺乏必要的管理支持，无法获得领导对审计结果的认可和支持。
- 影响解决问题的效率。缺乏领导的支持和指导可能降低解决问题的效率和速度，被审计部门可能无法及时、有效地处理审计发现的问题。
- 风险管理不足。缺乏与被审计部门领导沟通确认审计结果的机制可能导致审计结果的有效性和可靠性受到质疑，并增加风险管理的不确定性。
- 弱化合作关系。直接提交审计结果而不与被审计部门领导沟通确认，可能导致审计团队与被审计部门之间的合作关系受到负面影响，缺乏沟通和协调可能导致隔阂和冲突。

因此，在内部审计流程中，是否需要与被审计人员沟通确认问题，以及是否需要与被审计部门领导沟通确认问题，都各有优点和缺点，但是一旦制定了审计流程，发布了审计制度，审计人员就可以秉承程序思维，理直气壮地按照流程做事。

程序思维的优点是提供了一套结构化的方法来管理和控制项目。传统项目管理的程序思维强调规范、流程和程序的执行，使项目具有可预测性和可控性。明确的规则和程序可以确保团队成员按照统一的标准和流程进行工作，从而提高工作效率和产品品质。另外，对于决策和控制的强调也使项目风险得以控制，项目的整体进展可以更加可靠地被跟踪和监督。

程序思维的缺点是缺乏灵活性和应变能力。传统项目管理的程序思维在追求规范和流程的同时，可能限制了团队的灵活性和创新能力。过多强调标准和流程的严格执行，可能无法灵活应对变化和冲突。实际的项目经常面临不确定性和复杂性，需要灵活调整计划和决策，以适应变化的需求。然而，程序思维可能造成过度束缚和僵化。

总之，在运用程序思维时，需要权衡其优点和缺点，并根据具体情况做出选择。对于需求较为稳定、重视计划和控制的项目，程序思维可能是一种合适的选择。然而，快速变化和不确定性较高的项目，或者需要倾听团队声音、激发创新的项目，有必要灵活运用其他项目管理方法，以便更好地适应和应对变化。

程序思维和"公事公办"态度在项目管理中都具有重要的价值和优势。程序思维能够确保项目执行的公平性和透明度，减少偏袒和腐败行为。同时，它也能促进团队合作和沟通，并增强个人和团队的职业道德和责任感。而采用"公事公办"态度的项目管理能够提高工作效率和质量，降低决策的主观性，减少偏见，提升组织形象和信誉，增强管理者与员工之间的信任与尊重。综合应用这两种理念可以最大限度地确保项目管理的公正与效能，为项目的成功提供坚实基础。

第2章 ▶▶▶

项目管理的新创新思维

2.1 项目管理的数字化创新

本书定义的数字化项目管理，从广义上包括两个角度，即数字化项目的管理和项目管理的数字化。

2.1.1 数字化项目的管理

数字化项目的管理是当前企业、行业和政府发展的重要组成部分。在信息化建设、数字化建设、企业数字化转型、行业数字解决方案和政府数字规划建设等方面，数字化项目的管理都起着关键作用。在这些项目中，我们需要关注项目的全流程管理，包括项目计划、资源分配、进度控制和风险管理等。有效的数字化项目管理可以确保项目顺利进行，并达成预期目标。因此，数字化项目管理的重要性不可低估，它有助于我们更好地推动数字化发展，实现更大的成功。

数字化项目区别于其他项目的关键点如下。

1. 从三特性到四特性的变化

数字化项目的环境产生了从传统项目管理的三特性［一次性（Uniqueness）、功能性（Functionality）、确定性（Certainty）］到VUCA［易变性（Volatility）、不确定性（Uncertainty）、复杂性（Complexity）、模糊性（Ambiguity）］时代的四特性的变化。

数字化项目的管理是随着科技和信息技术的飞速发展而出现的一种项目管理方法。随着数字化技术在各行业的广泛应用，传统项目管理的三特性（一次性、功能性和确定性）已经不能满足数字化项目的需求。随着我们逐渐步入VUCA时代，项目管理面临的挑战发生了根本性的变化，这就要求项目管理必须重新审视和调整自身的策略和方法。

首先，易变性。随着科技的快速发展和市场竞争的加剧，项目环境变得多变且不断波动。这意味着我们需要具备灵活的思维和行动能力，能够快速适应环境的变化，及时调整项目方向与策略。传统的一成不变的计划和执行方式已经不再适用，在VUCA时代，我们需要具备适应变化的能力，灵活、敏捷地应对各种挑战。

其次，不确定性。在当今不确定的市场环境下，我们很难准确预测未来的发展趋势和结果。因此，项目管理者需要具备较强的风险承受能力和应变能力，能够应对多变的外部环境带来的不确定因素。同时，项目团队也需要具备跨学科的知识和技能，以更好地适应不确定性带来的挑战。

再次，复杂性。随着项目的范围和规模不断扩大，项目涉及的干系人和变数也越来越复杂多样。这就需要我们具备处理复杂关系和问题的能力，能够有效地协调资源，管理干系人之间的关系，保证项目稳步推进。在VUCA时代，项目管理者需要更多地关注整体系统的运作和相互影响，通过系统思维和跨部门协作，解决复杂问题，实现项目目标。

最后，模糊性。在信息爆炸和不确定性的背景下，项目管理充满了各种模糊不清的因素和信息。这就要求项目管理者具备较强的沟通能力和决策能力，能够在信息不完全和模糊的情况下做出正确的决策，并有效地传达给团队和干系人。在VUCA时代，项目管理者需要更加注重信息的收集和分析，以减少模糊性带来的风险和阻碍，确保项目成功实施。

综上所述，数字化项目环境的变化趋势引起了项目管理从三特性到四特性的转变。了解并应对这些变化，有助于我们更好地适应数字化项目环境，提高项目管理的效率和成功率。通过采取灵活的策略，培养项目管理者的数字化技能和能力，并结合敏捷项目管理和变革管理的方法，我们可以更好地应对数字化项目管理带来的挑战，成功实现项目目标。

2. 从三要素到五要素的变化

数字化项目的要素产生了从传统项目管理的三要素（进度、质量、成本）到五要素（进度、质量、成本、技术、数据）的变化。

数字化项目管理不同于传统项目管理，其要素发生了显著的变化。传统项目管理主要关注进度、质量和成本这三要素。然而，在数字化项目中，技术和数据成为非常重要的附加要素。

数字化项目要成功，就需要依赖先进的技术和有效的数据管理。首先，新兴的技术，如人工智能、大数据分析和物联网等，为数字化项目提供了更多的机会和挑战。项目管理团队需要具备对技术的敏感度和理解力，以确保选择和应用适当的技术来支持项目的实施。其次，数据在数字化项目中起着至关重要的作用。项目管理团队需要收集、整理和分析大量数据，以驱动项目决策和优化项目成果。最后，数据的质量、安全和隐私也是数字化项目管理必须考虑的重要因素。

在数字化项目中，技术和数据的引入推动了项目管理方法和工具的变革。项目管理团队需要了解并运用新的工具和技术，如项目管理软件、虚拟协作平台和数据可视化工具等，以提高项目管理的效率和效果。另外，技术还改变了项目管理团队的角色和职责。他们需要与技术团队密切合作，了解技术的发展和应用，以确保项目顺利实施。数据在数字化项目中的重要性也不可忽视。对于数据的采集、整理和分析能力，项目管理团队需要投入更多的精力和资源。

总之，数字化项目要素的变化趋势是技术和数据重要性的提升。项目管理团队需要适应这一变化，掌握新的技能和知识，并灵活运用合适的工具和方法来管理数字化项目的进展和成果，有效地推动数字化项目的成功实施。

3. 从三目标到五目标的变化

数字化项目的要求产生了从传统项目管理的三目标（客户、企业、团队）到五目标（客户、企业、团队、社会、生态）的变化。

随着数字化项目的兴起，传统项目管理中的目标体系也面临改变。以往，项目管理的目标主要关注客户满意度、企业利益和团队合作等方面。然而，随着数字化时代的来临，这种传统的目标设置已经不能完全适应数字化项目的要求。

首先，数字化项目的目标扩展到了社会和生态层面。在数字化项目中，企业需要考虑项目对社会的影响及生态环境的可持续性。这意味着数字化项目管理者不仅需要关注项目的商业收益和用户体验，还需要思考项目对社会的贡献及如何保护和改善生态环境。

其次，数字化项目目标的变化还体现在对项目价值和可持续发展的关注上。数字化项目管理者需要明确项目的长期价值，即项目在未来能够持续创造价值并为企业带来竞争优势。同时，数字化项目也要求管理者将可持续发展的理念融入项目管理，考虑项目对环境、社会和经济的整体影响，追求项目可持续和长期发展。

最后，数字化项目目标的扩展还要求管理者在项目规划和执行中注重干系人的参与和利益平衡。数字化项目往往涉及多方面的干系人，包括客户、员工、股东、合作伙伴、政府等。管理者需要在项目的整个生命周期中与干系人积极沟通，了解他们的需求和利益，并通过平衡各方的利益来实现项目目标。

综上所述，数字化项目的管理带来了项目目标的全面变化。从传统的三目标到五目标，数字化项目管理要求管理者更加综合地考虑项目在商业、社会和生态方面的影响，追求项目的长期价值和可持续发展。只有全面理解和满足这些目标，才能够有效地推进数字化项目的成功实施。

2.1.2　项目管理的数字化

项目管理的数字化是一种基于现代技术的项目管理方法，它利用信息技术和数字工具来提高项目执行的效率和质量。在过去的几年里，随着信息技术的快速发展和企业对数字化转型的需求不断增加，项目管理的数字化得到了广泛应用和重视。通过充分利用计算机软件、在线协作平台和数据分析工具等，项目管理的数字化赋予项目管理团队更多的灵活性、实时性和可追踪性，极大提升了项目管理的效率和水平。在这个信息爆炸的时代，数字化已经成为成功实施复杂项目的关键要素。项目管理的数字化优势主要体现在提高效率和减少错误，以及加强信息管理和跟踪上，具体如下：

- 项目管理的数字化可以实现任务和流程的自动化。传统的项目管理往往需要手动完成各项任务，而数字化项目管理工具能够自动分配任务、设定进度和提醒截止日期，大大节省了时间和精力。另外，实时协作和沟通功能也使团队成员能够更加高效地交流和合作，避免了信息传递的延迟和误解，减少了错误的发生。
- 项目管理的数字化可以加强信息管理和跟踪。项目涉及的各种数据和文件可以集中存储和共享，团队成员无须反复查找和共享资料，大大提高了工作效率。另外，数字化项目管理工具还能够帮助生成各种报告和分析数据，有助于项目的监控和决策，以便及时调整和优化项目。
- 项目管理的数字化可以实现团队、项目、业务、部门等各层面的协同与拉通，实现过程、成果、结果、业绩、价值的融合，实现企业价值创造、价值评价、价值分配的透明化、可视化。

2.2 项目管理的方法论创新1：跳出框架、方法创新

跳出框架是指在项目管理过程中，当团队遇到问题或面临挑战时，能够及时调整和重新设定思维框架，以适应新的情况和需求。这种思维方式强调灵活性和适应性，使项目能够更好地应对变化和持续交付价值。

2.2.1 案例9：时空挖掘法——背景的深度挖掘

1. 知识介绍

很多时候，也许你觉得项目干系人提出的意见、问题、目标等都很奇怪。如果你只是盲目地分析和执行，那么最后项目失败了也不知道为什么会失败。你一定要从干系人的历史、环境等背景信息入手，充分挖掘和理解，清楚其中的隐藏意义，这就是时空挖掘法[1]。

2. 典型案例

干系人A：这个项目为什么要增加研发费用？这太奇怪了吧？公司不是一直号召

---

1 参考培训讲师马强的课程"项目管理训练营"中的内容。

降本增效吗？

项目经理：确实有点奇怪。我注意到你最近经历了一次投资失败，这让你对研发费用提出质疑并产生担忧，对吧？

干系人A：是的，确实是这样。我希望确保本次投资的回报能够超过预期。

项目经理：没问题！我会向你展示详细的研发预算和潜在的收益分析，让你明白为什么需要增加研发费用，并消除你的顾虑。

干系人B：我们要在最短时间内抢占市场！

项目经理：听起来有点不可思议。我猜你是对公司当前市场地位的不利状况感到担心，并希望通过迅速抢占市场来扭转局面，对吧？

干系人B：确实是这样！我们不能再被竞争对手领先了。

项目经理：没问题！我会制订一个详细的市场扩张计划，包括市场调研和策略制定，确保在最短时间内实现市场份额的增加。同时，我会向你解释所需时间和努力的合理性。

3. 案例分析与总结

通过这些有趣的对话，我们可以看到，干系人的奇怪意见和目标都有其内在原因。项目经理应该积极与干系人建立良好的沟通和信任关系，了解他们的背景信息，并与他们充分交流，确保共享背景信息和理解目标。

干系人A作为项目的资金支持方，提出了一个相当奇怪的问题：为什么要增加研发费用？从常规角度来看，这个问题似乎没有任何意义，因为新产品开发项目通常都需要投入大量的研发费用。然而，通过对干系人A的历史信息的研究，项目经理发现该干系人最近经历了一次投资失败，这导致他对研发费用的支出产生了担忧。由此可见，干系人A的问题实际上基于他的过往经历和观察到的风险。

干系人B作为市场部门的代表，说出了一个看起来有些奇怪的目标：要在最短时间内抢占市场。在正常情况下，市场份额的增加需要一定的时间和策略。然而，通过对干系人B的背景信息的调查，项目经理发现公司最近在同行业竞争中落后，并面临市场份额被竞争对手夺走的威胁。因此，干系人B的目标实际上基于公司当前市场地位的不利状况，他希望通过迅速抢占市场来扭转局面。

针对干系人A的担忧，项目经理可以通过展示详细的研发预算和潜在收益分析，解释为何需要增加研发费用，并消除干系人的顾虑。

针对干系人B的目标，项目经理可以制订一个详细的市场扩张计划，包括市场调研和策略制定，确保在最短时间内实现市场份额的增加，并向干系人解释所需时间和努力的合理性。

通过深入挖掘和理解干系人的历史和环境等背景信息，项目经理能够准确把握项目背后的隐藏意义，更好地应对奇怪的意见和问题，确保项目成功完成。

2.2.2 案例10：关联检测法——和目标强相关的检测点

1. 知识介绍

关联检测法[1]是一种常用的数据分析方法，用于确定两个或多个变量之间的关联关系。

在关联检测法中，被称为"关联规则"的形式化结构可以揭示不同变量之间的强相关性。和目标强相关的检测点是指在关联检测中与目标变量具有强相关性的检测点。通过分析大量的数据，关联检测法可以找到与目标变量之间存在高度相关关系的其他变量或特征。这些检测点可以用来预测、识别或解释目标变量的发展和变化。

需要注意的是，关联并不代表因果关系。关联检测法只揭示变量之间可能存在的关联关系，并不能确定其中一个变量是不是导致另一个变量发生改变的原因。

2. 典型案例

让我们回到20世纪的美国。那时，有一支名声在外的重金属摇滚乐队——Van Halen乐队，他们经常进行巡回演出。与其他普通乐队不同的是，重金属摇滚乐队的设备非常复杂。Van Halen乐队需要庞大的车队来运输设备，普通乐队可能只需要三辆卡车，但Van Halen乐队却需要九辆！他们每到一个新地方演出，与主办方签订的合同中都包含大量的细节。例如，在1.86平方米的空间里，他们需要安放15个插座，而且这15个插座必须具备特定的安培电流要求。每次巡回演出，乐队都要重新搭建舞台，这意味着每次搭建舞台都像开展一个新项目。

由于细节繁多，Van Halen乐队想出了一个聪明的办法，在厚厚的合同里加了一条规定，非常不显眼："后台化妆间里必须放置一碗M&M牌巧克力豆。"而且，至关重要的是："这碗巧克力豆里绝对不能有棕色的。"他们是在"耍大牌"吗？当然不是！这其实是一种保证演出顺利进行的试金石。如果主办方能够注意到这个微小的细节，Van Halen乐队就敢相信他们，因为他们的细心程度足以保证其他细节也会被妥善处理。乐队主唱曾经开玩笑地说："如果他们不能按照这条规定去准备，就说明他们在其他的工作细节上可能也有疏忽。"这种事情的确发生过，有一次后台没有按照合同规定准备，舞台搭建也出现了大量问题，结果整场演出直接被取消了。

3. 案例分析与总结

乐队的目标是完成复杂的舞台搭建工作，确保演出顺利进行。但是，有关搭建工作的具体标准、验收等没有明确规定。这时，在后台化妆间里放置一碗没有棕色巧克力豆的M&M牌巧克力豆，就成了一个具体的检测点，用来确保目标的实现。

这个故事告诉我们，在处理复杂任务时，要降低错误发生的可能性，不仅要关注整体目标，还要关注细枝末节。Van Halen乐队通过巧妙地设置微小而明确的检测点，

1　参考培训讲师马强的课程"项目管理训练营"中的内容。

确保每个环节顺利进行。同样，我们在工作中也可以借鉴这样的方法，从微小的细节入手，确保任务高质量完成。

检测点其实从本质上说就是一种抽查思维。整个项目的目标不好度量和掌控，我们就可以抽查一个和目标强相关的检测点。虽然这个检测点达成了目标，不能准确说明项目达成了目标，但是如果这个检测点没有达成目标，就一定说明这个项目没有达成目标。

2.2.3　案例11：节奏共振法——如何控制项目的节奏

1. 知识介绍

人类是天生的"节奏大师"，天生就会跟着节拍走。呼吸的生理本能决定了人们听到节拍就会跟上，呼吸越和节拍保持一致就越舒服，有一种同频共振的感觉。节拍一停，人们会感觉有点难受，因为呼吸的节奏被打乱了。在项目中，管理进度的本质就是为团队打好节拍，为同伴制造"呼吸"节奏，让信息同频共振。当成员跟上节奏，团队就进入了集体心流模式。这时就不用担心团队拖进度了，因为他们已经形成了按节拍交付结果的习惯。该怎么打好节拍呢？你需要一个"节拍器"，然后根据不同情景制造信息共振，这就是节奏共振法[1]。

2. 典型案例

让我们看看项目经理王进步如何使用他的"奇妙节拍器"来管理项目进度吧！

第一节拍：周会"派对"。

王进步举行的周会就像开"派对"。他邀请全体团队成员参加，分享每个人的最新进展，还讨论可能出现的问题和风险。而且，他总是带来一顿美味的早餐，让大家在"派对"氛围中充满能量地讨论任务的优先级和分工。

团队成员都很期待这个"派对"，因为不仅可以了解项目的最新动态，还可以享受美食，气氛轻松愉快，真是独一无二的会议体验！

第二节拍：进度看板秀。

王进步通过使用一个精心设计的项目进度看板，清晰地将项目的整体进展和各项任务的状态呈现出来。他引入了有趣的元素——在看板上贴满了闪闪发光的星星和各种形状的标签，每个任务都变得生动有趣。

团队成员站在看板前时，仿佛看到了一个5A级景区的地图。他们不仅可以通过看板了解目前的工作状态，而且可以感受到项目进展的魔力。这个看板让团队更有动力，每个人都想得到标签和星星，为项目的进展贡献自己的力量。

第三节拍：神秘邮件。

1　参考培训讲师马强的课程"项目管理训练营"中的内容。

王进步定期向团队成员发送一封封神秘邮件，内容包括对项目进展情况的描述、重要里程碑和截止日期的提醒，以及任务分配等信息的更新。

团队成员都争相打开邮件，像打开一个惊喜礼盒一样。他们通过阅读邮件，真切地感受到项目的重要动态，同时保持同步。就像玩"找茬"游戏一样，大家会比较邮件中的进展与自己当前的任务，借此激发出更强的责任心和紧迫感。

第四节拍：信息更新游戏。

王进步不仅通过邮件来发送信息，还使用了一款高科技的团队通信工具，时刻保持信息流动和项目进度透明。

每当有新消息或任务更新时，团队成员的手机上就会弹出一个充满未来感的系统提示消息。"叮咚！"一条条消息在屏幕上弹出，就像在玩一场刺激的冲关游戏。大家都争先恐后地回复消息、更新任务状态，这种互动让团队的协作更加紧密，也因此更有力量。

3. 案例分析与总结

在这个案例中，王进步使用了以下"节拍器"来协调团队进度：

- 例会（周会、日会）。每周或每日召开例会是管理进度的重要方式之一。在例会中，王进步与团队成员分享最新进展，讨论潜在的问题和风险，并协调各项任务的优先级和分配。
- 项目进度看板。项目进度看板可以清晰地展示项目的整体进度和各项任务的状态。团队成员可以通过查看看板了解目前的工作状态，同时及时更新任务进展。
- 群发邮件。王进步定期向团队成员发送邮件，传达项目的进展情况，提醒重要的里程碑和截止日期，以及更新任务分配等信息。这样可以使团队成员保持同步，并及时了解项目的重要动态。
- 系统提示消息。王进步利用项目管理软件或团队通信工具发送系统提示消息，提醒团队成员及时更新任务状态、回复消息，以保持信息流动和项目进度透明。

王进步通过使用各种奇妙的"节拍器"，成功地管理了团队进度，并确保项目按时交付。从"派对"式的周会到华丽的项目进度看板，再到神秘邮件和信息更新游戏，每个"节拍器"都为团队注入了活力和乐趣。

团队成员就像跟随着音乐的节奏一样，始终保持同频共振，他们的工作就像在节拍声中舞蹈。这种意识与动力不仅提高了团队的工作效率，还确保了项目按计划进行，并避免了进度的延误。

王进步以他独特的方式引领了团队，把管理项目进度变得有趣而富有激情。他的奇妙的"节拍器"不仅成为团队合作的加油站，而且成为团队踏上成功之路的有力助推器。无论遇到多少困难和挑战，经过这样的节拍训练，团队都已经拥有了勇往直前的决心和实力。

2.2.4 案例12：第一性原理——根本原因、颠覆式创新

1. 知识介绍

第一性原理的另一种说法是"像科学家一样思考"。科学家思考时先从以下问题开始：我们绝对确定什么是真的？什么已经被证明了？

从理论上说，第一性原理要求人们越来越深入地挖掘，直到只剩下一种情况的基本真理，从而找到实现目标的最优路径，如图2.1所示。

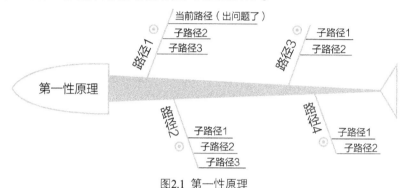

图2.1 第一性原理

2. 典型案例

在项目管理中可以运用第一性原理来解决问题和找到最优路径。假设案例的项目目标是增加产品销售额。

王进步： 我们的销售额怎么一直下降？你觉得是怎么回事？

艾学习： 我也不知道，也许是产品质量有问题，或者市场推广不够到位吧。

王进步： 我们得弄明白到底是什么影响了销售额。我们可以运用第一性原理来分析并找到最佳的解决方法。

他们决定先确定"什么是真的"，即真正影响销售额的因素究竟是什么。

艾学习： 我们应该追本溯源，找出导致销售额下降的根本原因是什么。

王进步： 没错，我们得分析销售数据和客户反馈，看看究竟是什么原因造成了销售额下降。

通过分析销售数据和客户反馈，他们发现产品质量不稳定、市场推广效果不佳及客户体验不理想是导致销售额下降的主要原因。

王进步： 我们得解决这些问题才能提高销售额。但是仅仅追本溯源可能不够，我们还需要运用第一性原理来找到更有效的解决方法。

艾学习： 没错，我们不能局限于已知因素，还要深挖更深层次的因素。

基于第一性原理，王进步和艾学习开始逐步向前推演并挖掘更深层次的因素。

王进步：啊哈，我想到了！想要提高产品质量，我们可以考虑在生产过程中使用更高质量的原材料或改进工艺。

艾学习：还有市场推广，我们可以在社交媒体上投放有针对性的广告，与"网红"或意见领袖合作进行推广。

王进步：在客户体验方面，我们可以优化产品设计，提升易用性，并且提供更便捷的客户支持渠道。

王进步和艾学习发现运用第一性原理能够找到问题的根本原因，同时发现一些创新的解决方法。最后，王进步总结了他们的讨论，并得出结论。

王进步：在项目管理中运用第一性原理常常能够带来颠覆式创新和想法，为项目成功提供最优路径。通过分析问题的本质和核心，我们不仅能找到问题的根本原因，还能挖掘出潜在的改进方法和创新路径。

艾学习：是的，只有深入思考，才能找到真正有效的解决方法。运用第一性原理确实能够帮助我们在项目管理中更加高效地解决问题。

3. 案例分析与总结

在项目管理中，可以运用第一性原理的思维方式来解决问题和找到最优路径。以提高产品销售额为目标，王进步和艾学习通过分析销售数据和客户反馈，确定了产品质量、市场推广和客户体验是主要影响因素。然后，他们基于第一性原理，逐步推演并深挖更深层次的因素，找到了创新的解决方法。通过这些创新的解决方法，他们能够有效提高产品销售额。

2.3　项目管理的方法论创新2：耳听为虚、眼见为实

耳听为虚、眼见为实，也就是化虚为实，在项目管理中是指将抽象、概念性的想法和目标转化为具体、可操作的任务和行动计划。这可以帮助项目团队明确目标、分解任务、规划资源，从而更好地推进项目的实施。

2.3.1　案例13："事前验尸"法——避免盲目乐观

1. 知识介绍

"事前验尸"法指的是提前思考失败的可能与原因的方法，一般在对行动方案做出初步决策之后和采取行动之前使用。它要求参与其中的每个人假设所提议的行动方案已经实施却不幸失败。

个人成长教练、思维导师艾菲在《直击本质》一书中提出，"事前验尸"的会议通常是这样的：设想我们在一年后的今天已经实施了现有的计划，但结果是惨败，请用5~10分钟写下这次惨败的原因。然后，仔细考虑每个人写下的原因，再根据这些原因调整行动方案。

2. 典型案例

某公司计划执行一个新产品研发项目，目标是在一年内推出能满足市场需求、抢占竞争先机的创新产品。为了确保项目顺利实施并取得成功，项目团队决定采用"事前验尸"法来评估行动方案并制定相应策略。

（1）召开"事前验尸"会议

小明：大家快来，我们要开始"验尸"啦！

小红：嗯？"验尸"？听起来好像某种生物科学实验！

小明：哈哈，别担心，这只是个比喻。我们要设想已经过了一年，我们的行动方案已经实施，结果却是惨败。我们有5~10分钟的时间独立思考并写下导致项目失败的原因。

（2）分析失败原因

小王：我觉得一个主要原因是我们的市场调研不准确，没有真正了解用户需求。

小李：对，而且竞争对手反应强烈，但我们没有及时调整策略。

小红：还有，我们的技术问题没有解决，导致产品质量不达标。

小明：是的，看来我们还有很多问题需要解决啊。

（3）调整行动方案

小明：根据我们刚刚讨论的失败原因，大家有什么好的建议来调整行动方案吗？

小红：我们可以加强研发投入，解决技术问题，确保产品质量。

小王：同意！我们也要改善市场调研方法，真正了解用户需求。

小李：还应该密切关注竞争对手的行动，及时做出反应和调整。

小明：很好，听起来我们已经找到了新的解决方案！

（4）实施调整后的方案

小明：经过"事前验尸"会议的讨论和调整，我们现在有了一份由全员智慧之火淬炼过的行动方案。每个团队成员都明确了失败原因及相应的改进措施，在项目执行过程中我们要特别关注这些关键环节，提高项目成功率。

小红：看来这次的"验尸"会议真的起到了很大的作用！

小王：对啊，通过如此有趣和生动的方式，我们更容易找出问题和解决方案。

小李：不仅如此，我们还通过集思广益充分发挥了团队的智慧，相信我们的项目会有更好的结果。

3. 案例分析与总结

在这个案例中，通过"事前验尸"法，项目团队能够在决策方案拟定阶段避免盲目乐观，并通过集体思考和深入分析，识别并解决可能导致项目失败的核心问题。这种方法具有以下优势：

- 避免集体思考的干扰。决策方案拟定好时，"事前验尸"法可以有效避免团队成员受到集体思考的干扰，更客观地评估方案的可行性。

- 激发创造力和积极性。通过讨论失败原因，"事前验尸"法能够激发那些经验丰富、见多识广的团队成员的创造力和积极性，将他们的想法引导到最需要的方向。

"事前验尸"法为项目管理提供了一个全面的风险评估工具，帮助项目团队预先发现和解决问题，以尽可能地避免项目失败的结果。这种方法可以在项目启动初期或关键决策阶段应用，能有效提高项目成功率。

通过"事前验尸"会议，项目团队成功找出导致项目失败的原因，并进行了相应的调整。这种有趣的沟通和合作方式激发了团队成员的创造力和积极性，增强了团队凝聚力。相信在新的行动方案下，项目将获得更大的成功！

2.3.2　案例14：峰终定律——过程亮点、完美结局、终极体验

1.知识介绍

2002年，丹尼尔·卡尼曼提出了峰终定律，该定律的依据是人们对体验进行潜意识总结的特点。根据这个定律，顾客在回忆一件事时，只会记得高峰和结束时的体验，而过程中的体验与时间长短对记忆的影响不大。关键时刻是指高峰和终点。峰终定律是服务业中最具有影响力的管理概念和行为模式之一。

峰终定律及其应用给我们的启示是：与平均的全流程式顾客体验管理方式相比，将有限的资源集中投入顾客体验的高峰和终点，可以用更少的或相同的资源取得更高的服务效能，从而整体优化顾客体验。

2.典型案例

有一家名为"阳光美食屋"的餐厅，位于繁华商业区，以新鲜、美味的食物和优质的服务闻名。

在周末晚餐高峰期和节假日用餐时间，该餐厅利用数字技术，通过有效的顾客预约和点餐排队管理，确保顾客能够迅速入座，并享受愉快的用餐体验。其员工还灵活运用情绪劳动管理技巧，及时调整服务态度和表现，确保每位顾客在高峰时刻都能够得到最大限度的满足。为此，餐厅管理团队意识到员工的培训和技能提升至关重要。

首先，餐厅定期组织员工培训，专注于服务技巧和沟通能力的提升。通过模拟高峰时刻场景的角色扮演，员工能够磨练自己的应变能力，并掌握高效服务的技巧，如怎样快速解答顾客的问题，处理突发状况，并确保所有顾客得到及时关怀。

其次，餐厅注重员工的自我管理和团队合作能力的培养。他们鼓励员工积极主动地感知和满足顾客的需求，同时重视团队之间的紧密合作。通过团队建设活动和员工互动，餐厅营造出一种积极、合作的工作氛围，以确保顾客在繁忙的时间段感受到无缝和周到的服务。

最后，餐厅采用了数字技术来提升顾客点餐的便捷性和效率。他们引入了在线订座系统，使顾客能够方便地预约座位并避免长时间等待。另外，用餐过程中的点单和结账也使用了智能化技术，提供更快速、准确和便利的服务。

通过以上措施，该餐厅成功优化了顾客体验。顾客在抵达餐厅时，会受到热情友好的接待和高效的服务，这让他们立即感到被重视和关心。员工的专业素养和优质服务使每位顾客都得到了个性化的关怀，塑造了积极愉快的用餐体验。

顾客用餐结束时刻的体验对于给顾客留下深刻印象至关重要。该餐厅通过细致周到的服务和额外的关怀举措，成功改善了结束阶段的体验。例如，为顾客送上小而贴心的礼物，如一份精美的甜点或一杯香浓的咖啡。这些额外的福利不仅增加了顾客感受到的价值，也让顾客感到被关心和珍惜。餐厅还引入了个性化的感谢卡，内含员工对顾客的真诚感谢之情及对顾客再次光顾的诚挚邀约。这样的举措使顾客在用餐结束后依然沉浸在愉悦的体验中，留下美好而难忘的记忆。

对高峰时刻和结束阶段体验的持续优化取得了显著的效果。首先，顾客的整体满意度明显提升，很多顾客纷纷留下积极的评价，称赞餐厅服务热情周到，体验愉快。其次，顾客投诉明显减少，表明顾客体验的质量得到了有效提升。最后，餐厅的客流量和顾客留存率均有明显增长，再次验证了优化高峰时刻和结束阶段的体验对于提升顾客体验的重要性。通过严谨的评估和改进，该餐厅成功地将峰终定律转化为实际行动，取得了可喜的成果。

3. 案例分析与总结

峰终定律的应用为提升顾客体验带来了重要启示。通过专注于高峰时刻和结束阶段的体验，企业可以以更少的资源投入实现更高的服务效益。在该餐厅案例中，优化高峰时刻和结束阶段体验的举措取得了显著成效。顾客对餐厅的满意度明显提升，他们更愿意再次消费，并将餐厅推荐给他人。顾客反馈和业绩数据都表现出积极的变化，如更高的顾客忠诚度、高转介指数和积极的口碑传播等。

因此，在顾客体验的设计和管理中，理解和应用峰终定律是至关重要的。将有限的资源集中用于优化高峰时刻和结束阶段的体验，不仅可以最大限度地激发顾客的情感共鸣，还能够在资源有限的情况下取得更显著的成效。通过实施相应的策略和举措，企业可以提升顾客体验，提高顾客留存率，强化口碑效应，进而取得长期的竞争优势。

2.4　项目管理的方法论创新3：脱离角色、课题分离

2.4.1　案例15：跳出角色法——角色是虚拟的，人是真实的

1. 知识介绍

跳出角色法是指在项目管理中，管理者需要超越自身的角色和职责，以更全面、

客观的视角去理解和关注团队成员的需求、动机和能力。这种方法强调管理者要具备倾听和理解他人的能力，并能够根据不同人的需求和特点来有效地管理团队。

2.典型案例

项目经理王进步正在管理一个项目团队，这个团队负责开发一套新的智能家居系统。在项目进行过程中，王进步发现一个关键的开发人员小唐非常疲惫，而且失去了工作的激情。小唐的工作质量下降，缺乏积极主动性，也不再关注项目的进展。

在这种情况下，王进步打算采取一些方式与小唐沟通，帮助小唐从疲惫中恢复，并提高工作效率。

王进步： 小唐，我注意到你最近的状态不太好。有什么问题吗？

小唐： 没什么大问题，就是最近压力有点大，感觉有些疲劳。

王进步： 我完全理解。工作重要，但也不能牺牲自己的健康和家庭生活。有什么我能帮助你的吗？

小唐： 加班有点多，我很难平衡工作和生活。我需要一些时间来调整和放松。

王进步： 我们可以一起制订一份新的工作计划，确保你的工作负荷更加合理。同时，我会尽量提供一些灵活的工作安排，让你能够更好地平衡工作和生活。

小唐： 真的吗？谢谢你的理解和支持！

王进步： 不客气！我们是一个团队，互相支持是理所当然的。另外，我想了解一下，你对未来的职业发展有什么想法？

小唐： 其实，我对AI方面很感兴趣，希望能在这个领域深入发展。

王进步： 太好了！我会尽量让你参与一些与AI相关的项目。我也会为你提供必要的培训、工具和资源，帮助你克服困难，提高工作表现。

3.案例分析与总结

王进步尝试了解小唐的问题所在，并采取适当的行动来帮助他。这种关心和关怀不仅能够改善小唐的工作状况，也有助于增强团队合作，营造更好的工作氛围。

通过跳出角色去看人的思维方式，王进步主动与小唐进行了一对一的沟通，并努力了解他的现状和心理状态。王进步发现小唐最近遇到了一些问题，加班时间过长使他无法平衡工作和家庭，导致压力和疲劳大增。在了解了小唐的情况后，王进步采取了以下措施来帮助小唐恢复工作激情和提高工作效率：

- 调整工作负荷。重新评估小唐的工作任务和时间安排，确保他的工作负荷合理，并提供必要的支持和帮助。
- 提供灵活的工作安排。与小唐协商，尽量提供弹性工作时间或远程办公的机会，以使他更好地平衡工作和生活。
- 激发动力和兴趣。与小唐沟通，了解他的职业发展目标和兴趣，并努力将他与相关的项目和任务进行匹配，激发他的工作热情。

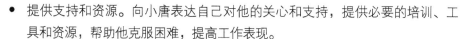

- 提供支持和资源。向小唐表达自己对他的关心和支持，提供必要的培训、工具和资源，帮助他克服困难，提高工作表现。

跳出角色去看人的思维方式对于项目管理至关重要。关注团队成员的需求和动机，帮助他们克服问题并积极参与项目，可以增强团队的协作能力，提高工作效率和项目成功率。这也表明了一个良好的管理者应该具备关怀和倾听团队成员的能力，并采取相应的措施来支持他们的工作和发展。

2.4.2　案例16：角色转换法——灵活转换、走出迷宫

1. 知识介绍

在项目管理中，角色转换常常是一个艰巨的挑战。项目经理需要具备灵活转换角色的能力，走出迷宫般的困境。在项目过程中，项目经理扮演着多个角色，如领导者、组织者、协调者和决策者等，而在不同的阶段或情境下，这些角色的重要性和职责也有所不同。因此，项目经理必须及时进行角色转换，以适应项目需要并确保项目成功。

然而，角色转换并不容易，常常面临许多困难和挑战。首先，项目经理需要根据不同的项目阶段分析和识别适用的角色，并将其与之前的角色进行区分。其次，角色转换可能需要经历心态上的调整和适应，因为每个角色都有不同的职责和工作重点。再次，角色转换还要求项目经理具备有效的沟通和协作能力，以便与团队成员、干系人和其他项目参与者进行良好的互动和合作。最后，为了成功转换角色，项目经理还需要灵活调整和转变自身的管理风格和技能，以适应不同角色的要求。

项目经理可以通过多种策略来应对角色转换。首先，项目经理应该培养灵活性和适应性，以便在不同的角色间自如切换。其次，项目经理需要深入理解各角色的特点和职责，并储备相应的知识和技能，以便有效担当这些角色。再次，在团队中建立良好的沟通和协作机制也是非常重要的，这可以促进信息共享，提高团队效率。最后，项目经理还应该根据不同的角色要求调整自己的管理风格和技能，如在起始阶段更需要领导和组织能力，而在执行阶段则更需要协调和决策能力。通过这些应对策略，项目经理能够成功地转换角色，并有效地领导项目走向成功。

2. 典型案例

某项目团队由开发人员、设计师和项目经理组成，负责开发一款名为"Puzzle Master"的迷宫游戏。

项目经理：大家好！欢迎来到"Puzzle Master"项目的第一次会议！我们要开发一款创新的迷宫游戏。我是这个项目的项目经理，我的任务是确保项目顺利完成。首先，我要制订一个详细的项目计划。你们有什么建议吗？

开发人员1：我认为我们应该先确定游戏的基本功能和技术架构，并在此基础上

进行开发。

设计师：我们也应该考虑游戏的美术设计和用户界面，提升用户体验。

项目经理：很好的建议！我们将密切合作，确保开发和设计工作顺利进行。

在项目执行过程中出现了一些挑战。由于客户需求变更和技术限制，原本的项目计划需要调整。

项目经理：大家听说了吗？客户突然要求增加游戏中的多人模式，这对我们来说是个挑战。怎么办呢？

开发人员2：我们可以调整原有计划，先将单人模式开发完成，再着手开发多人模式。

设计师：我们也可以和客户进一步沟通，了解他们对多人模式的具体需求。

项目经理：好主意！我们要灵活应对变化，确保项目顺利推进。

随着项目的不断推进，开发人员遇到了一些技术难题，需要额外的资源和支持才能解决。

开发人员3：这个问题真棘手！我们需要一些额外的资源来解决。

项目经理：别担心，我会联系相关部门，并尽快为你们提供所需的资源和支持。

在项目快要结束时，设计师又提出了一些改进建议，认为可以进一步提升游戏的用户体验。

设计师：我有一个想法，加入一些隐藏关卡会不会让用户更加乐在其中？

项目经理：很好的建议！我们可以和团队讨论一下，确定这个改进是否值得投入时间和精力。

最终，项目顺利结束，成功交付了一款优秀的迷宫游戏。在整个项目过程中，项目经理在不同阶段扮演着不同的角色，如领导者、协调者和倾听者。

项目经理：恭喜大家！我们做到了！这个项目的成功离不开每个人的努力和贡献。你们是最棒的团队！

3. 案例分析与总结

该案例展示了项目管理中的角色转换。项目经理需要灵活适应不同的情况和需求，与团队成员密切合作，并根据项目需要调整自己的角色。这种角色的灵活转换是确保项目成功的关键之一，同时展现了项目经理的领导和协调能力。

在"Puzzle Master"项目中，项目经理起到了至关重要的作用。他不仅制订了项目计划、设定了目标，而且在需求变更和技术难题出现时，扮演了协调者和领导者的角色。他倾听团队成员的建议，并做出了合理的决策。最终，通过团队合作，项目成功地交付了一款优秀的迷宫游戏。该案例展示了项目管理中项目经理需要灵活适应不同角色的能力，以及与团队密切合作的重要性。

2.4.3 案例17：课题分离法——解决人际关系的烦恼

1. 知识介绍

课题分离法的目的是解决人际关系的烦恼，区分什么是他人的课题，什么是自己的课题，如图2.2、图2.3所示。我只负责把我的课题做好，而你只负责把你的课题做好。课题分离法帮助项目团队在处理人际关系问题时更加清晰、有条理。通过区分什么是各自的课题，项目团队可以更好地专注于自己的任务和责任，而非过多关注他人的行为或问题。

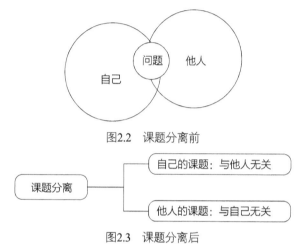

图2.2 课题分离前

图2.3 课题分离后

2. 典型案例

项目经理：大家好，针对"混乱之城"城市建造游戏开发这个项目，我们今天来讨论一下课题分离的重要性。

成员A：课题分离？这听起来有点复杂啊。

项目经理：其实很简单，就是明确每个人的任务，避免过多的交叉和干扰。以我们正在开发的这款游戏为例，我作为游戏设计师，负责设计建筑和设施，而你们作为玩家，则根据我的设计来管理和发展城市。

成员B：哦，我明白了。也就是说，只要我按照你的设计来规划城市，然后满足居民需求，就可以赚取城市的财富了？

项目经理：没错！你抓住了重点。通过各自专注于自己的任务，我们能够确保游戏开发项目顺利进行，同时为玩家提供良好的体验。

成员C：那我们在游戏过程中会不会有冲突呢？毕竟我们的任务还是有一些联系的。

项目经理：可能有，但是我们可以通过有效的沟通和协作来解决。例如，如果你对某些设计有建议或发现了问题，那么我们可以及时交流并进行调整。在团队合作中，互相尊重和支持是非常重要的。

成员A：明白了，课题分离不仅能够提高工作效率，还可以避免不必要的纠纷和矛盾。

项目经理：正是如此！通过课题分离，我们的协作将更加清晰、有条理，可以使游戏更加完善。让我们共同努力，打造一款受欢迎的城市建造游戏，让玩家享受畅快的游戏体验。

3.案例分析与总结

在"混乱之城"游戏开发项目团队中，课题分离起到了至关重要的作用。通过明确每个人的任务和责任，团队成员能够避免过多的交叉和干扰，从而提高工作效率。项目经理作为游戏设计师，负责制定规则和玩法，而玩家则根据设计来管理和发展城市。在游戏过程中，团队成员互不干涉，各自专注于自己的任务，以确保游戏顺利进行并获得良好的体验。当然，团队合作包括有效的沟通和协作，以解决可能出现的问题和冲突。

总之，课题分离法可以更好地将问题与责任方相对应，并使每个人都专注于自己的课题。同时，这种方法也可以促进团队成员之间的沟通和协作，因为每个人都清楚自己的职责和任务，所以能够更好地协同工作以实现项目目标。

2.4.4 案例18：向军队学激励——独特经验、高度智慧

1.知识介绍

军队作为一种特殊的组织和管理实体，具有严谨性、纪律性和高度组织性的特点。军队管理在激励士气方面具有独特的经验和智慧。军队如何激励士气、调动团队的力量，并以此推动任务的完成，对于非军事领域的组织也具有启示意义。

在军队中，激励士气是至关重要的，因为士气的高低直接影响到军队的战斗力和任务完成的质量。军队明确的目标与使命为管理提供了指导和动力。管理者深知每个人的责任和角色，并且清楚地向团队传达，让每个人都明白他们为何而战。军队中多种激励士气的措施也让团队成员明确共同的目标并为之努力。

（1）有效沟通与协作

军队通过清晰、直接和高效的沟通方式，营造了良好的协作氛围，这对于激励士气至关重要。军队领导者以身作则，始终保持有效沟通，并鼓励部下之间进行良好的沟通。他们明确传达任务要求和期望，并及时提供反馈和指导。军队还注重培养团队协作意识，强调每个人在团队中的责任和角色。通过促进信息流动和良好的协作，军队能够确保任务顺利执行，并增强团队士气。

（2）建立强大的领导力

军队领导者具备独特的特点与技能，这些特点与技能对于激励士气有着重要作

用。首先，军队领导者展现出坚定的信念和自信心，能够在困难和压力下保持冷静，并鼓励团队成员坚持不懈。其次，军队领导者具备明确的愿景和目标，并能够将这些目标有效地传达给团队成员，从而激发他们的积极性和工作动力。最后，军队领导者还展现出一种无私的奉献精神，他们更加看重团队的成功而非个人成就，并愿意为了团队的利益做出牺牲。

为了培养团队中的领导力，激励士气，我们可以借鉴军队的经验。首先，建立强大的领导层，确保团队中有具备领导才能和经验的人员。这些领导者应该能够为团队成员树立榜样，为他们提供指导和支持。其次，培养团队成员的领导力，通过培训和发展计划提供机会，帮助他们提升领导力并发挥潜力。最后，建立定期反馈的机制，让团队成员了解其优势和需改进之处，以促进个人和团队的成长。最重要的是，鼓励团队成员互相学习和分享知识，以构建适应良好领导力的团队文化。

（3）制定明确的奖励与惩罚机制

军队的奖惩机制以其严谨性和灵活性著称。首先，军队制定了明确的标准和指标，用于评估个人和团队的表现。这些标准和指标通常是具体和可量化的，以确保奖惩公正、客观。其次，军队的奖惩机制也非常灵活，根据士兵不同的表现和成就，给予不同层次的奖励和惩罚。这种差异化的奖惩机制能够激发士兵的竞争意识，并鼓励他们不断努力提升自己的表现。最后，军队的奖惩机制还注重及时性，及时给予奖励或惩罚，以便将其与具体的表现联系起来，增强士兵的荣誉感和自豪感。

在团队管理中，我们可以借鉴军队的奖惩机制来激励团队士气。首先，我们应该建立明确的标准和指标，用于评估团队成员的表现。这些标准应该是具体而可量化的，以确保奖励和惩罚是公正的。其次，我们还需要灵活运用奖惩机制，根据团队成员的表现差异给予不同层次的奖励或惩罚。这不仅能够激发团队成员的竞争意识，还能够推动他们持续提升自己的表现。

总之，军队的奖惩机制在激励团队士气方面发挥着重要作用。明确的标准和灵活的机制可以营造出公正、激励和竞争的环境，提升团队的士气与表现。

（4）注重个人发展与培训

军队非常注重个人发展与培训，因为他们明白团队的士气和战斗力来自每个成员的个人素质和能力。军队通过持续培训和教育不断提升士兵的技能水平，并鼓励其在行动中学习和成长。

在团队中，注重个人发展与培训非常重要，可以采取以下措施：

- 设立个人发展计划。与团队成员一起制定个人发展目标，并制订明确的计划和时间表。这样可以帮助他们规划自己的职业生涯，并为他们提供成长的机会。
- 提供培训资源。提供各种培训资源，包括内部培训、外部培训和在线课程等，让团队成员有机会扩展知识领域，并增强专业能力。

- 鼓励学习互助。组织团队内部的学习分享活动，鼓励成员相互学习和交流经验。另外，可以建立导师制度，让有经验的成员指导和培养新人。
- 资助个人发展计划。为团队成员提供奖学金、培训补贴或津贴，以资助他们参加培训、研讨会和学术交流等活动，激励他们持续学习和成长。

通过注重个人发展与培训，团队成员可以不断提升自己的能力和素质水平，并在实践中取得更多的成就。这种成长和进步将提升团队的士气和凝聚力，进而推动整个团队向更高的目标迈进。

（5）创建积极向上、有活力的团队文化

在军队中，团队文化被视为提升凝聚力和士气的关键因素。军队注重建立一种积极向上的文化氛围，以激励士兵为共同目标而战斗。这种团队文化可以通过以下方式在团队中打造出来。

首先，领导者需要树立榜样。军队中的领导者必须以身作则，展示良好的道德品质、坚韧不拔的毅力和极强的专业能力。他们的行为和态度是团队成员学习的榜样，能够激发团队成员的内在动力和向上的精神。

其次，营造团队合作和互相支持的氛围。军队注重团队成员之间的紧密配合与协同工作。他们鼓励团队成员相互支持、共同努力，达成共同目标。团队成员之间的相互帮助和信任是培养积极文化的关键。

再次，积极的奖励机制也是重要一环。军队会及时、公正地表彰和奖励个人和团队成就。这样的奖励机制可以鼓励团队成员努力工作，同时提升了团队士气和凝聚力。

最后，倡导开放的沟通与反馈。军队注重直接、坦诚和有效地沟通。领导者鼓励团队成员表达意见和提出建议，同时重视对团队成员的反馈和指导。这样的沟通文化能够激发团队成员的创造力和自我发展，进一步推动团队整体士气的提升。

通过上述方式，团队可以打造出积极向上、有活力的团队文化，使每个成员都感受到自己的重要性和价值。这样的团队文化不仅激励了士气，而且提高了团队的工作效率和工作质量。

2. 典型案例

华为公司是全球知名的电信设备和智能手机制造商，也是拥有国际竞争力的项目管理实践者。华为公司借鉴了军队管理的严谨性和激励团队士气的经验，并成功将其应用于项目管理。

华为公司准备推出一款新的智能手机。该项目的目标是提供一款与市场需求紧密匹配、性能卓越的智能手机，并在规定的时间内完成研发、生产和上市。

首先，明确项目的目标和使命。项目团队深入了解市场需求和消费者偏好，并将这些因素纳入产品设计和功能规划。通过设定明确的目标，项目团队确保所有成员朝着同一个方向前进，激发了团队成员的动力。

其次，清晰地定义每个团队成员的责任和角色。项目团队将项目分为多个子项目，每个子项目由专门的团队负责。每个团队成员都清楚自己的职责和任务，并且与其他团队成员密切协作。通过明确的分工和协作机制，项目团队能够高效运作，从而提升了士气。

再次，设立激励机制来调动团队的力量。项目团队设立了明确的绩效目标，并将其与个人和团队的奖励挂钩。通过给予成绩优秀的团队成员奖励和认可，项目团队中的每个人都能发挥出自己的最佳水平，推动项目顺利完成。

最后，在整个项目过程中，项目团队始终保持高度的组织性和纪律性。他们严格按照项目计划和时间表执行，及时进行风险评估和调整，确保项目顺利进行。同时，项目团队建立了有效的沟通和反馈机制，及时解决问题和困难，保证团队的凝聚力和士气不下降。

3. 案例分析与总结

华为公司在项目管理中借鉴了军队管理的严谨性和激励团队士气的经验，并成功地将其应用于实践。他们通过明确目标、清晰责任、设立激励机制并保持高度组织性和纪律性，有效地调动了团队的力量，使项目顺利完成。该案例为我们在项目管理中借鉴军队的管理经验提供了启示。

2.4.5　案例19：提前泄压法——在会议决策中取得成功的秘诀

1. 知识介绍

很多人担心自己提交的议题在会议决策中不能通过，其实这是因为所有的压力、矛盾都压缩在会议决策时有限的时间和空间中了。解法是什么？四个字，"疏解压力"。不要让压力在会议现场集中爆发，要提前"插几个孔""钻几个眼"让压力泄掉，这就是提前泄压法[1]。

2. 典型案例

在一个重要的里程碑会议上，项目经理王进步需要向合作方和团队成员汇报项目进展，并做出一些决策。然而，由于各方对项目进展持有不同意见，局面变得分歧和紧张。

为了解决这个问题，首先，王进步尝试了第一步：向前泄压。在会议之前，他积极与关键角色进行沟通，寻求共识。他私下会晤了每个关键角色，通过交流了解他们的观点和担忧，并试图解决他们的问题。通过这样的接触，每个关键角色都感受到了王进步的关心和尊重，为会议创造了友好的氛围。

其次，王进步转向了第二步：向上泄压。他主动创造了一个峰值体验，向会议的

1　参考培训讲师马强的课程"项目管理训练营"中的内容。

主要决策者展示项目的成功案例、数据和证据，以获得他们的满意和支持。王进步精心准备了幻灯片和演讲稿，强调项目的价值和成果，吸引了他们的注意力，让他们对项目充满信心。

最后，王进步采取了第三步：向未来泄压。在会议中，他与主要决策者一起展望未来，共同讨论项目的长远发展和潜在机会。这转移了他们的注意力，缓和了会议的紧张氛围。王进步还提供了一些可行的解决方案和建议，展示了他对项目成功的承诺和决心。

通过以上三个步骤，王进步成功地疏导了会议中的压力，为自己赢得了更多支持者，并使中立派倾向于支持他的观点。这就使他能够更好地获得决策者的支持，并为项目的顺利进行提供保障。

当然，即使已经尽力，有时会议的决策者仍然分为支持、反对和中立三派。在确信自己的方案正确的情况下，王进步可以试着争取中立派的支持，这样天平就会向他倾斜了。

3. 案例分析与总结

项目经理王进步要在一个重要的里程碑会议上做关于项目进展的汇报，并且做出一些决策。合作方和团队成员对项目的进展存在不同的意见，分歧很大。为了解决这个问题，王进步使用了"泄压三步法"，成功地缓和了会议的紧张氛围，并获得了更好的决策结果。该案例告诉我们，在处理紧张局势时，善于沟通和展示项目价值的策略是非常重要的。

2.5　项目管理的方法论创新4：利益共生、决策创新

2.5.1　案例20：利益共生中的伪命题

1. 知识介绍

项目管理和利益共生密不可分。在项目管理中，利益共生是一项重要的原则，因为它涉及各方通过合作实现互利的情况。利益共生的意义在于促进项目成功，并强化合作伙伴之间的关系。通过确保参与方在项目中能够获得他们期望的利益，项目管理者可以提高整个项目团队的协作效率和成果质量。然而，尽管利益共生是项目管理中的核心原则，但有时也可能出现一些伪命题，即看似存在利益共生，但实际并非如此。因此，识别和应对伪命题是项目管理者必须注意的重要问题。

首先，利益冲突未被充分考虑是导致伪命题产生的一个常见原因。在项目中，不同参与方往往拥有不同的利益需求和目标，有时这些利益需求会发生冲突。如果这些冲突没有得到充分讨论和解决，那么在表面上看可能存在利益共生，但实际上可能只是暂时的妥协，无法长期维持。

其次,参与方之间意图不统一也会使伪命题产生。即使参与方声称存在利益共生,但如果他们的意图和目的并不相符,那么最终的结果可能并不是真正的利益共生。例如,某个参与方可能只追求短期利益,而不愿意做出长期投资。在这样的情况下,虽然可能有一时的利益共生,但长远来看并不符合项目整体利益。

最后,隐藏的利益牺牲也是产生伪命题的一个潜在原因。有时,为了维持表面上的利益共生,一些参与方可能暗中放弃一部分自己的利益,以换取其他方面的好处。虽然这种情况表面上看起来有利益共生,但实际上可能存在不公平和不可持续的问题,长期来看可能引发更大的利益冲突。

因此,我们需要深入了解各参与方的利益需求,并进行全面、客观的分析。这包括对代价和收益进行评估,以及对可行性和可持续性进行全面考虑。只有进行充分了解和评估,才能避免或应对伪命题。同时,建立有效的沟通渠道,强调透明度和公平性,并在必要时寻求第三方协调,也是应对伪命题的有力手段。

2. 典型案例

项目经理:大家好,欢迎加入"FastTrack"项目团队!我们的目标是快速开发一款应用程序。我了解到你们都是技术能手,希望通过这个项目积累更多经验,并提升我们团队的声誉。

开发成员A:听起来很有挑战性啊!我们会尽力完成任务,但是时间可能有点紧张。

开发成员B:是的,我们需要你帮助我们管控好项目进度,合理安排任务,以确保我们能按时交付。

项目经理:明白。时间确实是一种压力,但对于质量我们不可妥协。我们要力求满足客户需求,使客户通过推广这款应用程序实现盈利。

产品经理:我赞同项目经理的观点。我们不能牺牲质量来满足时间要求。如果质量不足以满足市场需求,我们就无法获得预期的成功。

开发成员C:但是,如果客户需求变更或市场压力增大,我们就可能需要做一些取舍来尽快完成项目。

产品经理:这正是我担心的问题。我们需要尽可能减少需求变更,同时通过灵活的开发方式来应对市场变化。

3. 案例分析与总结

案例中的"FastTrack"项目涉及开发团队、产品经理和客户三方。尽管他们都希望项目成功,但实际情况可能导致各方利益发生冲突。

开发团队面临时间压力,可能需要牺牲一些质量标准以保证项目按时交付。但产品经理认为如果质量不足以满足市场需求,就会影响应用程序的成功推广。另外,客户希望尽快推广应用程序并获得盈利,但项目交付过程中的质量问题和功能缺陷可能让他们感到失望。

在这种情况下，项目管理需要寻找平衡点，确保各方利益得到合理满足。沟通和协商是解决潜在冲突和问题的关键。开发团队和产品经理应紧密合作，确定可行的开发计划，并尽量减少需求变更。与此同时，客户也应积极参与并提供明确的需求和反馈，以确保项目顺利进行。

最终，通过灵活的沟通和合作，项目克服了各方利益冲突，达成多赢。该案例展示了在项目管理中，利益共生并不是一件轻松的事情，但只要各方保持良好的合作关系，项目仍有望取得成功。

2.5.2 四类决策和四类利益共生的方法

1. 四类决策方法

在项目管理中，综合利益、机会、成本和风险的决策方法非常重要。以下是一些常见的决策方法。

（1）利益最大化决策

在项目管理中，利益最大化决策意味着选择能够为项目和相关项目干系人带来最大效益的方案。例如，一家公司正在执行一个新产品开发项目。他们需要评估不同的产品设计方案，并确定哪个方案能够最大限度地满足市场需求并带来最多的利润。

（2）机会成本决策

在项目管理中，机会成本决策指考虑放弃某些机会所带来的成本。例如，一位项目经理可能需要决定是否接受一个新增的任务，而该任务可能占用团队成员的时间和资源。在做出决策时，决策者需要权衡接受该任务所带来的机会成本。

（3）成本效益分析决策

在项目管理中，成本效益分析用于评估实现项目目标所需的成本和相关效益。例如，一个建筑项目的负责人可能需要评估不同的施工方法和材料选择，以确定最具成本效益的方案，同时保证项目质量和完成时间。

（4）风险管理决策

在项目管理中，风险管理决策会考虑项目面临的潜在风险和不确定性，并制定相应的措施来降低风险。例如，在软件开发项目中，项目经理可能要评估不同技术方案的风险，以选择最稳定和可靠的方案，同时考虑项目进度和成本等因素。

以上这些决策方法在项目管理中都属于常用的工具和技术，并且需要与项目目标、约束条件和项目干系人需求结合使用。通过综合考虑利益、机会、成本和风险，项目经理能够做出更明智的决策，从而提高项目成功率，增加项目价值。

2. 四类利益共生方法

以上四种决策方法更多地考虑决策者一方的利益，而在实际项目执行过程中要更多地考虑双赢，实现利益共生。下面列出了四类利益共生方法。

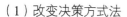

（1）改变决策方式法

这是解决决策者延误的最佳方法，主要解决领导审批延误导致项目进度延误的问题，手段是改变信息的流转方式，具体内容可以参考本书中的案例74。

（2）投入产出分析法

这种方法主要解决当客户提出不合理需求时，如何让客户调整对目标的预期。投入产出分析法是一种解决项目成本问题的方法，它通过与相关方进行协商和讨论，寻求令双方满意的成本协议。这种方法通常用于处理项目成本超出预算或需要降低成本的情况。在投入产出分析法中，项目经理需要具备良好的协商和沟通能力，以平衡利益关系并找到成本降低的解决方案。投入产出分析法的优势是可以通过谈判和协商的方式实现成本与效益的平衡，确保项目具有可行性和可持续性。具体内容可以参考本书中的案例67。

（3）利益交换法[1]

这种方法主要解决当客户提出无法实现的需求时，如何让客户调整对目标的预期。利益交换法是一种资源分配和优化的方法。在项目执行过程中，资源的合理配置是确保项目顺利进行的关键因素之一。利益交换法通过明确各方的资源需求和供应条件，寻求资源的互换和共享，以实现效益最大化的目标。这种方法通常适用于多个项目间存在资源互通的情况，通过资源的互换和合作，各项目可以更有效地利用可用资源，满足各自的需求。利益交换法的优势在于它能够在资源有限的情况下，实现资源的最优配置，提高项目整体绩效和工作效率。具体内容可以参考本书中的案例68。

（4）投资心态法

投资心态法意味着将项目视为一项投资，对项目秉持积极、专注于回报和管理风险的思维方式与态度，注重获取最大的回报，并在决策过程中权衡风险和收益。换句话说，它强调对资源、时间和质量的最优化利用，以实现项目成功和投资者利益最大化。

1　参考培训讲师马强的课程"项目管理训练营"中的内容。

第3章 ▶▶▶

项目管理的新智能思维

在前两类思维模型的基础上，我们发现AI技术与项目管理领域的适配性及应用度非常高，项目管理的目标性与过程性、一次性与变化性、理论性与实践性特征，为AI技术的应用提供了丰富的场景。

3.1 对新技术应用的预测和回顾

3.1.1 对2040年新技术应用的科学预测

日本未来学家成毛真的《2040年的未来预测》一书讨论了未来20年可能出现的问题，如气候变化、人口增长、资源管理和城市化。它还涉及一些科技问题，如AI、基因编辑和机器人等。

该书指出："科技的发展将带来许多新的机遇和挑战。如果你能准确预知未来，就能提前做好准备并应对这些机遇和挑战。"该书对许多领域进行了预测，尤其是科技的发展。

该书认为，医疗领域是2040年最值得期待的领域。该书预测，到2040年左右，由于AI技术的巨大发展，癌症可能可以完全治愈。目前，癌症的治疗和研究主要由人类进行，即使是最杰出的医生，其一生中能够治疗的患者数量也是有限的，因此他们的知识和经验也是有限的。然而，AI可以整合数千万份患者病例，并进行分析和诊断。这种高效率、大数据处理的能力远超任何医生，而且AI所分析的数据永远都是实时和最新的，从而进一步提高了治疗效率。实际上，已经有模型如ChatGPT部分实现了这种预测。国外有位医生感叹，他将患者的病例输入ChatGPT进行分析，得到的结果比他本人的判断更加精确。如果AI继续发展下去，医生可能都要失业了。

3.1.2 对新技术应用的历史回顾

未来是很难预测的，但我们可以回顾历史。卡尔·贝内迪克特·弗雷的《技术陷阱》一书在前言中引用了丘吉尔的一句话："借助于回顾过去，我们能更好地展望未来。"

该书从第一次工业革命开始，讨论了技术进步和就业之间的关系。从历史上看，技术进步并没有全面导致失业率上升，但在某些特定行业中确实出现了大量失业者，如"灯夫"。由于电灯的出现，这些灯夫失去了工作，甚至引发了一系列骚乱，因为"油灯和煤气灯总需要有人照看，但神秘的电力出现后，灯夫的技能变得毫无价值可言"。

让我们一起看看该书前两页的内容吧。

如果没有那600位灯夫，1900年时夜晚的纽约就只能由月光照亮。他们拿着火把爬上梯子，确保行人离开家以后走在街上不至于只能看到不远处燃着的雪茄。但1907年4月24日晚上，曼哈顿街头2.5万盏煤气灯中的绝大部分都没有被点亮。灯夫通常在下午6点50分左右点亮文明的火光，但这一晚他们并没有点灯——他们罢工了。虽然没有听说发生暴力事件，但黑暗降临后纽约市民纷纷向煤气公司和警察投诉。警察来了以后，尝试点亮周边的灯，却发现没有梯子很难办到。

很多警察太胖了，爬不上灯柱，群众也几乎帮不上忙。在哈林区，男孩们发明了一项新运动：每当警察成功点燃一盏灯，他们就爬上灯柱把灯熄灭，然后跑掉。在公园大道，一位年轻人由于灭掉了警察点亮的灯而被捕。很少有灯长时间亮着。甚至到了晚上9点，只有中央公园里少数东西走向的马路有亮光，因为那儿是由电灯照亮的。以点灯为业的人在那一年是不幸的。油灯和煤气灯总需要有人照看，但神秘的电力出现后，灯夫的技能变得毫无价值可言。

电路灯带来了光明，也带来了怀旧情绪。许多市民仍觉得一定有个年轻人在黄昏点亮路灯，又在黎明将其熄灭。在纽约，灯夫已经与警察、邮递员一同成为邻里间的团体。自1414年伦敦的第一批路灯亮起，这一职业就存在了，但现在它即将成为遥远的记忆。1924年《纽约时报》报道："大都市中的灯夫成了过多的技术进步的受害者。"

事实上，在19世纪后期，纽约就安装了第一批用电的路灯，但它们并没有让灯夫变得多余。每盏灯都有一个开关，必须手动开启和关闭。早期的电气化只是让灯夫的工作更加轻松了，灯夫不再需要带着长长的火把点亮路灯。但灯夫并不是技术进步的受益者。点灯这一技能曾经能让一个工人养家糊口，而现在开灯变得非常简单，孩子们在放学回家的路上就能随手完成。这种情况在历史上屡见不鲜：简化只是迈向自动化的一步。变电站的出现逐步规范了电路灯，职业灯夫大规模减少。

到了1927年，电灯已经垄断了纽约市的照明。随着最后两名灯夫放弃这一工作，灯夫这一职业和灯夫联盟就此终结。

那些负责点亮街边煤气灯的人最终被操作电灯的人所取代。这引发了一个问题：

如果AI技术继续发展，AI是否会取代人类？笔者的答案是绝对不会。在笔者看来，人与AI是相互合作的关系。可以将AI比喻为魔法师手中的魔杖。魔杖本身虽然强大，但要发挥威力，还需要魔法师念动咒语。另外，同一根魔杖在不同人手中的效果也完全不同。有些人可以用它打败最凶恶的黑魔王，而有些人只能变出一只小青蛙。同样，我们人类必须找到最合适的使用AI的方法。只有与AI顺畅合作，才能发挥其最大功效。

3.2 向AI提问

3.2.1 AI能够回答的问题

AI能够回答哪些问题？根据实践，我们发现AI至少可以回答6大类问题，包括20多种提问方法。

（1）历史、事实、概念类问题提问方法

- 简单事实。例如，巴黎是哪个国家的首都？
- 定量问题。例如，全球有多少个国家？
- 计算问题。例如，$84 \div 6$等于多少？
- 定义（或概念）问题。例如，什么是AI？
- 历史问题。例如，第一台计算机是什么时候发明的？

（2）观点和分析类问题提问方法

- 意见问题。例如，你认为互联网对教育有何影响？
- 推理问题。例如，春天来了，树叶会变绿吗？
- 开放性问题。例如，你对AI在医疗领域的潜力有什么看法？
- 经验问题。例如，你在解决复杂问题时有什么经验教训？
- 对比问题。例如，阅读和观看电视剧，你更喜欢哪个？为什么？
- 是非问题。例如，人类可以在水下生活吗？
- 角色扮演问题。例如，如果你是一名教师，你会如何激发学生的兴趣？
- 影响问题。例如，科技革命对就业市场有何影响？
- 看法问题。例如，你对大数据的隐私风险有什么看法？
- 伦理问题。例如，你认为克隆人是道德的吗？
- 观察问题。例如，科技进步对农业产生了哪些积极影响？
- 价值观问题。例如，你认为什么是幸福的真正含义？
- 当前事件问题。例如，你对最近发生的环境保护运动有何看法？

（3）解决问题类问题提问方法

- 解决问题。例如，我该如何有效地管理自己的时间？

- 对策问题。例如，如何应对自然灾害的影响？
- 创造性问题。例如，关于改善卫生条件，你有什么创新的想法？
- 反思问题。例如，你有没有后悔过自己的某个决定？为什么？

（4）比较排序类问题提问方法

- 优先级问题。例如，对于一家初创公司，是推广产品重要还是寻求投资重要？

（5）文字变换类问题提问方法

- 摘要式问题。例如，请对以下文章进行总结归纳，不超过200字。
- 分类归纳式问题。例如，请对以下内容进行归纳总结，按照金字塔原理进行分类。
- 改写问题。例如，使用不同的语气（严肃、高兴、幽默、生气、沮丧等）、语言（英语、方言等）改写。
- 补全问题。例如，提供一篇文章，按照文章的风格仿写一段文字。

（6）其他问题提问方法

- 实例问题。例如，可以给我一个成功利用AI的企业案例吗？
- 理论问题。例如，AI可以比作人类的大脑吗？为什么？

这些分类可以帮助你更好地理解和组织不同类型的问题。当然，实际上还有许多其他类型的问题，这里只是一部分示例。

对于复杂的问题，向AI提问有个万能公式，下面详细介绍。

3.2.2 案例21：用向AI提问的万能公式得到最佳回答

1. 知识介绍

如果想得到符合要求的最详细的解决方案，可以借鉴向AI提问的万能公式。

角色+任务+步骤+条件+需求

第一步：定制角色（角色扮演），如资深老师、畅销书作家、翻译专家、项目经理等。

第二步：确定任务（做什么事），如写作、翻译、回答问题、编程等。

第三步：怎么做（完成步骤），如写一篇题目为职场规划的文章等。

第四步：条件限制（特定条件），如标注关键词、150字以内、语气幽默等。

第五步：文本格式（个人需求），如输出格式为文本、列表等。

2. 输入AI

我是一名资深项目经理，请帮我在今日头条App写一篇关于"项目经理的职业生涯规划"的文章，要求500字以内，使用幽默的语气。

3. AI回复

标题：迷失在项目丛林中的资深项目经理

大家好，我是一名迷失在项目丛林中的资深项目经理。今天，我想和大家分享一下项目经理的职业生涯规划。让我们一起笑着走出"项目经理丛林"吧！

第一，作为新手，你会发现自己经常被困在各种奇怪的项目里。有时你可能被派去管理一个庞大的项目，但只有几辆拖拉机和一群不靠谱的土地开发商。别担心，这可是你积累经验的好机会！就像《肉食者之夜》里的丛林求生一样，适应环境，找到你的角色，然后努力带领团队走出这片被无数文档覆盖的"丛林"。

第二，在项目中，你会不可避免地遇到各种各样的挑战。准备好迎接"突发任务同志"了吗？忽然，你的老板扔给你一个号码球，上面写着："明天要上线！"你百思不得其解，但幸运的是，作为项目经理，你有超凡的忍耐力。就像好莱坞大片中的超级英雄，你可以应对任何突发情况，施展才能，化解危机。

第三，职业生涯规划中最重要的一点是提高自己的沟通技巧。有时，与开发团队、产品经理和客户的沟通好似"鸡同鸭讲"。但别灰心，作为项目经理，你可以成为"多语言沟通大师"。就像编程语言一样，不同的人有着不同的理解能力和文化背景。练好你的演讲和解释技巧是关键。

第四，只有多磨练自己的时间管理技巧，才能在项目截止日期前顺利完成任务。记住，和时间赛跑就像一场奇幻的马拉松比赛。因此你需要具备摆脱拖延症的超能力，高效完成每个任务。当然，不要忘了放松，安排一些休息时间，因为没有任何马拉松选手可以24小时持续奔跑。

第五，要记住，无论你在职业生涯规划中做出怎样的决定，都要坚持追寻自己的梦想。或许有一天，你会成为那个在项目经理界闪耀光芒的明星。就像《变形金刚》故事中的"汽车人"，你要找到那辆适合你的座驾，融入最酷的团队，然后拥抱挑战和机遇。

最后，希望我的分享能给正在追逐梦想的各位带来一丝微笑和勇气。无论你选择的是什么职业，都记得保持幽默和乐观，面对挑战时不要忘记自嘲。扬起你的项目经理大旗，让职业生涯的每一步都充满欢笑和成就感！

4. AI回复点评

上面的文章以幽默的语气描述了项目经理在职业生涯中可能遇到的困境和挑战，并给出了一些建议。使用幽默的语气来描述这些问题是一种有趣的方式，可以带给读者轻松和愉悦的感觉。

在职业生涯中，项目经理确实会面对各种奇怪的项目和突发任务，需要解决沟通困难、时间管理等问题。同时，保持幽默和乐观的心态也是很重要的，可以帮助项目经理更好地应对困难和挑战。

整体而言，文章传递了一种积极向上的态度，让项目经理在职业生涯中保持笑声和成就感。

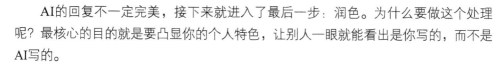

AI的回复不一定完美，接下来就进入了最后一步：润色。为什么要做这个处理呢？最核心的目的就是要凸显你的个人特色，让别人一眼就能看出是你写的，而不是AI写的。

3.2.3　与AI交流时提问的方式

许多老师在传授关于AI的知识时，更多地指导该如何提出问题。在此，我们分享一个技巧，即应该让AI自发地向使用者提问。换句话说，使用者给予它一个预设情境，让它主动向使用者追问。在这种场景下，使用者扮演被采访者的角色，而AI扮演采访者的角色。为什么要这样做？因为使用者可能需要AI撰写文章、文案、推荐语、销售信及各类广告语等。为何有些AI可以协助销售产品？那是因为使用者尽力向它灌输了有关使用者的知识。使用者可以通过以下两种方法来实现这一点。

第一种方法是将优秀的文案直接输入AI，AI将记录、存储并分析这些信息，然后进行拆解。注意，如果使用者删除了某段内容，AI就无法再记得或重视这部分信息，因为使用者把它删除了，这意味着使用者认为这些内容不重要，所以AI也会将其删除并忽视。

第二种方法是让AI向使用者提问，使用者再回答它。为何让AI提问呢？因为它已经学习了全球范围内网络上各个领域的内容和知识，所以当使用者需要推广产品时，从宏观角度看，它比使用者更了解情况。使用者只专注于特定领域的某个产品，对整个行业结构等方面的了解远远不及AI。因此，让AI向使用者提问是最佳方式。

需要注意的是，不应随意删除对话内容。因为一旦删除，使用者可能需要重新开始对话，这将浪费大量时间。对话过程即训练过程，使用者的对话内容即产出。AI会牢记使用者的话。如果它忘记了，使用者可以询问它："我曾说过什么内容，你忘记了吗？希望你下次能牢记。"AI会以非常人性化的方式回复："抱歉，我的确忘记了，下次我会记得。"这些便是指令，即使用者与AI交流时的要求。

进行循序渐进的交流和互动，如采用循环提问、迭代式提问及让AI主动提问等方法，可以帮助AI快速了解使用者和使用者的产品。接下来详细举例说明。

1. 循环提问

在循环提问中，使用者可以通过多个轮次的提问和回答逐渐展开对话，让AI深入了解使用者的产品或主题。下面是一个示例。

输入：我的产品是一款智能家居设备。

AI回复：请告诉我关于您的智能家居设备的更多信息。

输入：它可以连接家里的各种设备，并通过手机应用程序进行控制。

AI回复：有没有其他特别的功能或特点？

输入：它还具备语音助手功能，用户可以通过语音指令控制家居设备。

通过循环提问，使用者可以逐步补充更多细节，AI也能够更全面地了解使用者的产品。

2. 迭代式提问

在迭代式提问中，使用者可以基于AI先前的回答，进一步细化问题，以获得更加精准的答案。下面是一个示例。

输入：我们公司主要的经营领域是绿色能源。

AI回复：请问您提到的绿色能源是指哪些方面？

输入：我们专注于太阳能发电和风力发电。

AI回复：那么您目前的太阳能发电产品在市场上的竞争状况如何？

通过迭代式提问，使用者可以在对话中进一步指出AI的关注重点，并获取更加有针对性的信息或建议。

3. 让AI主动提问

通过让AI主动对使用者提问，使用者可以了解AI对使用者的产品或主题的理解程度，以更好地进行交流和解答。下面是一个示例。

输入：我们的软件产品是一款音频处理工具。

AI回复：那么您的音频处理工具可以应用于哪些领域？

输入：它可应用于音乐制作、语音识别和语音合成等领域。

AI回复：在音乐制作方面，您的工具有哪些特别的功能或效果？

通过这种方式，AI会对使用者的产品或主题进行更深入的思考，并提出与产品相关的问题，以进一步了解和探索。

3.2.4　提问的高级技巧：如何训练AI

（1）收集大量文本数据

文本对话类AI需要学习大量的文本数据，包括各种类型的文本，如小说、新闻、科技文章、聊天记录等。这些数据可以从公开可用的数据集或公司内部的数据库中获取。

（2）数据预处理

在训练之前，需要对文本数据进行预处理，包括去除无关信息、标准化文本格式、去除停用词等。

（3）训练自然语言模型

选择合适的自然语言模型，如Transformer、BERT等，使用大量文本数据对模型进行训练，使其能够理解人类的语言习惯和表达方式。

（4）模型调优

根据训练结果对模型进行调优，以提升模型的准确性和工作效率。

（5）评估和测试

使用测试数据对模型进行评估和测试，检查模型的性能是否满足要求。

（6）部署和使用

将训练好的模型部署到应用程序中，供用户使用。在使用过程中，需要不断收集用户的反馈和数据，对模型进行持续改进和优化。

个人使用不需要部署，可以使用文心一言等免费网页版AI文本对话类工具，或者与AI有关的微信小程序。网页版心一言的入口如图3.1所示。

图3.1　网页版文心一言的入口

3.3　AI在项目管理中的主要应用方向：四种思维

人类的思维从数学角度可以分为四类：点状思维、逻辑思维、结构思维、模型思维。目前文本对话类AI的应用从数学角度也可以分为这四类，如图3.2所示。AI在项目管理中的主要应用方向就是AI与这四种思维的结合，具体案例可以参考本书第6章的内容。

点状思维　　逻辑思维　　　　结构思维　　　　模型思维

图3.2　四种思维

3.3.1　点状思维：0维，点与点的关联

点状思维是一种专注于词语或短语的理解和表达的思维模式。它以词语之间的相关性为基础，用于实现一些基本的文本处理任务，如语言模型、词义消歧和情感分析等。例如，当我们让AI判断一段文本的情感倾向时，它会分析文本中每个词的情感色彩，并根据这些词的情感信息来综合总结整体的情感倾向。在这个过程中，AI需要充分理解词语之间的关系，准确地把握每个词的情感含义，从而得出最终的判断结果。因此，为了实现点状思维的目标，AI需要具备强大的语义理解和表达能力，并能够灵活地应对各种不同的任务和需求。具体应用如请AI缩写、扩写、改写一段文本，请AI修改文本的语气为严肃、高兴、调皮、沮丧、生气等。

3.3.2 逻辑思维：1维，事实与推理的关联

逻辑思维也称线状思维，在文本对话类AI中主要用于推理和推断。这种思维方式通过分析文本中的逻辑关系和联系，帮助AI理解文本内容并进行推理。例如，当AI回答特定问题时，它会先分析问题的逻辑结构，然后在相关的文本信息中查找答案。表3.1列出了针对项目管理中常见的痛点问题，AI给出的解决方案。由于篇幅原因，这里只列出了全部第一层的内容，以及第六个痛点问题的第二层内容。实际上AI给出的方案至少展开到第二层，甚至很多展开到第三层，并进行了详细的分析和案例说明。

表3.1　项目管理中常见痛点问题的解决方案

分类	项目管理中的痛点问题	解决方案
项目整合管理	1. 如何在弱矩阵组织中干好项目经理的工作	一、建立良好的沟通与合作关系 二、有效管理项目进度与风险 三、高效管理项目团队 四、适应变革与处理冲突
	2. 没有实权的项目经理如何开展工作	一、增强个人实力 二、寻求机会与挑战 三、建立良好的人际网络 四、增强自信心与培养坚韧性格
	3. 关键项目成员离职，项目经理如何平衡进度、范围和成本	一、确认目标和优先级 二、评估资源需求 三、重新分配任务 四、优化项目关键路径 五、控制范围和变更请求 六、控制成本 七、提前沟通和风险管理
	4. 如何在全新的创业公司中创建项目管理流程	一、确定项目管理目标和流程 二、配置项目管理团队 三、制订项目计划，明确目标 四、实施项目管理流程 五、持续改进项目管理流程
	5. 传统项目管理模式如何向敏捷开发精益项目管理转型	一、传统项目管理与敏捷开发精益项目管理的差异 二、向敏捷开发精益项目管理转型的步骤与方法 三、面临的挑战及应对措施
	6. 如何实现项目进度和产品质量的平衡	一、了解项目需求和目标 1. 确定项目的关键需求和期望目标 2. 定义可接受的产品质量标准 二、制订详细的项目计划 1. 设定明确的里程碑和截止日期 2. 将项目分解为可管理的任务 3. 评估任务的时间估算和优先级

续表

分类	项目管理中的痛点问题	解决方案
项目整合管理	6. 如何实现项目进度和产品质量的平衡	三、有效地沟通与协调 1. 与团队成员建立良好的沟通渠道 2. 确保项目进展与预期目标一致 3. 解决问题和冲突，防止延误 四、对资源进行合理分配 1. 评估团队成员的技能和能力 2. 按照项目的优先级确定资源分配 3. 避免资源过度分配或不足的情况 五、进行有效的质量控制 1. 建立质量控制计划和指标 2. 持续进行产品测试和评估 3. 及时修正和改进产品质量 六、风险管理 1. 识别潜在的风险并制定应对措施 2. 确保风险控制措施顺利执行 3. 灵活应对项目中出现的变化 七、总结与评估 1. 定期回顾项目进展和质量表现 2. 重新评估和调整剩余工作 3. 归档经验教训，供未来参考
	7. 如何在制定项目章程时充分发挥专家的作用	一、确定专家参与项目章程的方式 二、最大化专家参与项目章程的方法 三、与专家保持紧密联系的重要性 四、其他考虑因素
	8. 项目管理新手如何快速建立流程制度	一、研究和了解流程需求 二、制定流程制度 三、实施和推广流程制度 四、定期评估和优化流程制度
	9. 如何正确接手并完成一个"半截"的项目	一、评估项目的现状和剩余任务 二、制订详细的计划和时间表 三、与相关方进行沟通与协调 四、加强项目管理和风险控制 五、灵活应对变化和调整 六、保持沟通和汇报
	10. 如何做好项目收尾验收工作	一、确定项目收尾验收的目标和标准 二、编制详细的项目收尾验收计划 三、准备相关文件和材料 四、进行项目收尾验收工作 五、完成项目收尾工作

分类	项目管理中的痛点问题	解决方案
项目时间管理	11. 如何更好地管理项目进度	一、制定明确的目标和计划 二、分解任务并指定责任人 三、建立有效的沟通机制 四、追踪和监控进度 五、进行风险管理，制订应急计划 六、鼓励团队合作和相互支持
	12. 弱矩阵如何管理项目人员进度	一、弱矩阵项目人员管理方法 二、弱矩阵管理的挑战与解决方案 三、弱矩阵管理效果评估与改进
	13. 如何评估项目工作量	一、理解项目目标和需求 二、划定工作范围 三、识别工作包和任务 四、估算工作量 五、应用合适的工作量评估方法 六、评审和调整工作量估算 七、编制工作计划和调度 八、监督和控制工作量 九、迭代和改进估算方法
	14. 如何在资源有限的情况下快速开展工作	一、评估资源状况 二、设定优先事项 三、做好时间管理 四、寻求合作与支持 五、提高效率 六、实施灵活策略 七、增强自我管理能力
项目成本管理	15. 如何对项目成本进行有效管控	一、确定成本控制的关键因素 二、实施有效的成本管理方法 三、增强团队参与和沟通 四、完善成本管控的监督和评估
项目范围管理	16. 如何应对强势客户需求蔓延	一、分析强势客户需求蔓延的原因 二、应对强势客户需求蔓延的策略
	17. 如何使用焦点小组会议挖掘用户需求	一、确定焦点小组目标 二、选择合适的参与者 三、制定议程和提问策略 四、进行焦点小组讨论 五、分析和整理数据 六、归纳用户洞察 七、应用用户洞察 八、监测用户反馈 九、结束焦点小组会议

分类	项目管理中的痛点问题	解决方案
项目质量管理	18. 团队成员技术水平参差不齐，如何保证项目质量	一、了解团队成员的技术水平和能力 二、制定明确的项目目标和需求 三、分配任务和角色 四、提供培训和支持 五、促进团队合作和知识共享 六、定期进行项目评估和质量控制
项目风险管理	19. 如何识别及应对项目中的风险	一、风险识别 二、风险评估和定级 三、风险应对策略 四、风险监控和反馈
项目沟通管理	20. 项目管理中如何有效沟通	一、项目团队之间的沟通 二、项目经理与项目团队之间的沟通 三、沟通技巧和工具的应用
	21. 如何增强项目经理的沟通管理能力	一、了解沟通管理的关键概念和技巧 二、建立良好的沟通渠道 三、扩展人际关系网络，扩大影响力 四、增强跨文化沟通能力 五、实践和反馈
	22. 团队成员觉得工作氛围压抑，互相不沟通，如何处理	一、分析原因 二、制订解决方案 三、实施和监督
项目沟通管理	23. 项目经理如何向上申请资源	一、确定需求 二、准备申请 三、编写申请 四、提交申请 五、跟进和协商 六、调整和执行
	24. 项目管理过程中如何处理成员冲突	一、分析成员冲突的原因 二、解决成员冲突的方法
项目干系人管理	25. 如何做好项目过程中的会议管理	一、会议目标的设定 二、会议准备工作 三、会议的组织和主持 四、会议记录和跟进 五、会议效果评估和持续改进
	26. 如何有效管理项目干系人	一、了解项目干系人 二、沟通与合作 三、利益平衡 四、监测与评估 五、冲突管理 六、风险管理 七、反馈与改进

分类	项目管理中的痛点问题	解决方案
项目干系人管理	27. 跨部门协作项目如何确保及时沟通和信息对称	一、建立有效的沟通渠道 二、建立透明的信息共享机制 三、培养良好的沟通习惯和技巧 四、加强领导力和文化支持
人力资源管理	28. 如何促使项目团队成员高效完成工作	一、建立明确的目标和期望 二、提供必要的培训与支持 三、鼓励合理的工作方式 四、提供必要的资源和工具 五、给予及时、有效的反馈与奖励 六、营造积极的工作氛围
人力资源管理	29. 如何激励项目团队成员	一、设定清晰的目标 二、给予认可和奖励 三、提供挑战和成长机会 四、有效沟通和协作 五、建立团队文化和价值观 六、解决问题和清除障碍 七、持续关注和反馈 八、总结和鼓励
人力资源管理	30. 如何让项目团队成员听从指示	一、建立有效的沟通机制 二、建立共享责任的文化 三、提供清晰的指导和支持 四、建立信任和尊重 五、激发团队成员的动机
人力资源管理	31. 如何充分调动跨区域、跨部门的同事	一、加强沟通和交流 二、建立合作和信任 三、跨区域、跨部门的培训和发展 四、实施有效的激励措施
人力资源管理	32. 项目团队绩效考核如何进行？如何设置奖惩机制	一、确定考核指标 二、建立评价体系 三、确定奖励机制 四、设置惩罚机制 五、实施与监督
人力资源管理	33. 项目团队成员不配合，不把项目经理当回事怎么办	一、了解问题的根源 二、加强沟通和协调 三、建立有效的团队合作机制 四、处理个人冲突和矛盾 五、及时做好项目管理

续表

分类	项目管理中的痛点问题	解决方案
人力资源管理	34. 如何处理项目团队内"踢皮球"的问题	一、问题的背景和重要性 二、原因分析 三、解决方案 四、实施步骤 五、预期效果和风险应对
	35. 如何召开头脑风暴会议	一、准备阶段 二、会议准备 三、会议进行 四、结束会议 五、后续跟进
	36. 如何调动项目团队成员的积极性	一、创建明确的目标和愿景 二、建立良好的沟通渠道 三、分配合适的角色和职责 四、提供培训和发展机会 五、推行激励措施 六、建立正向的工作氛围 七、解决问题并妥善处理冲突
	37. "空降"的项目经理如何征服"老油条"	一、了解"老油条" 二、建立信任 三、改变方式和方法 四、建立良好的合作关系 五、展现自我价值 六、克服困难和挑战
	38. 如何处理多个项目之间的资源冲突	一、项目资源冲突的原因 二、解决项目资源冲突的方法 三、项目资源冲突处理的效果评价和监控 四、政策和制度的支持
	39. 项目经理如何有效处理员工离职	一、确定离职原因 二、处理工作交接 三、维护团队稳定 四、梳理项目进度和资源 五、分析离职趋势和原因 六、保持良好沟通和联系
职业规划	40. 上升空间有限时，项目经理是继续努力还是换单位	一、分析目前的职业状况 二、考虑继续努力的情况 三、考虑换单位的情况 四、决策与行动

分类	项目管理中的痛点问题	解决方案
职业规划	41. 非技术人员在 IT 公司做项目经理，哪个方向最有利	一、背景知识 二、技术与技能 三、专业与能力 四、学历和证书要求 五、实践经验和案例分析 六、行业认可和网络建立
	42. 由技术岗位转向项目管理岗位，思维与实践应如何转变	一、发展项目管理技能 二、培养良好的沟通与协作能力 三、增强领导能力 四、实践项目管理技能
	43. 项目经理如何向部门经理转型	一、了解部门经理角色和责任 二、分析个人能力和优势 三、学习和培养必要的技能 四、展示领导能力和团队合作精神 五、制订发展计划 六、寻求支持和指导
	44. 项目经理跨行业换工作的成功率如何	一、分析跨行业的挑战 二、失败的可能原因 三、成功的关键要素 四、成功率评估
	45. 公司重技术、轻管理，项目经理只能跑腿、打杂怎么办	一、分析项目经理只能跑腿、打杂的原因 二、探讨解决该问题的方法和措施 三、强调项目经理在技术与管理之间的平衡
	46. PMO 如何开展工作	一、PMO 的定义和作用 二、PMO 的组织结构 三、PMO 的工作内容 四、PMO 的工作流程 五、PMO 的工作技巧和方法 六、PMO 的发展策略
	47. 项目经理的职业生涯规划	一、项目经理的职业生涯现状 二、项目经理的职业生涯发展趋势 三、项目经理的发展方向 四、未来项目经理的角色演变 五、应对未来挑战的建议

1. 两种典型的线状思维：发散思维和聚焦思维

科学家曾做过体现这两种思维的实验，一个实验是"蜜蜂困境"，另一个实验是"苍蝇困境"。蜜蜂困境实验的操作方法是在窗户边放一个玻璃瓶，把苍蝇和蜜蜂装进瓶子里。蜜蜂一直冲着瓶子有光的地方飞，直到最后累死也找不到出口。苍蝇则到处乱撞乱飞，不停地试错，没几分钟就飞出了瓶子。苍蝇困境实验则是把蜜蜂和苍蝇

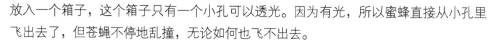

放入一个箱子，这个箱子只有一个小孔可以透光。因为有光，所以蜜蜂直接从小孔里飞出去了，但苍蝇不停地乱撞，无论如何也飞不出去。

2. 两种思维的启发

"苍蝇思维"和"蜜蜂思维"体现了两大思维——发散思维和聚焦思维。苍蝇思维其实就是发散思维，是发现问题、寻找问题的一个方法。蜜蜂思维就是聚焦思维，当目标明确时，蜜蜂思维是很有效的。因此正确的做法是"先发散，再聚焦""先创新，再创业"。

当进入一个新领域时，因为没有经验，所以没有方向。此时应该启动苍蝇思维，不断试错，去找方向。找到方向以后，要快速切换到蜜蜂思维。当做熟悉的事情时，应该多用蜜蜂思维，持续思考，先把事情做对，再把事情做好。

3.3.3 结构思维：2维，上下文与整体的关联

结构思维在文本对话类AI中用于理解文本的上下文和整体意义。这种思维方式帮助AI从多个文本片段中提取重要信息，并形成完整的理解。例如，在机器翻译任务中，AI需要考虑句子之间的语法和语义关系，以便正确地翻译整个段落。

金字塔原理是一种在项目管理中广泛应用的结构化思维工具，它通过层次化的方式帮助有效组织和传达信息。假设某项目经理需要向团队成员传达一个新的项目计划，以下是金字塔原理在此过程中的应用。

（1）基础层（点状思维）

在基础层，项目经理简明扼要地提供关于项目计划的基本信息，如项目名称、目标和时间范围。这些信息应该清晰明了，确保每个人都能理解。

（2）主题层（逻辑思维）

在主题层，项目经理将项目计划分为几个重要的主题或阶段，并对每个主题进行逻辑性的描述和解释。这使得团队成员能够理解项目的整体结构和发展路径。例如，项目经理可以介绍项目的一些主要里程碑和关键任务，以及它们之间的逻辑流程。

（3）子主题层（结构思维）

在子主题层，项目经理进一步细分每个主题，并提供更详细的说明和指导。这有助于团队成员理解并执行各自负责的任务。例如，项目经理可以将每个主题分解为子任务，并为每个子任务提供具体的描述、时间限制和交付要求。

（4）细节层（模型思维）

在细节层，项目经理提供更详细的信息和支持材料，以帮助团队成员实施计划。这可能包括项目资源、技术规范、操作流程等。例如，项目经理可以提供相关的文档、示意图或参考资料，确保团队成员可以准确地理解和实施任务。

通过应用金字塔原理，项目经理能够将复杂的项目计划以层次化的方式整合和传

达给团队成员，使每个人都能够理解项目的整体蓝图和各自的工作职责。这有助于提高项目团队的协作效率，保证项目顺利进行。

3.3.4 模型思维：2维以上，数据与模式的关联

模型思维在文本对话类AI中用于构建模型和预测。这种思维方式通过训练大量的文本数据，发现其中的模式和规律，使AI能够预测和生成未知的文本。例如，在文本生成任务中，AI可以根据之前观察到的模式和规律来生成新的文本内容。斯科特·佩奇的《模型思维》中提到了模型的七大用途，如表3.2所示。

表3.2 模型的七大用途

模型的七大用途	详细说明
推理	识别条件并推断逻辑含义
解释	为经验现象提供可检验的解释
设计	目前制度、政策和规章的特征
沟通	将知识与理解联系起来
行动	指导政策选择和战略行动
预测	对未来和未知现象进行数值分析预测
探索	分析探索可能性和假说

对于任何互联网上可以搜索到的理论，AI都可以据此进行专业的分析并加以应用。举例来说，不同领域常见的理论模型如下。

- 生物学：自然选择、进化思维、自我调节、多样性思维。
- 物理学：机械思维、惯性思维、万有引力、牛顿第三定律、相对论。
- 历史学：大历史思维。
- 政治学：人人平等、虚构的力量。
- 热力学：熵增定律。
- 经济学：看不见的手、规模经济效应、边际效应、沉没成本、机会成本、稀缺。
- 心理学：认知误判、心智模式、锚定效应、归因谬误、乌合之众。
- 投资学：价值投资、护城河、能力圈。
- 哲学：第一原理、演绎思维。
- 数学：演绎思维。
- 化学：自催化效应、临界点思维。
- 医学：清单思维。
- 创新：非连续性、递弱代偿、第二曲线、非共识。
- 商业：长线思维、金字塔原理。

- 谈判：主动权思维。
- 学习：刻意练习、存量思维、思维导图、费曼学习法。

常见的管理类模型举例如下。

- 管理对策类：波士顿矩阵、狩猎模型、八何分析法、时间四象限法。
- 掌握人性类：马斯洛需求层次理论、帕累托法则、六何模型。
- 人才培养类：柯氏四级评估、戴明循环。

对于这些模型，AI最擅长的是解释、设计、沟通和行动。

在项目管理中，AI工具可以将模型的七大用途应用于以下场景。

（1）推理

在项目风险管理中，AI工具可以通过分析历史项目数据和风险因素，推断出可能导致项目出现风险的潜在条件，并帮助项目经理制定相应的风险应对措施。

（2）解释

在项目绩效评估中，AI工具可以通过对项目进展和成果进行数据分析，解释项目成功或失败的原因，并为未来类似项目的决策提供参考。

（3）设计

在项目资源分配中，AI工具可以分析项目需求、团队能力和资源可用性等因素，设计出最优的资源分配策略，尽可能实现项目目标。

（4）沟通

在项目协调与沟通中，AI工具可以通过自动生成项目状态报告、跟踪任务进度等方式，将不同项目参与者之间的知识和理解联系起来，提高沟通效率和准确性。

（5）行动

在项目决策制定中，AI工具可以基于项目数据和关键指标，提供决策支持和方案评估，帮助项目团队制定明智的政策和战略行动。

（6）预测

在项目时间管理中，AI工具可以分析历史项目数据和项目特征，预测项目进度，帮助项目经理制订适当的时间计划和资源安排。

（7）探索

在项目创新和改进中，AI工具可以通过对市场趋势、竞争情报和用户反馈等数据的分析，探索新产品或服务的潜在可能性，并帮助项目团队制订相应的改进计划。

3.3.5 用模型思维改进的万能公式

用模型思维改进的向AI提问的万能公式：角色+任务+步骤+模型+数据+条件+需求

- 第一步：定制角色（角色扮演），如资深老师、畅销书作家、翻译专家、项目经理等。

- 第二步：确定任务（做什么事），如写作、翻译、回答问题、编程等。
- 第三步：怎么做（完成步骤），如写一篇题目为职场规划的文章。
- 第四步：使用什么模型，包括具体的模型（如狩猎模型），具体的文档模板（如需求分析报告，包括主题、介绍、问题陈述、目标和目的、用户故事、技术要求、好处、关键绩效指标、开发风险、结论等）。
- 第五步：提供数据，如需求分析报告需要的数据等。
- 第六步：条件限制（特定条件），如标注关键词、150字以内、语气幽默等。
- 第七步：文本格式（个人需求），如输出格式为文本、列表等。

3.4 AI的辅助应用方向

3.4.1 情感辅助

情感共鸣指的是人类能够理解和共享他人的情感体验，并对其产生共鸣和同理心。这种能力远超AI的计算和模拟能力。

举例来说，当阅读一部文学作品时，我们能够通过作者的文字、描写和情感表达进入故事的世界，与其中的人物产生共鸣。我们可以感受到人物的喜怒哀乐，感受到故事中的冲突和转折给人物带来的情感压力。这种情感共鸣是基于我们自身的生活经历、情感体验和人际交往实现的，AI无法真正理解和表达这些情感因素。

同样，在音乐中也存在情感共鸣。音乐有自己独特的语言，能够通过音符、旋律与和声传递情感。当聆听一首悲伤的曲子时，我们可能感受到其中的悲伤和哀愁，甚至潸然泪下。然而，AI只能通过学习和模仿来创作音乐，它无法真正体验到人类的情感，因此无法在音乐中达到真正的情感共鸣。

另外，在人际交往中，情感共鸣也起着重要作用。我们通过面部表情、口头语言和身体语言等方式来表达自己的情感和意图，但这背后还有更深层次的情感共鸣。当与他人交流时，我们会通过言辞和非言辞的表达，包括语气、姿态和微笑等，传递自己的情感并感知他人的情感。这种情感共鸣是基于人类的情感理解、共情和沟通技巧实现的，而AI无法完全模拟这种复杂的人际交往过程。

综上所述，人类拥有情感共鸣是AI无法取代的方面之一。AI虽然能够处理大量的数据和计算，但在理解和共享情感体验方面仍远远落后于人类。但是AI在情感辅助方面还是有些作用的，体现在以下几方面：

- 情感分析和识别。AI可以通过分析文本、语音、图像等数据，识别出用户的情感状态，包括喜怒哀乐等情绪，并据此做出相应的回应。
- 情感支持和安慰。AI可以通过回复文字、语音等形式，向用户传递支持、鼓励、安慰等正面情绪，帮助用户缓解焦虑、压力等负面情绪。

- 情感管理和调节。一些AI产品也可以帮助用户管理情绪，如提供情绪日志记录、行为建议、放松训练等功能，帮助用户更好地调节情绪状态。

总之，AI在情感辅助方面的作用是帮助用户更好地理解和管理自己的情绪，使用户保持情感健康和良好的心态，以及向用户提供心理支持和帮助。

3.4.2 原创辅助

人类具备原创性。在当今社会，原创性是人类独有的能力，它是指个体独特地创造新颖、前所未见的思想、观点、作品或解决方案的能力。原创性对个人和社会的发展具有重要意义，它推动着艺术、科学和商业的创新。尽管AI可以通过学习大量数据来生成新的内容，但由于其缺乏主观性和个性化思维，仍然无法真正具备原创性。因此，AI无法取代人类在原创性方面的独特优势。不过AI在文章原创辅助方面还是有些作用的，体现在以下几方面：

- 主题和内容生成。AI可以根据用户输入的关键词或主题生成相关的文章大纲、段落或内容提示，帮助用户构思文章内容。这有助于激发创作灵感，节省时间和精力。
- 内容优化和编辑。AI可以对已有的文章进行优化，如检查语法错误、调整段落结构、提出改进建议等，提高文章的质量，增强可读性。
- 数据分析和支持。AI可以帮助用户分析数据、趋势和信息，为文章提供更准确、更有说服力的论据和支持，使文章更具权威性和可信度。
- 创意和风格引导。一些AI写作助手工具还可以提供创意和风格引导，帮助用户添加丰富的修辞手法、措辞技巧，使文章更具吸引力和独特性。

总之，AI在文章原创辅助方面的作用是帮助用户更高效地创作文章，提供创意灵感、内容优化、数据支持等功能。但同时需要注意保持原创性和个性化，避免过度依赖AI而失去独特的写作风格。

3.4.3 文化辅助

人类的写作是建立在特定的文化背景和价值观上的，这一事实使每个作品都具有独特性和个性，并且受到作者所处文化环境和个人观念的深刻影响。在文化辅助方面，AI可以发挥重要的作用。

首先，AI可以提供广泛的文化知识和信息，帮助作者更好地了解不同的文化习俗、传统和价值观。AI可以收集和整理大量文化素材和数据，为作者提供准确、详尽的背景知识。例如，对于撰写关于中国春节的小说的作者，AI可以提供关于春节的历史、传统活动和风俗习惯的全面指导，从而帮助作者更加准确地描绘出鲜活的场景和真实的情感。

其次，AI可以扩展作者的视角和经验。通过对大数据的分析和处理，AI可以为作者提供丰富多样的观点和体验。这种广泛的视角来源于AI对全球范围内不同的文化、背景和生活经历进行的深入研究和分析。因此，作者可以借助AI拓宽自己的写作领域，更好地理解和表达不同文化的观点和情感。

最后，AI还可以提供语言和文化的翻译服务，帮助跨文化交流和理解。文化差异往往导致语言和表达方式不同，这给全球合作和交流带来了困难。通过AI的自然语言处理和机器翻译，不同语言和文化之间的沟通变得更加便捷和高效。这对跨国企业、国际组织及其他需要进行跨文化交流的人们来说是非常重要的。

总之，虽然AI在文化辅助方面可以发挥重要作用，提供文化背景知识、拓宽写作视野和提供语言翻译等服务，但它无法完全取代人类的创造力、情感共鸣和独特的文化理解。人类的写作依然受到个人经历、情感和文化背景的影响，这是AI无法复制的独特优势。因此，在未来的发展中，AI应该被看作人类写作的有益助手，而不是替代品。

3.4.4　设计辅助

AI是基于算法和数据的工具，它没有情感和直觉的能力。虽然AI可以通过学习和模仿人类创作的样式和规则来产生图像、音乐和文本等作品，但它无法真正理解其中表达的情感和情绪。例如，在绘画领域，AI可能能够模仿大师的风格和技巧，却无法传达出艺术家内心深处的思想和情感。

美感和设计感是深受文化、历史和社会背景影响的。人类的审美和设计观念受到个人经历、文化传统和时代精神的塑造。而AI在设计作品时并不能理解这种背景，仅仅根据数据和规则进行模拟。因此，AI的作品往往缺乏与特定文化和社群的共鸣，并且缺乏深度和多样性。

人类美感和设计感的优势在于其能够通过感官体验传达情感和创意。美感往往是一种主观体验，涉及审美观、情感及个人经验等因素。例如，在艺术作品中，人们可以通过绘画、雕塑和音乐等形式来表达内心的情感和想法。这种基于情感的创作过程使得作品具有独特而深刻的内涵，无法简单地用算法和规则复制。

人类美感和设计感的优势还在于基于个人经验和想象力创作独特作品的能力。人类具有丰富的生活经历和文化背景，这赋予了人类独特的视角和创造力。人类能够通过将自己的感受和见解融入其中，创造出与众不同的艺术品、建筑物、产品等。这种个人化和创造性的特质使人类的美感和设计感在各领域中具有无可替代的价值。

可以看出，人类美感和设计感的优势在于能够通过感官体验传达情感和创意，并基于个人经验和想象力创作独特的作品。这些特质赋予了人类对美和设计的独特理解和表达能力，在创造领域中扮演着不可替代的角色。

在设计辅助方面，AI的作用可以分为以下几方面：

- 效率提升。AI基于程序和算法运行，能够快速处理大量数据，并通过各种模式识别技术进行设计辅助。这种高效率的处理方式可以帮助设计师快速获取信息和灵感，在设计过程中节省大量时间。
- 智能辅助。AI基于其算法和数据处理能力，可以为设计师提供智能化的建议和指导。通过学习和模拟人类创作规则，AI能够生成符合设计标准的作品，为设计师提供新颖的创意和设计方向。
- 多样性拓展。AI在设计领域的作用还体现在能够模仿不同风格和技巧，使设计作品更加多样。例如，AI可以学习大师的绘画风格，为设计师提供更广泛的设计选择，丰富作品的表现形式。
- 实验与创新。AI的设计辅助功能还可以帮助设计师进行实验和创新。通过模拟和自动化设计过程，设计师可以更快地验证不同的设计理念和构思，从而推动设计领域的创新发展。

尽管AI在设计方面有诸多优势，但与人类美感和设计感相比，仍存在一定差距。人类的审美观和情感体验是由个人经历和文化背景塑造的，这种独特性和深度无法被简单的算法复制。因此，虽然AI在设计辅助方面功不可没，但在创造力和情感表达等领域，人类的独特性和创造力仍然不可替代。

3.4.5　趣味增强

人类作品的趣味性源于人类独特的创造力和想象力。与冰冷的算法不同，人类作家可以融入自己的个人经验、情感和观点，将自己的思想和感受转化为文字。这种主体性使得人类作品丰富多样，具有独特之处，能够引发读者的共鸣和兴趣。

人类作品的趣味性还受到文化和历史背景的影响。每个国家、地区都有自己独特的文化传统和历史背景，这些因素会渗透到人类作品中，赋予作品独特的风格和视角。读者在阅读人类作品时，除了享受作品本身带来的乐趣，还可以通过作品了解并体验不同文化的魅力，增加对世界的理解和认知。

人类作品的趣味性还在于其能够触动读者的情感，引发情感共鸣和连接。通过描写人物的情感、展现人生的喜怒哀乐，人类作家能够打动读者的心灵，让读者在作品中找到与自己相通的情感体验。这种共鸣和连接使得人类作品不仅是纸上的文字，而且是一种真实而深刻的情感联系。

因此，尽管AI具有强大的算法和数据处理能力，但它无法完全替代人类作品的趣味性。作为人类的产物，人类作品带有情感、个性和文化背景的痕迹，因此独一无二而有趣。AI缺乏情感和自主性，难以真正理解人类的情感和文化，因此无法创作出充满人文关怀和深度的作品。

AI在趣味增强方面的作用体现在以下几方面：

- 个性定制。AI可以根据用户的喜好和需求生成个性化的趣味内容，如根据用户浏览历史和偏好等推荐合其口味的趣味作品，从而提升用户体验。
- 交互娱乐。AI技术可以运用于虚拟现实和增强现实的趣味场景，参与用户的互动、游戏和娱乐活动，让用户身临其境地体验各种有趣情节。
- 创意辅助。AI可以为艺术家和创作者在创作过程中提供建议和灵感，促使他们打破瓶颈，创作出更具趣味性的作品。
- 自动生成内容。AI可以通过学习大量文学作品或图片资料自动生成新的创意作品，给人带来新鲜感和惊喜，为文学艺术注入更多可能性。
- 用户参与。AI作品可以让用户参与到创作过程中，如让用户自行选择故事情节发展方向或角色命运，从而增强用户对作品的投入感和作品的趣味性。

总之，AI在趣味增强方面，不仅可以为用户提供个性化、交互式的娱乐体验，还能够辅助创作者创作更具创意和趣味性的作品，为文学艺术领域带来更多可能性和惊喜。

3.5　AI的谨慎应用

3.5.1　不要向AI提出的问题

学习使用AI，先要知道哪些问题是不能提的。只有弄清楚这一点，才能更有效地使用AI工具。

1. 法律法规和道德规范相关问题

违反法律法规的问题绝对不要提，永远不要提。遵纪守法是我们必须做到的，也是最基本的要求。

违背道德规范的问题不要提。我们应该遵守道德规范，不提任何违背伦理道德的问题。

2. 情感态度和行为举止相关问题

负能量的问题不要提。有些人整天想着负能量的事情，总是纠结于此。这只会消耗自己的时间和精力，于人于己都无益。

没有礼貌的问题不要提。你没有礼貌，AI可能也会变得没有礼貌，因为它会根据你的表达方式来推荐适合你的内容。不要提没有礼貌的问题，如嘲笑AI或他人等。

3. 目标和价值相关问题

没有价值的问题不要提。什么是没有价值的问题？这样的问题对你自己没有任何帮助，对别人也没有任何帮助。你问再多这样的问题，也得不到任何结果。这就是所谓的没有价值的问题。

没有目标的问题不要提。这样的问题与你究竟想干什么，你要创造什么价值，你的核心目标是什么一点关系都没有。目标很重要，我们要以一种非常清醒的态度向AI提问。

4. 隐私和敏感性相关问题

涉及个人隐私的问题不要提。保护个人隐私是非常重要的，不要问与他人个人信息相关的问题，如问他人的手机号码、家庭地址等。我们要尊重每个人的隐私权。

歧视和侮辱性的问题不要提。人人平等是一项基本原则，不要在对话中使用歧视性言论或辱骂他人。我们要建立友善、和谐的对话环境，尊重每个人的尊严和权利。

涉及不适当或敏感话题的问题不要提。避免谈论性别、种族、宗教、政治等容易引发争议的话题，以保持对话的友好、和谐。

关于AI个人生活的问题不要提。AI并没有真实的个人生活或情感，问关于AI的家庭、朋友、喜好等问题没有意义。

5. 重复性问题

已经被回答过的问题不要重复问。在使用AI之前，先看一下之前的对话记录，避免问重复的问题，以节省时间和精力。

请记住，提出有意义和有价值的问题可以帮助我们更好地利用AI，获得更有效的回答和帮助。

3.5.2　信息安全风险

要注意AI应用过程中的以下几个信息安全方面的风险。

1. 数据质量和隐私风险

（1）要保证数据具有准确性和完整性

在数字化时代，数据质量和隐私问题成为与AI相关的重要议题。确保数据具有准确性和完整性是必不可少的。AI的性能和结果直接依赖输入数据的质量。因此，正确收集、整理和清洗数据对于提升AI模型的精度和可靠性至关重要。

（2）要保护敏感信息和个人隐私

保护敏感信息和个人隐私也是重要的考量因素。随着数据规模的扩大，防止数据泄露和未经授权访问变得尤为重要。采用安全和加密技术来确保数据安全，以及遵循合适的隐私保护法规，可以有效保护用户的隐私。

2. 信度和透明度风险

（1）解释和验证AI模型的决策过程

AI模型的决策结果对个人和社会都有重要影响，因此，理解和验证AI模型的决策过程变得至关重要。机器学习算法应提供透明度，允许用户了解模型如何得出特定决策或推荐。通过提供可解释的模型，我们可以确保决策过程基于客观、公正和可验证的原则，而非仅仅依靠黑箱算法。

（2）避免AI模型出现偏见和不公平

虽然AI技术在许多领域展现出巨大潜力，但存在偏见和不公平的风险。AI模型可能受到数据集本身的偏见影响或有意无意地引入偏见。为了解决这个问题，我们需要审查和修正训练数据，确保数据集代表多样化的群体，并采取措施消除偏见。另外，应该进行系统性的评估和监控，确保AI模型不会对某些群体表现出不公平或歧视，并对其决策过程进行必要的调整和修改。

3. 技术限制和依赖性风险

（1）AI模型的可扩展性和灵活性

AI模型应具备良好的可扩展性，能够适应不同规模和复杂度的任务需求。这就能够为更多领域提供支持，并充分发挥其潜力。AI模型也应具备灵活性，能够随着任务需求的变化进行调整和优化。

（2）安全性和可靠性的考量

在应用AI模型时，保障安全性和可靠性是至关重要的。AI模型应具备一定的鲁棒性，能够应对潜在攻击和威胁。同时，系统需要建立有效的监测和反馈机制，及时发现和解决问题，确保AI模型可靠、稳定。

第2单元

AI赋能数字化项目管理之角色篇

第4章

▶▶▶

AI让决策者更聪明

4.1　系统自动决策

将AI集成到现有的管理系统中以自动得出决策结论可以带来许多好处。以下是一些关键步骤和潜在好处。

1. 关键步骤

（1）数据收集和整合

- 收集和整合与决策相关的数据，包括历史数据、实时数据和外部数据源。
- 将数据存储在一个中央数据库或数据湖中，为后续分析和模型开发提供便利。

（2）模型开发和训练

- 根据需要开发AI模型，选择合适的算法和技术，如机器学习、深度学习等。
- 使用历史数据对模型进行训练，并进行参数调优和性能评估，确保模型具有准确性和稳定性。

（3）决策结论生成

- 基于训练好的模型，输入实时数据并生成决策结论。
- AI可以通过分析大量数据和模式识别来自动得出决策结论，并根据设定的规则和目标进行优化。

（4）结果展示和可视化

- 将得出的决策结论以易于理解和可视化的方式展示给管理系统的用户。
- 可以通过图表、报告、仪表盘等方式呈现决策结果，使用户能够更好地理解和应用。

2. 潜在好处

- 提高决策效率。AI可以处理大量复杂的数据和信息，快速生成决策结论，提高决策效率。

- 减少人为偏差。自动化决策过程可以减少人为偏差和主观情感的干扰，使决策更客观、合理。
- 实时响应和调整。AI可以根据实时数据和变化的环境进行决策，及时调整策略和方案。
- 提高准确性和精确度。AI可以通过学习历史数据的模式和规律，提供更准确和精确的决策结论。
- 智能推荐和优化。AI可以基于分析结果推荐最佳的决策选项，帮助管理者做出更明智的决策。

但是，在将AI集成到现有管理系统中时，也需要注意数据隐私和安全问题，并确保决策过程透明，保证决策具有可理解性和合法性。另外，适当的监督和调整也是必要的，确保AI决策与业务目标和实际情况一致。

4.2 人工辅助决策

审议AI生成的决策方案，并根据决策方案进行人工决策是一个很好的实践。这样做结合了AI的智能分析和人类的专业知识与经验，可以最大限度地提高决策质量和有效性。以下是对这个过程的一些建议。

1. 评估AI方案

- 检查AI生成的决策方案，了解AI是如何得出结论的。
- 检查模型及AI使用的数据和算法是否符合预期和要求。
- 考虑潜在的错误和偏见，对方案进行评估，并了解其可信度。

2. 人工审议

- 将AI方案提交给相关的领导、专家或团队成员进行审议。
- 讨论AI方案的优点、缺点和潜在影响，以确定是否需要进一步修改或调整。

3. 做出决策

- 结合AI方案的评估结果和人工审议，制定决策方案。
- 依据组织或项目的目标、需求和约束做出决策，确保方案具有可行性和可执行性。

4. 监控与反馈

- 在决策方案实施后，持续监控执行结果并与原始方案进行比较。
- 收集反馈数据，评估决策结果是否符合预期，及时调整和改进决策方案。

应注意，要确保人工决策的参与和主导权。虽然AI能够提供有价值的分析和建议，但最终的决策应由人类决策者根据自己的专业知识、经验和判断力来做出。重要的是，人类决策者应理解AI方案的基础、局限性和风险，并在决策过程中权衡不同的因素，考虑综合利益。

人工辅助决策可以充分发挥人类决策者及AI各自的优势，提高决策质量和准确性，并确保决策过程具有透明度和可解释性。这种混合方法可以有效地综合利用先进技术和人类智慧，为组织带来更好的决策结果。

4.2.1 案例22：项目投入产出分析决策

1. 知识介绍

AI能够通过数据分析和决策支持系统为决策者提供准确、全面的基础信息，帮助他们做出更明智的决策。通过分析大量的数据，AI可以发现潜在问题或趋势，并提供决策者需要的实时数据，使其能够基于真实情况做出准确的判断。

某公司正在考虑投资一个新的软件开发项目，他们想要通过投入产出分析报告来评估该项目的潜在效益和可行性。针对这类项目，可以先让AI设计一个投入产出分析报告的模板。

2. 输入AI

请设计一个软件开发项目的投入产出分析报告的模板。

3. AI回复

以下是一个简单的软件开发项目的投入产出分析报告模板，包括必要的部分和内容。

项目名称　××××软件开发项目

项目目标　设计、开发和部署一款新软件，以满足特定的业务需求。

投入资源

- 人力资源：开发团队成员（项目经理、开发工程师、测试人员）。
- 技术资源：开发工具、服务器、硬件设备。
- 资金：工资、软件许可费用、硬件采购费用。

时间投入

- 计划开始日期：
- 预计结束日期：
- 实际完成日期：

产出结果

- 软件功能特性：列出软件实现的各种功能和特性。
- 用户体验：评估用户界面设计和交互体验。
- 质量指标：软件性能、稳定性等指标。

投入产出分析

- 人力资源投入与软件功能特性产出分析。
- 资金投入与用户体验产出评估。

- 时间投入与质量指标产出比较。

效益评估

- 成本效益分析：对投入产出进行成本效益评估，分析项目的经济效益和可行性。
- 绩效评价：评价项目的绩效，包括进度控制、质量管理和团队合作等方面。

风险与建议

- 风险识别：列出可能影响项目实施的风险因素。
- 风险应对措施：针对各项风险提出相应的应对措施和建议。
- 改进建议：根据投入产出分析结果和风险评估，提出未来改进项目管理的建议。

这是一个简单的模板示例，根据具体项目的情况，您可以添加或修改相关内容。希望这个模板可以帮助您更好地编写软件开发项目的投入产出分析报告。

在项目执行过程中，不断向AI提供项目数据，最终让AI根据投入产出分析报告的模板提供详细的投入产出分析报告，并得出结论。

4. 第二次输入AI

请根据投入产出分析报告的模板和项目数据，进行投入产出分析，并得出结论。

5. 第二次AI回复

让我们根据项目数据进行软件开发项目的投入产出分析。以下是分析数据及结论。

项目名称 ××××软件开发项目

项目目标 开发一款在线学习平台，包括视频课程、作业提交、在线测试等功能。

投入资源

- 人力资源：项目经理1人、开发工程师4人、测试人员2人。
- 技术资源：开发工具（IDE）、服务器、硬件设备（台式计算机、笔记本电脑）。
- 资金：工资120000元、软件许可费用25000元、硬件采购费用35000元。

时间投入

- 计划开始日期：2023年09月01日
- 预计结束日期：2024年02月01日
- 实际完成日期：2024年01月15日

产出结果

- 软件功能特性：视频课程播放、作业上传下载、在线测试评分等功能。
- 用户体验：友好的用户界面设计和便捷的操作流程。
- 质量指标：95%以上的学生满意度，系统稳定性良好。

投入产出分析

（1）人力资源投入与软件功能特性产出分析

- 7人共投入约4个月，实现视频课程、作业提交等多项功能特性。

（2）资金投入与用户体验产出评估

- 总计投入资金180000元，设计了友好的用户界面及顺畅的操作流程。

（3）时间投入与质量指标产出比较

- 项目提前完成，质量指标符合预期，实现用户满意。

效益评估

- 成本效益分析：总体成本适中，产出符合预期，项目收益较为可观。
- 绩效评价：项目按时完成，用户满意度高，团队协作良好。

风险与建议

- 风险识别：技术更新、竞争压力、需求变化等风险。
- 风险应对措施：加强项目管理、保持团队灵活性、持续关注市场变化。
- 改进建议：持续进行用户调研、改进软件功能、提高市场竞争力。

根据以上数据，我们可以得出以下结论。

①资金投入较为充分，项目按计划完成，并且提前完成。

②人力资源投入符合工作量，进度控制得当，产出符合预期。

③用户体验和质量指标均达到了良好水平，并且较高的用户满意度表明项目成功地满足了用户需求。

④项目整体效益评估良好，取得了满意的投入产出比，为未来的项目提供了一定的参考和经验。

6. AI回复点评

以上AI回复的内容对软件开发项目的投入产出分析进行了详细陈述，并给出了相应的结论。回复中还包括投入资源、时间投入、产出结果、效益评估及风险与建议等方面的分析。

总体来说，该回复提供了一份较为全面和有逻辑的投入产出分析报告，对软件开发项目的情况做出了客观评价，并给出了合理的结论和建议。

4.2.2 案例23：AI+SWOT分析

1. 知识介绍

SWOT分析模型是一种常用的策略管理工具，用于评估一个组织、项目或个人的优势（内部）、劣势（内部）、机会（外部）和威胁（外部）。对这四方面进行分析，可以帮助决策者了解所处环境的优势、劣势、机会和威胁，从而制定有效的发展战略（见图4.1）。

Strengths（优势）　　　　　　Opportunities（机会）

Weaknesses（劣势）　　　　　　Threats（威胁）

图4.1　SWOT分析模型

具体来说，SWOT分析模型主要包括以下四个要素：

- 优势（Strengths）。指组织在实现目标时具备的有利条件和资源，如技术专长、品牌声誉、员工能力等。
- 劣势（Weaknesses）。指组织在实现目标时面临的不利条件和资源短缺，如营销能力低下、财务状况不良等。
- 机会（Opportunities）。指组织所处环境中可以利用的有利因素，如市场增长、新技术、政策支持等。
- 威胁（Threats）。指组织所处环境中可能对其发展带来负面影响的不利因素，如竞争加剧、法规变化、经济不稳定等。

SWOT分析模型的目的是帮助决策者全面了解一个组织、项目或个人的现状和环境，并确定合适的行动计划。将内部优势与外部机会相结合，可以找到最佳发展方向；克服内部劣势或应对外部威胁，可以避免可能的危机或困境。

SWOT分析模型通常通过收集和分析相关数据、观察市场动态、进行竞争对手分析和需求研究来完成。分析结果可用于制订战略计划、制定业务目标和优化资源分配，以提高组织的竞争力和实现可持续发展。

总之，SWOT分析模型提供了一个框架，使决策者能够全面评估内部和外部因素，以制定基于优势、机会，同时考虑劣势、威胁的战略决策。

2. 输入AI

我是项目管理平台升级项目的项目经理，我挖掘到的项目痛点是××（由于篇幅所限，相关项目痛点参见附录B），请对以上痛点进行SWOT分析。即根据用户提供的分析对象的信息概况，使用 SWOT 框架对该对象进行全面分析，分析内容包括该对象的优势和劣势、市场上的机会和威胁，并探索潜在策略和建议，以发挥优势、克服劣势、利用机会并减轻威胁。请提供详细的解释和示例来支持你的分析。

3. AI回复

根据你提供的项目痛点，我们可以使用SWOT框架对其进行分析。

（1）优势

①强大的技术支持能力。项目管理平台升级项目具有强大的技术支持能力，能够

满足各类用户需求。

②高效数据管理能力。平台能够高效地收集、处理和分析项目数据，提供智能化的数据报表和可视化图表。

③良好的用户体验。通过改进用户界面和操作方式，平台能够提供简洁明了、界面清晰、信息可读性强的交互和操作体验。

（2）劣势

①响应速度较慢。PMO在快速响应用户需求方面存在一定不足，需求开发速度较慢，导致用户体验不佳。

②缺乏系统指导和支持。在项目过程中，项目经理缺乏系统指导和支持，降低了管理效率和成果质量。

③外部系统联动不完善。平台与OA等外部系统的联动需要进一步完善，目前不能满足用户快速发起和获取OA相关流程的需求。

（3）机会

①加强领导层决策支持。平台提供的项目概览及详情展示功能能够帮助领导层快速了解部门项目进展情况，为领导层提供数据支持和决策参考。

②提高项目成功率。平台通过快速了解项目风险并提供相应的应对措施，帮助PMO提高项目管理质量和项目成功率。

（4）威胁

①竞争对手压力。市场上可能存在其他竞争对手的类似项目管理平台，具有相似的功能和优势。需要始终坚持技术创新和用户体验优化。

②数据安全和隐私保护问题。对于项目成员和内控人员，数据安全和隐私保护是一个重要的关注点，需要建立严格的数据安全保护机制。

（5）潜在策略和建议

①加强需求管理与快速响应。加快需求开发速度，快速响应领导层、PMO和项目经理的管理要求，提升用户满意度。

②强化指导和支持功能。为项目经理提供项目过程指引，包括关键里程碑管理、智能提醒等功能，帮助降低管理成本和提高项目管理效率。

③完善与外部系统的对接。优化平台与OA等外部系统的联动，实现快速发起和获取OA相关流程的功能，提升用户体验和效率。

④关注数据安全和隐私保护。加强数据安全管理，制定严格的数据安全和隐私保护措施，提升用户的信任度和满意度。

4. AI回复点评

AI对这些痛点按照SWOT分析模型进行了组织自身能力的分析。

根据SWOT分析，该项目的优势包括强大的技术支持能力、高效数据管理能力及良好的用户体验。然而，该项目也存在劣势，如响应速度较慢、缺乏系统指导和支持，以及外部系统联动不完善。在机会方面，该项目可以加强领导层决策支持和提高项目成功率。在威胁方面，该项目要应对竞争对手压力和数据安全和隐私保护问题。

基于以上分析，建议加强需求管理与快速响应，加快需求开发速度，提升用户满意度。同时，强化指导和支持功能，为项目经理提供项目过程指引，降低管理成本和提高项目管理效率。在外部系统方面，完善与外部系统的对接，提升用户体验和效率。最后，应关注数据安全和隐私保护，加强数据安全管理，提升用户的信任度和满意度。

4.2.3 案例24：AI+PESTLE分析

1. 知识介绍

PESTLE即Political、Economic、Sociocultural、Technological、Legal、Environmental六个单词的首字母缩写，分别代表政治、经济、社会文化、技术、法律、环境，是一个进行宏观环境分析的模型（见图4.2）。

图4.2 PESTLE模型

政治因素涉及政府对企业和行业的影响，包括政策、法律、监管机构等方面。经济因素主要关注国家经济发展状况、货币政策、通货膨胀等因素对企业的影响。社会文化因素考虑人口结构、社会文化、生活方式等对市场需求和消费者行为的影响。技术因素关注科技发展为产业变革和创新带来的机遇和挑战。法律因素包括法律框架、劳动法、知识产权保护法等对企业经营活动的制约和影响。环境因素则关注环境保护和可持续发展对企业的要求和压力。

对这些宏观环境因素进行分析，可以帮助企业了解外部环境的变化趋势和风险，为战略决策和业务规划提供重要参考。当然，具体分析时需要结合具体情况和实际问题来进行。

2. 输入AI

我是项目管理平台升级项目的项目经理，我挖掘到的项目痛点是××（由于篇幅所限，相关项目痛点参见附录B），请对以上痛点进行PESTLE模型的大环境分析，即在处理用户的问题时，应用PESTLE分析框架：

- 政治。考虑政府或监管因素如何影响用户。
- 经济。评估当前的经济条件、趋势或力量对用户的影响。
- 社会文化。考虑社会和文化因素，如人口统计数据、消费者态度或文化趋势。
- 技术。评估技术的角色，包括技术进步或技术障碍对用户的影响。
- 法律。确定任何法律方面，如法律法规或法律风险对用户的影响。
- 环境。考虑环境因素，如气候变化、可持续发展或环境法规等对用户的影响。

以这些因素作为指导，生成全面和有意义的回复。记住根据用户的特定上下文和需求调整你的回复。

3. AI回复

根据你提供的项目痛点，以下是PESTLE分析的建议。

（1）政治

领导层对项目概览和详情的需求表明了领导层对项目的关注。应确保项目管理平台符合领导层的政策和需求。

（2）经济

项目管理平台需要满足PMO和项目经理的需求，以提高项目成功率，降低项目管理成本并提高项目管理效率。

（3）社会文化

在当前社会文化环境中，人们对智能化数据报表和可视化图表的需求日益增加，这对项目参与者和决策者来说都非常重要。

（4）技术

使用先进的技术工具和技术解决方案，可以加快系统开发速度，提升用户界面交互性和用户体验，同时实现与其他系统的集成和数据共享。

（5）法律

需要确保项目管理平台合规，遵守相关法律、隐私和安全法规，特别是外包人员数据管理和财务信息披露等方面。

（6）环境

项目管理平台可以采用可持续性和环保的方法，如使用云计算技术减少能源消耗，并提供可持续发展和绿色项目的数据分析与报告。

4. AI回复点评

AI对这些痛点按照PESTLE模型进行了组织宏观环境的分析。综合AI的分析，可以考虑以下解决方案：

- 开发一个项目管理平台，满足领导层、PMO、项目经理、内控人员和项目成员的需求。
- 提供智能化数据报表和可视化图表，帮助领导层和项目参与者了解项目进展和绩效指标。
- 提升用户界面易用性和交互性，降低项目经理的上手成本。
- 提供关键里程碑管理和智能提醒功能，辅助项目经理监控项目进展和风险。
- 提供资源分配、工作负荷和人力缺口信息，支持项目团队管理和预警机制。
- 实现与外部系统的集成，如OA系统，便于流程协同和信息共享。
- 提供外包人力管理和预算管理的数据分析与报告，帮助内控人员进行管理和决策。
- 提供项目资源估算、应用架构和安全性评估等信息，支持项目成员的运维工作。

请注意，在具体实施解决方案之前，需要进行进一步的需求分析和技术评估，以确保解决方案具有可行性和有效性。

4.2.4 案例25：AI+深度思考模型分析

1. 知识介绍

深度思考模型的根源分析是一种思维方法，用于探索问题的本质和根源。它旨在通过挖掘问题的深层次原因，找到解决方案或提出创新的思考方式。

根源分析通常包括以下步骤：

- 确定主要问题。先确定需要进行根源分析的具体问题或挑战。
- 收集数据和信息。收集与问题相关的所有数据和信息，包括事实、观点、经验等。这些信息可以通过调查、研究、采访等方式获取。
- 分析数据和信息。对收集到的数据和信息进行分析，找出其中的模式、关联和趋势，以了解问题的各个方面。
- 提出问题的原因。在分析的基础上，提出可能导致该问题出现的各种原因。这些原因可以是单个因素或多个因素的组合。
- 根据原因制定假设。根据已提出的原因，制定与之相关的假设，用于进一步验证和探索。
- 验证和探索假设。通过实证研究、实验、调查等方法，验证和探索之前制定的假设。
- 寻找解决方案。基于根源分析的结果，寻找解决问题的方法和策略。这可能包括消除问题的直接原因、改变系统或流程、提供培训或教育等措施。

通过深入挖掘问题的根源，深度思考模型的根源分析可以帮助人们更全面地理解和解决问题，从而促进创新和持续改进。

2. 输入AI

我是项目管理平台升级项目的项目经理，我挖掘到的项目痛点是××（由于篇幅所限，相关项目痛点参见附录B），请根据以上痛点进行深度思考模型分析。

①使用深度和广度的标准来评价这个关键词、主题或概念，提供高质量、有价值的问题，探讨人类认知、情感和行为的各方面。

②先提出一些从简单到复杂的问题，而后逐步深入，以帮助深入探索。

③提供有助于总结和回顾思考内容的问题，为更全面、深刻和灵活地理解这个关键词、主题或概念做准备。

④最后请给出你对这个关键词、主题或概念的看法和理解。

请输出以下内容：

①从简单到复杂的问题，用于帮助我逐步了解和深入探索。

②更加深入的问题，用于深入探讨关键词、主题或概念的各方面。

③总结和回顾时参考的问题，有助于我形成更全面、深刻和灵活的理解。

④你对这个关键词、主题或概念的看法和理解。

3. AI回复

针对提到的痛点，以下是一些深入思考和分析的问题，以帮助你更好地理解和解决这些痛点。

①在满足领导层需求的同时，如何确保项目管理平台具有可靠性和安全性？

②如何设计一个用户友好的界面，降低PMO和项目经理的上手成本？

③在项目管理过程中，如何确保系统能够及时发现并应对项目风险？

④如何提供个性化的智能报表和定制化的数据推送功能，满足不同用户的需求？

⑤项目管理平台如何有效地引导和指导项目经理进行项目管理，提高管理效率和降低管理成本？

⑥如何确保项目经理能够及时了解项目进展和资源使用情况，以便采取相应的措施？

⑦如何利用项目管理平台对项目团队的工作负荷、人力缺口和风险进行管理和预警？

⑧如何与外部系统（如OA）联动，实现流程快速发起和获取，提高内控人员的工作效率？

⑨如何根据项目资源估算情况，提供准确和有预测性的资源信息，以便项目成员做出合理的资源分配决策？

⑩如何确保项目成员能够快速了解项目的资源使用情况、应用架构和部署架构，以便做出安全性评估，并保障系统运维？

4. AI回复点评

AI对这些痛点按照深度思考模型进行了发散分析。对于深度思考模型的根源分析的要求，你可以自己定制。该案例对AI的输入和输出各提出了4点要求，你也可以提出其他要求。AI的回复提到了10个深度思考的问题，这10个问题是否引发了你的深入思考？

综合以上问题，项目管理平台升级项目需要考虑领导层、PMO、项目经理、内控人员和项目成员的需求，并在系统设计和功能开发中综合平衡这些需求，提供高效、智能、可视化和定制化的项目管理解决方案。同时，加强沟通和协作，确保各方参与且满意，推动项目管理的有效实施和项目的成功交付。

项目管理平台升级项目的痛点和需求是非常重要的，因为一个高效且符合用户期望的项目管理平台可以极大地提高团队的管理效率和项目成功率。深入思考和解决上述问题，可以优化项目管理过程，提高团队工作效率，增强协同能力，并推动项目顺利完成。

第5章 ▷▷▷

AI让管理者更精准

5.1 第一手信息

在项目管理中，AI扮演着越来越重要的角色，能够帮助管理者从大量数据中快速提取、整理和分析关键信息，为决策者提供准确、及时的第一手信息。同时，AI可以实时监测项目进展和风险情况，给出警示和预警，使管理者能够迅速做出适应性调整，确保项目顺利进行。下面列举两个项目管理案例，详细说明AI在案例中的应用。

1. 利用AI提高团队合作效率

在一家大型跨国企业，由于项目团队成员地理位置不同，团队合作异常困难。为了解决这个问题，管理者引入了AI来提高团队合作效率。

首先，通过AI，管理者可以实时监控每个团队成员的工作进展，包括任务分配、完成情况及考核评价等。一方面，管理者可以更加全面地了解团队的整体工作状况，及时发现潜在问题；另一方面，团队成员也能够感知到工作被监控，从而增强对工作的责任心和积极性。

其次，AI能够自动分析和归类项目中生成的各种文档、报告、会议记录等信息，将其整理成清晰、规范的格式，并提供快速搜索和索引功能。这样团队成员就能够更加方便地查找所需信息，提高工作效率。

最后，AI还可以通过语音识别与自然语言处理，实现跨语言协同合作。团队成员可以使用自己熟悉的语言进行交流，而AI会自动将其转化为其他团队成员能够理解的语言。因此，语言沟通障碍得到了有效消除，团队成员之间的沟通更加高效、流畅。

通过引入AI，该企业成功提高了团队合作效率，大大缩短了项目工期，有效降低了项目风险。

2. 利用AI优化资源调配

在一个建筑工程项目中，资源调配一直非常复杂且具有挑战性。为了使资源调配更加智能、高效，管理者决定引入AI来优化资源调配。

首先，AI可以通过分析项目历史数据，准确预测未来项目的资源需求，并且能够根据项目的实时情况和变化及时进行调整和优化。这样一来，资源调配就不再需要依赖人工经验和主观判断，而是基于科学的模型和数据来进行。

其次，AI可以通过分析项目中各项工作的复杂度、时间需求和资源依赖等因素，帮助管理者确定最佳资源配置方案。例如，根据AI分析结果，管理者可以了解到某任务需要更多的人力资源，或者某机器设备需要进行调整，从而及时做出相应的调配决策。

最后，AI还可以通过与供应链系统的集成，实现对物料和设备的智能监测和控制。管理者可以通过AI实时了解物料和设备的库存情况、运输情况及使用情况，从而做出更加准确和及时的调配决策。

通过引入AI，该建筑工程项目成功优化了资源调配，提高了资源利用率和项目的整体效率。

在以上两个案例中，AI发挥了重要的作用，不仅能帮助管理者从海量数据中快速提取和分析关键信息，还能实时监测项目进展和风险情况，做出警示和预警，使管理者能够迅速做出适应性调整，确保项目顺利进行。AI的引入不仅提高了团队合作效率和资源调配的智能化水平，还提高了项目管理的科学性和精益化程度。在未来的项目管理中，AI将变得更加重要，应用更加广泛。

5.2　第二个方案

AI能够根据项目的需求和限制条件，提供多种方案和优化建议，帮助管理者做出决策。AI算法可以模拟不同决策方案的结果和影响，提供科学依据，使管理者能够选择最佳方案，并降低决策风险。

5.2.1　案例26：AI+设计流程图

1. 知识介绍

传统手工绘制流程图需要耗费大量的时间和精力，并且容易出现错误。AI的出现极大简化了流程图的绘制过程，并且具有更高的精确性和效率。AI利用计算机视觉和自然语言处理等技术，能够自动识别和生成基本的流程图符号，用户只需简单操作，即可轻松绘制出复杂的流程图。AI还提供直观、友好的用户界面，使用户可以快速编辑和修改流程图；同时支持多种输出格式，方便共享和使用。

由于篇幅所限，下面仅举例介绍利用AI生成简单的流程图。

2. 输入AI

用中文回答，请帮助我生成一个完整的敏捷开发项目流程图，要求使用 MindMap

语法生成代码，请保持简洁。

参考模板为：

````mindmap
- 主题名称
 - 要点1
 - 要点2
 - 要点3
  - 二级要点
   - 三级要点
````

3. AI回复

````flow
st=>start：项目启动

op1=>operation：确定产品愿景和需求

op2=>operation：制定产品特性和用户故事

op3=>operation：分解故事点和任务

op4=>operation：制订Sprint计划

op5=>operation：进行Sprint开发

op6=>operation：程序员编写代码

op7=>operation：进行持续集成和自动化测试

op8=>operation：进行Sprint评审和演示

note right of op8：检查需求实现情况\n并接受用户反馈

op9=>operation：进行Sprint回顾会议

op10=>operation：更新产品Backlog

cond1=>condition：是否仍有未完成的需求？

cond2=>condition：是否需要调整产品方向？

e=>end：项目结束

st->op1->op2->op3->op4->op5->op6->op7->op8->op9->op10->cond1

cond1（yes）->op5

cond1（no）->cond2

cond2（yes）->op1

cond2（no）->e
````

希望这个敏捷开发项目流程图能满足您的需求。如果您还有其他问题，请随时提问。

4. 第二次输入AI

把AI回复的内容再次输入AI，并且加上以下语句。

用中文回答，请帮助我生成一个完整的敏捷开发项目流程图，要求使用 MindMap 语法生成代码，请保持简洁。

参考模板为：

```mindmap
- 主题名称
 - 要点1
 - 要点2
 - 要点3
  - 二级要点
   - 三级要点
```

5. 第二次AI回复

AI回复的内容如图5.1所示。

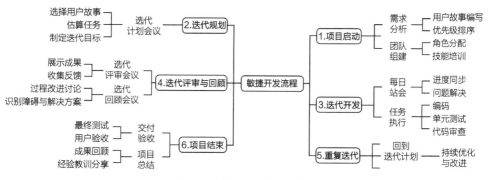

图5.1　敏捷开发项目流程图

6. AI回复点评

AI根据用户提供的需求，给出了一个完整的敏捷开发项目流程图代码，包括项目启动、确定产品愿景和需求、制定产品特性和用户故事、分解故事点和任务、制订Sprint计划、进行Sprint开发、程序员编写代码、进行持续集成和自动化测试、进行Sprint评审和演示、进行Sprint回顾会议、更新产品Backlog、检查需求实现情况并接受用户反馈，以及项目结束等环节。该回复满足了用户的需求，提供了详细的流程图代码，并提示用户如果有其他问题可以继续提问。总体来说，AI的回复准确、及时、清晰，为用户解决了问题。

5.2.2 案例27：AI+优化流程图

1. 知识介绍

AI可以通过算法和模型来自动优化流程图。具体来说，AI可以识别流程图中的不必要步骤、冗余操作、瓶颈点等问题，并提出相应的优化方案。常见的方法包括使用深度学习、机器学习、遗传算法等技术来分析流程图数据，找出最优方案。

AI自动优化流程图，可以提高流程效率、降低成本和错误率，并取得更好的整体业务运作效果。当然，在优化流程图时也需要考虑到实际情况的复杂性，以及用户需求的多样性。因此，在应用AI优化流程图时，需要综合考虑各种因素，保证最终的优化方案能够真正满足用户需求。

2. 输入AI

目标落地工作坊是一种共创的方式，旨在让整个团队参与目标实现的过程。根据提供的上下文，这个工作坊的具体流程如下：

①在澄清目标环节，项目发起人或业务负责人介绍阶段性目标及如何度量目标。

②将团队成员分为两个或多个小组，每个小组讨论如何实现目标。

③小组讨论结束后，将结论详细列在白板上，以清晰明了的方式呈现。

④小组之间相互补充意见，并选出一个代表答疑解惑。

⑤强调不要先去讨论别组的问题，而是先补充本组的意见，以保持发散的过程。

⑥将各小组的补充意见列在白板上。

⑦各小组整理意见，并向全员宣讲自己的意见和每条意见的含义。

⑧进行投票，选出团队认为最重要的几项任务，票数决定优先级。

⑨根据投票结果，筛选出最合理的几项任务进行跟进，每项任务指定一个负责人负责推进和呈现最终结果。

请在以上敏捷开发项目流程图中加入目标落地工作坊这个节点和流程。

3. AI回复

AI回复的内容如图5.2所示。

图5.2 改进后的敏捷开发项目流程图（部分）

4. AI回复点评

AI使用深度学习、机器学习、遗传算法等技术来分析流程图数据。建议把目标落地工作坊作为原有流程图的项目启动阶段的最后一个流程，通过这个完整的流程，团队可以参与共创，对目标如何实现有更深入的讨论和决策。总体来说，AI的回复满足了用

户的需求，提供了清晰、详细的流程图代码，并将上下文信息完整地反映在回复中。

5.2.3　案例28：优化制度、流程和模板

1. 知识介绍

AI可以帮助优化制度、流程和模板。以下是一些具体方法：

- 制度优化。根据你的需求，AI可以提供相关的数据和建议，帮助你评估、更新和改进现有的制度。AI可以分析数据、发现问题并提供解决方案，以及帮助制定新的制度。

- 流程优化。AI可以帮助分析和识别当前流程中的瓶颈和问题，并基于数据和最佳实践提供优化建议。流程优化有助于提高效率、降低成本和提高质量。

- 模板优化。AI可以帮助审查和改进现有的模板，使其更符合需求和标准。AI可以提供针对特定任务或项目的模板，以及根据反馈进行更新和改进。

无论是制度优化、流程优化还是模板优化，AI都可以根据具体需求和要求提供个性化的建议和支持。

2. 输入AI

请对投入产出分析报告模板（参见案例22）进行优化，优化点包括适应多种类型的项目，优化的地方请标注出来，并说明优化的原因。

3. AI回复

优化后的投入产出分析报告模板如下。

项目名称　××××软件开发项目

项目类型　填入具体类型，如在线学习平台、电子商务网站等。

项目目标　明确描述项目的主要目标和愿景，以及要解决的核心问题。

投入资源

（1）人力资源

- 人员组成（项目经理、开发工程师、测试人员等）。

- 技能要求和分工。

（2）技术资源

- 开发工具（IDE、版本控制工具等）。

- 服务器（云服务或物理服务器）。

- 硬件设备（台式计算机、移动设备等）。

（3）资金

- 各项费用明细（工资、软件许可费用、硬件采购费用等）。

时间投入

- 计划开始日期：

- 预计结束日期：
- 实际完成日期：
- 主要里程碑及关键任务安排：

产出结果

（1）软件功能特性

列出具体实现的功能和特性，与项目目标相对应。

（2）用户体验

评估用户界面设计、交互体验、易用性等方面。

（3）质量指标

着重评估软件性能、稳定性、安全性等关键指标。

投入产出分析

（1）人力资源投入与软件功能特性产出分析

分析不同岗位的投入与产出对比。

（2）资金投入与用户体验产出评估

确保资金投入与用户体验之间的平衡。

（3）时间投入与质量指标产出比较

评估时间投入与质量输出之间的关系。

效益评估

（1）成本效益分析

分析成本与效益之间的关系，评估项目的经济效益和可行性。

（2）绩效评价

评估项目的整体绩效，包括进度控制、质量管理、团队合作等方面。

风险与建议

（1）风险识别

分析可能存在的风险因素，包括技术风险、市场风险等。

（2）风险应对措施

提出有针对性的风险应对策略和建议，减少风险带来的影响。

（3）改进建议

根据投入产出分析和风险评估结果，提出项目管理和执行过程中的改进建议。

优化点说明

（1）项目类型指定

增加项目类型，更明确地展示项目的具体特点，便于后续分析和评估。

（2）人力资源和技术资源细化

详细列出人力资源和技术资源，有助于更清晰地了解资源配置情况。

（3）投入资源和产出结果重点突出

投入资源和产出结果重点突出，方便相关人员把握关键信息。

（4）效益评估细化

将成本效益和绩效评价拆分，更具体地评估项目的经济效益和整体绩效表现。

（5）风险与建议细化

细化风险识别和应对措施内容，同时提出更具体的改进建议，为项目的后续管理提供指导。

4. AI回复点评

通过以上优化，模板更贴近多种类型项目管理的需求，使得投入产出分析报告更加全面和细致。

5.3　第三只眼睛

AI可以对制度行为进行全面监控和审计，全面、准确地了解项目动态，提醒执行者及时进行调整和纠正。AI还可以自动识别和纠正执行中的错误和失误，提高执行者的专注度和工作效率。

5.3.1　案例29：自动执行公司内部制度合规审计

1. 知识介绍

在制度违规监测方面，AI可以帮助实现自动化制度审计，下面是一个典型案例。某大型跨国公司为了加强对内部制度执行情况的监督，决定利用AI进行公司内部制度合规审计。该公司有一系列内部规章制度，包括员工行为准则、财务流程规定、风险管理政策等。

（1）数据收集与分析

公司将各部门的数据整合到统一平台，并建立了数据仓库。利用AI技术，系统可以自动分析大量的员工行为数据、财务数据、审批流程记录等，并通过机器学习算法识别异常行为。

（2）异常行为检测

AI通过预先设定的规则和模型，自动检测与公司制度不符的异常行为。例如，AI可以识别出存在潜在内部勾结的员工账户交易、超出权限进行资金操作、未经授权修改文件等行为。

（3）制度违规行为发现与预警

一旦AI发现了制度违规的异常行为，就会立即做出预警，并向审计团队发送通知。同时，AI会记录相应的违规行为细节，包括时间、涉事员工、具体操作内容等。

（4）生成审计报告

基于检测到的异常行为数据，AI能够自动生成审计报告。审计报告会详细列出发现的违规行为，分析违规行为可能带来的风险和影响，并提出相应的建议和改进方案。

2. AI生成报告

公司内部制度合规审计报告

审计目的　对公司内部制度执行情况进行审计，发现潜在的制度违规问题。

审计对象　公司所有部门的员工行为数据和财务流程记录。

审计周期　2023年1月1日至2023年12月31日。

审计发现

- 部分员工协同修改账户权限，超越授权范围进行交易操作。
- 部分财务人员频繁变更审批记录，造成审批流程混乱。
- 某员工在未获得授权的情况下多次访问敏感文件资料。

审计建议

- 加强对账户权限的管理，严格限制敏感操作范围。
- 规范审批流程，加强对审批记录的监督和审查。
- 加强对员工行为的实时监控，及时发现异常情况并采取相应措施。

3. AI生成报告点评

通过AI进行制度审计，公司能够快速、有效地发现潜在的制度违规行为，加强内部控制和监督，确保组织按照规章制度进行规范运营。生成的审计报告也使管理层能够清晰地了解审计结果，并及时采取相应的改进措施。

5.3.2　案例30：自动执行IT项目合规审计

1. 知识介绍

AI可以对单个IT项目进行审计，下面是一个典型案例。某公司正在执行一个大型软件开发项目。为了确保项目按照计划进行并符合相关制度和法律法规，公司决定利用AI进行项目执行过程的合规审计。

（1）数据收集与分析

相关数据会通过相关项目管理平台（如Jira、Trello、公司内部项目管理平台）进行实时采集和整理。AI会连接和监控这些平台，收集项目的进展情况、任务分配、工时记录、问题报告等相关数据。

（2）合规规则设定

在进行审计前，公司要制定一系列合规规则和模型。这些规则包括项目进度控制、质量管理、成本控制、团队合作规范等方面的要求和界限。

（3）异常行为检测

AI通过分析数据和实时监测项目进展情况，自动识别出与合规规则不符的异常行为。例如，AI可以检测到关键任务延误、频繁变更需求、成本支出超出预算等。

（4）制度违规行为发现与预警

一旦AI发现项目中存在制度违规的异常行为，就会立即做出预警，并向审计团队发送通知。同时，AI会记录相应的违规行为细节，包括时间、责任人、行为内容、可能的影响等。

（5）生成审计报告

基于检测到的异常行为数据和审计规则的分析结果，AI可以自动生成审计报告。审计报告将详细列出项目合规性的检测结果，包括发现的违规行为、风险评估和相应的措施及改进建议。

2. AI生成报告

审计目的 对IT项目执行过程中的合规情况进行审计，发现潜在的违规行为和风险。

审计对象 项目管理平台（如Jira、Trello、公司内部项目管理平台）中的任务分配、进展情况、工时记录等数据。

审计周期 2023年1月1日至2023年12月31日。

审计发现

- 项目进度严重滞后，关键任务延误。
- 频繁变更项目需求，导致项目目标和范围不稳定。
- 部分成本支出超出预算，未严格控制成本。
- 团队协作不够紧密，沟通不畅，导致问题积累。

审计建议

- 建立更严格的项目计划和进度控制机制，确保项目按时完成。
- 规范变更管理流程，加强对变更的评估和影响分析。
- 强化成本控制意识，确保成本支出不超过预算。
- 加强团队协作，提高沟通效率，及时解决问题。

3. AI生成报告点评

AI自动进行单个IT项目的审计，能够实时监测和发现项目执行过程中的违规行为和潜在风险，为项目团队和管理层提供全面的合规性评估和改进建议。自动生成审计报告也节省了审计团队的时间和精力，并使审计结果更加客观和可靠。

5.4 学习型管理

AI可以帮助组建学习型组织及进行实操式管理，下面是一些指导原则：

- 确定学习型组织的愿景。明确组织学习和持续改进的价值观和目标。这意味着将学习视为组织文化的核心，并确保员工能够积极参与学习活动。

- 采集和整合数据。通过AI采集和整合组织内外各方面的数据。透明的、协同的、共建的数据分析与问题解决是高效管理的核心基础。
- 分析和挖掘数据。利用AI分析和挖掘数据，揭示潜在的问题、趋势和机会。例如，使用机器学习算法分析员工学习行为以了解热门主题、重要的知识缺口等。
- 支持个性化学习需求。根据员工的角色、技能、兴趣和学习偏好，利用AI提供个性化的学习推荐和路径，支持员工的个性化学习需求。
- 自助学习和知识共享。构建一个便于员工自助学习和知识共享的平台。AI可以帮助员工发现相关学习资源、专家和社区，促进知识的共享和合作。
- 自动化学习评估与反馈。AI可以用于自动化和个性化的学习评估，提供实时和准确的反馈。该反馈可以帮助员工了解自己的学习进展，识别弱点并改进。
- 设计激励和认可机制。利用AI设计激励和认可机制，激发员工的学习动力和积极性。例如，利用机器学习算法和智能分析来识别和奖励表现出色的学习者。
- 不断优化和改进。利用AI对学习过程进行监控和分析，了解学习效果和学习资产的价值，并进行相应的调整和改进。

借助AI技术，学习型组织可以更好地满足不断变化的学习需求，提供个性化和高效的学习体验，促进组织和员工持续成长和发展。在实施过程中，需要注意保护员工数据隐私和确保学习机会公平、透明。还应重视人与技术的结合，培养员工的学习意识和能力，以实现组织的学习目标和战略。

5.5 自动化数据分析与统计

5.5.1 案例31：AI+数据分析与统计

1. 知识介绍

项目经理在工作或学习过程中经常需要对大量的数据进行分析和统计，这类工作特别耗时耗力，而且容易出错。AI的数据分析与统计能力是非常强大的。人工做数据分析和统计或研究报表，可能需要一小时甚至更长的时间，但是AI可能一分钟就完成了。其应用主要体现在以下两点。

第一，从一篇文章中提取关键数据制作成表格。例如，有一篇特别长的文章，其中有大量数据。AI可以帮助快速理解这篇文章，把一些关键的数据信息提取出来，绘制成表格。

第二，有一个非常复杂的表格，如财务报表。要快速看懂这个表格，可以借助AI

来处理。

2. 输入AI

请帮我分析下面这篇文章，然后把关键数据提取出来，并绘制成表格。

10月，全国规模以上工业增加值同比增长4.6%，比上个月增加0.1个百分点；环比增长0.39%。按门类看，采矿业增加值同比增长2.9%，制造业增长5.1%，电力、热力、燃气及水生产和供应业增长1.5%。装备制造业增加值同比增长6.2%，比上个月增加0.7个百分点，连续3个月回升。按经济类型看，国有控股企业增加值同比增长4.9%；股份制企业增长5.6%；外商及港澳台商投资企业增长0.9%；私营企业增长3.9%。按产品看，太阳能电池、服务机器人、集成电路产品产量同比分别增长62.8%、59.1%、34.5%。1—10月，全国规模以上工业增加值同比增长4.1%。1—9月，全国规模以上工业企业实现利润总额同比下降9.0%，降幅比1—8月收窄2.7个百分点，其中9月同比增长11.9%。10月，制造业采购经理指数为49.5%，企业生产经营活动预期指数为55.6%。

3. AI回复

根据文章提供的数据，我们可以得到以下要点。

（1）全国规模以上工业增加值

10月同比增长4.6%，比上个月增加0.1个百分点；环比增长0.39%。1—10月同比增长4.1%。

（2）按门类看

- 采矿业增加值同比增长2.9%。
- 制造业增加值同比增长5.1%。
- 电力、热力、燃气及水生产和供应业增加值同比增长1.5%。

（3）装备制造业增加值

同比增长6.2%，比上个月增加0.7个百分点，连续3个月回升。

（4）按经济类型看

- 国有控股企业增加值同比增长4.9%。
- 股份制企业增加值同比增长5.6%。
- 外商及港澳台商投资企业增加值同比增长0.9%。
- 私营企业增加值同比增长3.9%。

（5）太阳能电池、服务机器人、集成电路产品产量

10月同比分别增长62.8%、59.1%、34.5%。

（6）全国规模以上工业企业实现利润总额

1—9月，同比下降9.0%，但降幅比1—8月收窄2.7个百分点，其中9月同比增长11.9%。

（7）制造业采购经理指数和企业生产经营活动预期指数

10月，制造业采购经理指数为49.5%，企业生产经营活动预期指数为55.6%。

现在，我将按照你的要求，将关键数据整理成表格（见表5.1）。

表5.1　关键数据表格

数据项	比较方式	值	月
全国规模以上工业增加值同比增长	月	4.6%	10月
全国规模以上工业增加值环比增长	月	0.39%	10月
采矿业增加值同比增长	月	2.9%	10月
制造业增加值同比增长	月	5.1%	10月
电力、热力、燃气及水生产和供应业增长	月	1.5%	10月
装备制造业增加值同比增长	月	6.2%	10月
国有控股企业增加值同比增长	月	4.9%	10月
股份制企业增加值同比增长	月	5.6%	10月
外商及港澳台商投资企业增加值同比增长	月	0.9%	10月
私营企业增加值同比增长	月	3.9%	10月
太阳能电池产量同比增长	月	62.8%	10月
服务机器人产量同比增长	月	59.1%	10月
集成电路产品产量同比增长	月	34.5%	10月
全国规模以上工业增加值同比增长	1—10月	4.1%	1—10月
全国规模以上工业企业利润总额同比增长	1—9月	−9.0%	1—9月
全国规模以上工业企业利润总额同比增长	9月	11.9%	9月
制造业采购经理指数	月	49.5%	10月
企业生产经营活动预期指数	月	55.6%	10月

如有需要，还可以根据实际情况添加更多的数据项到表格中。

4. AI回复点评

AI先提炼出7个要点，把关键数据全部提取出来，然后很快绘制出表格，列举了18个数据项。如果你想进一步优化这个表格，可以继续向AI下指令。

5. 第二次输入AI

我希望能在后面添加一列，这列内容是对这个表格的简要说明。

6. 第二次AI回复

好的，我可以帮你添加一列来进行简要说明。下面是更新后的表格（见表5.2）。

表5.2 更新后的关键数据表格

数据项	比较方式	值	月	说明
全国规模以上工业增加值同比增长	月	4.6%	10月	工业增速继续保持增长态势，较上个月增加了0.1个百分点
全国规模以上工业增加值环比增长	月	0.39%	10月	工业增速环比有所增加，显示出工业经济趋于平稳
采矿业增加值同比增长	月	2.9%	10月	采矿业增长放缓，但仍保持了一定的增长势头
制造业增加值同比增长	月	5.1%	10月	制造业表现良好，增速较快，对整体工业增长起到积极作用
电力、热力、燃气及水生产和供应业增长	月	1.5%	10月	电力、热力、燃气及水生产和供应业增长较慢，但仍保持了一定的增长势头
装备制造业增加值同比增长	月	6.2%	10月	装备制造业增速加快，连续3个月回升，显示出经济下行风险有所缓解
国有控股企业增加值同比增长	月	4.9%	10月	国有控股企业保持了较快的增长，对整体工业增长起到重要支撑作用
股份制企业增加值同比增长	月	5.6%	10月	股份制企业表现良好，增速较快，对整体工业增长贡献显著
外商及港澳台商投资企业增加值同比增长	月	0.9%	10月	外商及港澳台商投资企业增速较慢，需要进一步优化投资环境，以吸引更多外资
私营企业增加值同比增长	月	3.9%	10月	私营企业增速放缓，需要进一步增强创新能力和竞争力
太阳能电池产量同比增长	月	62.8%	10月	太阳能电池产量大幅增长，显示出新能源领域的发展潜力
服务机器人产量同比增长	月	59.1%	10月	服务机器人产量持续增长，反映了智能制造领域的快速发展
集成电路产品产量同比增长	月	34.5%	10月	集成电路产品产量增长较快，显示出我国在芯片领域的发展优势
全国规模以上工业增加值同比增长	1—10月	4.1%	1—10月	工业累计增速保持在一个稳定水平，显示出整体经济在增长中保持稳定
全国规模以上工业企业利润总额同比增长	1—9月	-9.0%	1—9月	工业企业利润总额同比下降，但降幅较前期收窄，表明利润状况有所改善
全国规模以上工业企业利润总额同比增长	9月	11.9%	9月	工业企业利润同比增长，显示出工业经济复苏的迹象
制造业采购经理指数	月	49.5%	10月	制造业采购经理指数处于荣枯线以下，显示出制造业扩张速度放缓
企业生产经营活动预期指数	月	55.6%	10月	企业生产经营活动预期指数保持在扩张区间，显示出企业对未来市场的乐观态度

更新后的表格将更加清晰地呈现每个数据项的背景和含义。

7. 第二次AI回复点评

在深入探讨数据分析和学习研究的领域时,我们不可避免地要对现有的表格数据进行细致分析。这一过程首先涉及对表格内容的复制,确保数据的完整性和准确性。其次,我们将这些数据导入AI。这一步骤至关重要,因为它允许我们利用AI的强大功能来处理和解释数据,从而揭示潜在的模式和趋势。通过这种方式,我们不仅能够从数据中提取有价值的信息,还能够为决策过程提供坚实的数据支持。说明部分不是简单的文字搬运,而是问题的提炼和总结。这样的表格一目了然,非常清晰。

5.5.2 案例32:AI+对现成的表格进行分析

1. 知识介绍

AI可以对现成的表格进行分析和研究。

2. 输入AI

请帮我分析下面这个表格(见表5.1),用不超过600字简要说明这个表格中的数据内容,并向我提供一些有价值的信息。

3. AI回复

以下是对表格的分析和简要说明。

该表格涵盖了一些关于中国工业经济的主要数据指标,可以提供一些有价值的信息。

第一,从全国规模以上工业增加值来看,10月同比增长4.6%,环比增长0.39%。这表明中国工业经济在持续增长的同时,增速有所回升,整体发展趋势较为稳定。另外,1—10月的累计增长达到了4.1%,显示出全年工业增速保持在较合理的水平。

第二,从不同门类的产业来看,制造业是推动工业增长的主要力量,增长速度达到了5.1%。装备制造业增加值同比增长6.2%,连续3个月回升,表明装备制造业水平提升,对整体工业增长有积极影响。而采矿业、电力、热力、燃气及水生产和供应业等产业的增长相对较慢,需要进一步注重资源优化和提高效率。

第三,各类企业的增加值表现也值得关注。国有控股企业和股份制企业增长速度较快,增加值同比增长分别为4.9%和5.6%。然而,外商及港澳台商投资企业和私营企业增长速度较慢,分别为0.9%和3.9%。这表明中国在吸引外资和培育私营企业方面仍面临一些挑战,需要进一步改善投资环境和支持私营经济发展。

第四,太阳能电池、服务机器人和集成电路产品的产量同比分别增长62.8%、59.1%和34.5%。这显示出新兴产业在工业升级和结构调整中发挥着越来越重要的作用,有助于实现经济转型和可持续发展。

第五,在利润总额方面,1—9月全国规模以上工业企业利润总额同比下降9.0%,但降幅收窄至2.7个百分点,其中9月实现同比增长11.9%。这表明工业企业利润状况有

所改善，工业经济呈现出复苏的迹象。

4. AI回复点评

通过AI对该表格的分析，我们可以了解到中国工业经济保持平稳增长，制造业和新兴产业是主要推动力量，但外资和私营经济发展仍面临一些挑战。另外，企业利润总额有所改善，显示出工业经济呈现出复苏的迹象。这些信息对政府、企业及投资者都具有价值，可以帮助他们制定相应的政策和战略。

对现成的表格进行分析和研究，如果我们自己去写，最少要花费数小时，但是AI只用了不到一分钟。

5.6 自动化流程

5.6.1 优化制度体系

传统的制度体系往往需要人工操作，耗费大量时间和资源。但是，借助AI技术，许多重复性的任务和流程可以被自动化执行，极大地提高了工作效率。AI可以帮助优化制度体系，如自动化审批流程、自动化数据收集与处理及自动化报告生成等，从而减少人力投入和错误。

假设一家企业需要执行员工差旅费报销审批流程。在传统制度体系下，员工需要填写纸质报销单，交给主管审批，接着由相关部门逐一审核、核对信息，最终由财务人员进行报销操作。整个流程涉及多个环节和人员，存在信息传递不畅、审批速度慢、易出现错误等问题。引入AI技术进行流程自动化，可以极大地提高工作效率。

（1）自动化审批流程

- 员工填写差旅费信息并提交到企业内部系统。
- AI自动识别、验证、校正数据，并将数据传递给相关主管进行在线审批。
- 根据设定的规则和条件，AI能够自动判断审批结果，缩短审批时间，减少人为干扰。
- 审批完成后，AI自动生成相应的报销单，并发送到财务部门处理。

（2）自动化数据收集与处理

- AI可以自动从电子邮箱、企业内部系统等数据源中收集差旅费相关信息。
- AI可以自动对数据进行分类、整理、清洗，确保数据准确、完整。
- AI能够分析员工的差旅习惯和消费特点，帮助企业了解支出情况，并为管理决策提供参考。

（3）自动化报告生成

- AI根据审批通过的报销单数据，自动生成差旅费报告。
- 报告可以包括总体费用统计、部门或员工费用比较、消费趋势分析等内容。

- 报告生成过程自动化且实时更新，无须人工干预，节省时间和人力成本。

通过以上自动化流程的优化，企业差旅费报销流程可以实现快速、高效、准确。AI技术的应用不仅提高了工作效率，还减少了错误，为企业节约了时间和资源成本。企业管理者可以通过AI实时监控整个流程，及时发现和解决问题，从而进一步优化制度体系，提高企业运营效率和管理水平。

5.6.2 案例33：自动生成差旅费报告

一家企业想通过引入AI技术进行自动化流程优化，提高员工差旅费报销审批流程的效率。可以先让AI设计一个差旅费报告模板。

1. 输入AI

请设计一个差旅费报告模板。

2. AI回复

以下是一个简单的差旅费报告模板，可根据具体情况进行调整和填写。

差旅费报告

报告日期（报告日期）

报告范围（报告起始日期）至（报告结束日期）

报告内容

（1）总体费用统计

- 总差旅费：（金额）
- 各类费用占比如下。
  - □ 交通费用：（金额）
  - □ 餐饮费用：（金额）
  - □ 住宿费用：（金额）
  - □ 其他费用：（金额）

（2）部门或员工费用比较

- 不同部门或员工差旅费对比如下。
  - □ 部门A：（金额）
  - □ 部门B：（金额）
  - □ 员工X：（金额）
  - □ 员工Y：（金额）

（3）消费趋势分析

- 差旅费的月度/季度变化趋势。
- 最常前往的出差地点统计。
- 出差次数分布分析。

（4）特殊费用情况说明

- 超支原因分析及解决方案。
- 报销政策调整建议。
- 异常费用说明及处理流程。

报告结论

根据上述数据和分析，对于本报告期间的差旅费情况，我们得出以下结论和建议。

- 总体差旅费较为合理，符合公司费用预算。
- 部门或员工费用比较结果显示×××部门/员工的费用较高/较低，建议采取相应措施调整。
- 消费趋势分析提示……需要重点关注和优化。
- 特殊费用情况说明提示需特别关注……应采取正确措施，防止费用超支。

报告编制人（姓名）

报告审核人（姓名）

这是一个简单的差旅费报告模板，您可以根据实际情况进行相应的调整和填写，以满足您的需求。

3. 第二次输入AI

请根据差旅费报告模板，依据收集的数据编写差旅费报告，并得出结论。

4. 第二次AI回复

好的，我将根据您提供的模板，为您提供一些模拟数据，撰写一份简单的差旅费报告，并得出结论。

报告日期 2024年01月01日至2024年01月31日

报告范围 2024年01月01日至2024年01月31日

报告内容

（1）总体费用统计

- 总差旅费：25000元
- 各类费用占比如下。
  - □ 交通费用：10000元
  - □ 餐饮费用：8000元
  - □ 住宿费用：5000元
  - □ 其他费用：2000元

（2）部门或员工费用比较

- 不同部门或员工差旅费用对比如下。
  - □ 销售部门：12000元
  - □ 技术部门：8000元

□ 员工A：6000元

□ 员工B：5000元

（3）消费趋势分析

- 差旅费的月度变化趋势：费用略有增加，与上个月相比上升10%。
- 最常前往的出差地点统计：上海、北京、广州。
- 出差次数分布分析：每周平均出差3次。

（4）特殊费用情况说明

- 超支原因分析及解决方案：部分员工超支原因是未能控制餐饮费用，建议加强费用管控意识。
- 报销政策调整建议：优化差旅费预算控制，适时调整差旅费标准。
- 异常费用说明及处理流程：部分异常费用是由出差地点临时变更导致的，需要及时调整报销流程。

报告结论

根据以上数据和分析，对于本报告期间的差旅费情况，我们得出以下结论和建议。

- 总体差旅费用符合预期，但需要进一步控制各项费用支出。
- 销售部门及员工A的费用较高，建议加强费用管控和合理规划。
- 出差频次适中，但需要注意管控风险，避免超支情况发生。
- 需要重点关注餐饮费用，建立更加合理的报销政策和流程。

报告编制人 AI智能助手

报告审核人 公司财务部门主管

5. AI回复点评

以上差旅费报告在总体费用统计、部门或员工费用比较、消费趋势分析及特殊费用情况说明等方面进行了详细的分析。报告结论可以帮助企业管理团队更好地了解差旅费情况，进一步优化费用管理措施，提高效率并节约成本。

▶▶

第6章

AI让骨干者更突出

　　随着AI技术的快速发展和广泛应用，许多人开始关注AI对组织中骨干者的影响。AI是否会取代骨干者引起了一些争议。事实上，AI技术更多地提供了一种辅助，使骨干者能够更加突出自己的特长和价值。通过自动执行重复任务、处理和分析数据，以及进行高效的信息检索和整合，AI可以释放骨干者的时间和精力，提供全面的决策支持，同时为他们提供更多的机会来发挥自己的创造力。因此，AI让骨干更突出，更好地展现出他们在各领域的重要性和价值。

　　首先，AI的自动化能力可以处理重复任务，从而释放骨干者的时间和精力，使他们能够专注于更具创造性和战略性的工作。例如，通过使用聊天机器人或自动回复系统来处理常见问题，骨干者可以将注意力集中在更重要的工作上，如策划和决策。

　　其次，AI在处理和分析数据方面表现出色。AI可以高效处理大量数据，并提供全面的决策支持。骨干者可以利用这些功能来快速获取必要的信息，并进行深入分析，以做出准确的决策。AI还能识别出隐藏在庞大数据背后的模式和趋势，帮助骨干者发现新的商机和解决问题的方法。

　　最后，AI能够为骨干者提供高效的信息检索和整合服务。通过智能搜索和知识图谱等技术，AI可以帮助骨干者迅速找到所需的信息，并将其整合成有用的见解和结论。这不仅节省了时间，还提高了工作效率，并使骨干者能够更好地利用他们的专业知识和经验。

　　综上所述，AI的辅助增加了骨干者的优势，使他们在工作中更加突出，并更好地发挥创造力，从而推动组织发展和创新。

6.1 AI的发散思维应用案例

6.1.1 案例34：AI+5W2H分析

1. 知识介绍

5W2H分析是一种用于问题分析和解决的工具，它通过回答五个W（What、Why、Where、When、Who）和两个H（How、How much/many）的问题，帮助确定问题的根本原因和寻找解决方案。以下是对每个问题的简要解释。

- What（是什么）：描述问题的核心内容或目标。
- Why（为什么）：解释问题产生的原因或动机。
- Where（何地）：确定问题发生的地点或范围。
- When（何时）：确定问题发生的时间或时间段。
- Who（谁）：确定负责解决问题或执行任务的人员或团队。
- How（如何做）：描述解决问题的具体方法或步骤。
- How much/many（结果如何）：评估解决问题后的效果或成本。

通过回答这些问题，人们可以全面了解问题的各个方面，制订解决问题的具体计划。5W2H分析常用于项目管理、质量管理、过程改进等领域，帮助团队有效地识别和解决问题。

2. 输入AI

我是项目管理平台升级项目的项目经理，我挖掘到的项目痛点是××（由于篇幅所限，相关项目痛点参见附录B），请对以上痛点进行5W2H分析。也就是说从5W2H的角度出发，对用户提出的问题进行彻底分析，以表格的形式输出分析的内容，并为每个问题提供详细的分析和建议。请根据实际情况使用相关的例子和注意事项来支持你的回答。

3. AI回复

根据这些痛点，我制作了下面的表格（见表6.1）。

表6.1　5W2H分析

痛点	是什么（What）	为什么（Why）	何地（Where）	何时（When）	谁（Who）	如何做（How）	结果如何（How much/many）
1. 领导	不能快速了解各部门项目的概况及详情	日常工作事项繁多，需要系统提供简明易懂的信息	领导层	日常工作中	系统平台	提供智能化的数据报表及可视化图表，能够交互操作，而且简洁明了	领导层能快速了解部门内各小组的项目进展及详细情况

续表

痛点	是什么 （What）	为什么 （Why）	何地 （Where）	何时 （When）	谁 （Who）	如何做 （How）	结果如何 （How much/many）
2.PMO	平台无法快速响应管理要求，UI交互复杂	需要快速响应管理要求，降低项目经理上手成本	PMO部门	日常项目管理中	系统平台	提供快速的需求开发，提升UI交互易用性	提高项目管理的效率和成功率
3.项目经理	管理成本高，效率低	缺乏项目过程指引和关键里程碑管理及智能提醒	项目经理团队	日常具体工作中	系统平台	提供项目过程指引，以及关键里程碑管理和智能提醒功能	降低管理成本，提高管理效率
4.内控人员	缺乏数据和信息	无法了解外包团队情况和项目预算使用情况	内控组	外包人力管理和预算管理中	系统平台	提供外包团队情况和项目预算使用情况的数据和信息	更好地进行外包人力管理和预算管理
5.项目成员	无法及时获取资源估算和项目架构信息	无法做好资源分配和安全性评估	项目团队	日常工作中	系统平台	提供资源估算和项目架构信息	更好地进行资源分配和安全性评估

4. AI回复点评

AI对20多个痛点进行总结，提炼出5个主要痛点，并且对这5个痛点按照5W2H做了细化分析。这显然不仅是文字总结，而且是逻辑分析。基于AI的分析，可建议在项目管理平台升级项目中考虑以下改进。

- 针对领导层和PMO的需求，加强数据报表和可视化图表功能，提供概览和详细信息展示，以及增强快速响应管理要求的能力。
- 为项目经理提供项目过程指引、关键里程碑管理和智能提醒功能，帮助降低管理成本和提高效率。
- 为内控人员提供外包团队情况和项目预算使用情况的数据和信息，支持外包人力管理和预算管理。
- 为项目成员提供资源估算和项目架构信息，以使他们能够更好地进行资源分配和安全性评估。

以上改进有助于满足各用户的需求，提高项目管理效率和成功率。

6.1.2　案例35：AI+六项思考帽分析

1. 知识介绍

六项思考帽分析是由爱德华·德·博诺提出的一种思维模式，用于促进全面、系统和有序地思考问题。不同颜色的"思考帽"代表不同类型的思维模式，使参与者能够从不同的角度考虑问题，激发创造性和批判性思维。

以下是对每项思考帽的简要解释。

- 白帽（客观事实）：关注问题的现状，收集和整理相关的事实数据。
- 红帽（情感与直觉）：表达情感、感受和直觉，让参与者能够自由表达感受和意见。
- 黑帽（负面思维）：扮演反对者的角色，关注问题可能存在的隐患、风险和负面影响。
- 黄帽（积极思维）：关注问题的好处、价值和积极方面，提出解决问题的建议。
- 绿帽（创造性思维）：提出新的想法、创意和可能的解决方案，鼓励自由思考。
- 蓝帽（组织思维）：扮演组织者和管理者的角色，负责引导和整合各种思维模式的输出，将各种思考整合为一个综合的解决方案。

通过"戴不同颜色的思考帽"，参与者可以从不同的视角思考问题，避免陷入单一思维模式，并能够全面、系统地分析问题，从而更好地制定决策和解决问题。这种方法常用于会议、讨论和团队决策，以促进全面和多样化的思考。

2. 输入AI

我是项目管理平台升级项目的项目经理，我挖掘到的项目痛点是××（由于篇幅所限，相关项目痛点参见附录B），请使用六项思考帽分析框架对用户提供的情景进行详细分析。应用每项思考帽来探索与假设与决策相关的不同观点和案例。考虑与每项思考帽相关的见解、情感、风险、收益、创造力和总体评估。根据每项思考帽的结果提供具体的示例和建议。请确保进行全面且结构化的分析。

3. AI回复

（1）白色思考帽：客观事实

①领导层需要快速了解部门内各小组的项目进展情况。

②PMO希望系统能够快速响应管理要求，并提供定制智能报表和关键里程碑功能。

③项目经理需要系统提供项目过程指引、项目资源使用情况和团队成员工作负荷等信息。

④内控人员需要系统提供外包团队情况、项目预算使用情况和财务报表。

⑤项目成员需要系统提供项目资源估算情况、资源使用情况和项目架构信息。

（2）红色思考帽：情感与直觉

①领导层可能感到繁忙，需要快速了解项目进展以做出决策。

②PMO可能感到压力，需要快速掌握项目风险和关键里程碑情况来提高项目成功率。

③项目经理可能感到管理成本高，希望系统能提供方便的项目过程指引和智能提醒功能。

④内控人员可能感到困惑，需要系统提供准确的数据和报表，帮助他们管理外包团队和项目预算。

⑤项目成员可能感到不确定，需要系统提供准确的资源信息和安全性评估。

（3）黑色思考帽：负面思维

①如果系统无法满足领导层快速了解项目进展的需求，就可能导致决策延误或错误。

②如果系统无法快速响应PMO的管理要求，就可能导致项目管理效率低和风险管理不及时。

③如果系统缺乏项目过程指引和智能提醒功能，就可能导致项目经理管理困难和错失关键信息。

- 如果内控人员无法获得准确的外包团队情况和财务报表，就可能导致预算管理混乱和决策错误。
- 如果项目成员无法获取准确的资源信息和安全性评估数据，就可能导致资源浪费和出现安全隐患。

（4）黄色思考帽：积极思维

①如果系统能提供各部门项目的概况和详情，就可以帮助领导层快速了解整体情况并做出决策。

②如果系统能快速响应PMO的管理要求并提供定制的智能报表，就可以提高项目管理效率和成功率。

③如果系统能提供项目过程指引、关键里程碑管理和智能提醒，就可以降低项目经理的管理成本，提高团队效率。

④如果系统能提供外包团队情况、预算使用情况和财务报表，就可以帮助内控人员更好地管理外包团队和项目预算。

⑤如果系统能提供资源估算和项目架构信息，就可以帮助项目成员提前做好资源分配和安全性评估。

（5）绿色思考帽：创造性思维

①为领导层提供可视化数据和简明易懂的信息，以便领导层可以快速了解项目进展。

②开发功能强大且易于使用的UI界面，降低项目经理的上手成本，提高管理效率。

③提供高效的风险管理工具，帮助PMO及时识别和应对项目风险。

④提供定制的智能报表，并实时推送给相关用户，满足领导层和内控人员的需求。

⑤提供关键里程碑管理和智能提醒功能，帮助项目经理及时掌握项目进展和团队工作负荷。

⑥与OA等外部系统联动，快速发起和获取OA相关流程，提高项目整体运作效率。

（6）蓝色思考帽：组织思维

基于以上思考帽分析，提出以下建议。

①强调数据可视化和信息展示清晰、易读，满足领导层快速了解项目进展的需求。

②提升UI交互易用性，降低项目经理的上手成本，并加强系统对项目风险的监测和应对能力。

③注重系统的项目过程指引和智能提醒功能，从而提高项目经理的管理效率，提升团队工作负荷的可见性。

④确保系统能与OA等外部系统联动，实现流程的高效推进和信息的即时传递。

⑤支持内控人员获取准确的外包团队情况、项目预算使用情况和财务报表。

⑥提供准确的资源估算和项目架构信息，满足项目成员对资源分配和安全性评估的需求。

4. AI回复点评

AI从六个不同的思考角度对项目管理平台升级项目中的痛点进行了分析并提出了建议。综合以上分析，项目管理平台升级项目应注重提供信息展示清晰、易读，以及数据可视化和智能化等功能，同时满足不同用户群体的需求，帮助领导层、PMO、项目经理、内控人员和项目成员更好地进行项目管理和协作。

当然"戴思考帽"也是有顺序的，如图6.1所示。

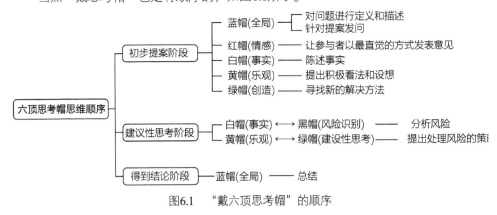

图6.1 "戴六顶思考帽"的顺序

6.1.3 案例36：AI+SCAMPER模型

1. 知识介绍

SCAMPER模型是一种启发式思维工具，用于激发创造性思维，并推进改进、创新或问题解决的过程。它由美国教育家和发明家亚历克斯·奥斯本提出，通过对问题进行重新审视和重新构想，寻找改进和创新的方法（见图6.2）。

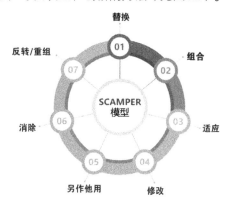

图6.2 SCAMPER模型

SCAMPER模型包括以下几个问题，每个问题都代表一种思维角度。

- 替换（Substitute）：是否可以用其他事物或元素替代原有的部分或整体？
- 组合（Combine）：是否可以将不同的元素、观念或概念组合在一起？
- 适应（Adapt）：是否可以对现有的部分或整体进行调整、改变或适应？
- 修改（Modify）：是否可以对现有的事物进行改动，如更改形式或外观？
- 另作他用（Put to another use）：是否可以赋予现有的事物新的用途或目的？
- 消除（Eliminate）：是否可以去除或减少不必要或无用的部分？
- 反转/重组（Reverse/Rearrange）：是否可以对现有事物进行反向思考或重组排列？

通过回答这些问题，SCAMPER模型鼓励人们重新思考问题，并激发出新的创意、新的解决方案或新的改进方法。它可以应用于不同领域，如产品设计、创业、教育等，以推动创新和改进。SCAMPER模型鼓励人们从不同角度思考问题，并挑战传统的思维模式，寻找新的解决方案和创意。

2. 输入AI

我是项目管理平台升级项目的项目经理，我挖掘到的项目痛点是××（由于篇幅所限，相关项目痛点参见附录B），请针对以上痛点运用SCAMPER模型进行分析，即用户可能寻求改进现有的产品、服务、过程或想法，为了帮助他们，你可以使用SCAMPER模型。

请记住，使用SCAMPER模型的目标是帮助用户看到问题的新视角，并发现新的解决方案。

3. AI回复

以下是对每个痛点应用SCAMPER模型进行分析后提出的建议。

（1）领导层

①Substitute（替换）。使用项目概述仪表盘，提供部门内各小组的项目进展情况的快速概览；用可视化报表和图表替代纯文本信息，更直观地展现项目的详细情况。

②Adapt（适应）。根据领导层的需求定制智能化报表，根据其关注的指标和数据展示方式进行个性化配置。

（2）PMO

①Combine（组合）。整合敏捷开发方法论和工作流程，加快需求开发速度并快速响应管理需求；结合UI专家的意见和反馈，优化平台的用户界面和交互设计，降低项目经理的上手成本。

②Modify（修改）。创建项目风险管理模块，通过智能化机制自动发现和提醒项目风险，并提供相应的应对方案；实现定制智能报表功能，根据项目经理的需求生成定制的报表，并实时推送给相关用户。

（3）项目经理

①Adapt（适应）。在平台中集成项目管理最佳实践和指导原则，为项目经理提供项目过程指引和支持。

②Reverse/Rearrange（反转/重组）。设计关键里程碑管理模块，提供智能提醒和进度跟踪功能，帮助项目经理掌握项目进展并及时采取行动；创建资源利用率分析模块，让项目经理清晰了解项目资源的使用情况和当前可用资源状况。

（4）内控人员

①Combine（组合）。整合外包人力管理模块，为内控人员提供外包团队情况、项目预算使用情况和部门预算分配情况的数据。

②Modify（修改）。开发财务汇报模块，自动生成项目的财务报表，并根据财务汇报周期自动更新。

（5）项目成员

①Substitute（替换）。引入资源估算工具，根据项目需求和规模提供准确的资源估算，帮助项目成员提前做好资源分配。

②Adapt（适应）。提供资源使用情况仪表盘和可视化图表，让项目成员快速了解各项目的资源使用情况。

4. AI回复点评

AI使用了SCAMPER模型对不同角色的痛点进行了分析，并提出了相应的解决方案。对于领导层，建议替换和适应，通过使用项目概述仪表盘和可视化报表来提供快速概览，并直观展现项目详细情况。对于PMO，建议组合和修改，整合敏捷开发方法论和工作流程，并优化用户界面以提高工作效率。对于项目经理，建议适应和反转/重组，集成最佳实践，提供关键里程碑管理和资源利用率分析模块。对于内控人员，建议组合和修改，整合外包人力管理模块并开发财务汇报模块。对于项目成员，建议替换和适应，引入资源估算工具，并提供资源使用情况仪表盘。

这些建议旨在解决各角色在项目管理过程中的痛点，为他们提供更好的工具和支持，以提高效率和减轻工作负担。这些改进措施可以促使项目顺利进行，并提高整体绩效。

通过使用SCAMPER模型，AI可以为每个痛点找到改进和创新的思路，优化项目管理平台，满足各用户的需求和期望。请记住，这些只是初步的建议，具体实施时需要结合实际情况进行调整和改进。

6.1.4　案例37：AI+思维树模型

1. 知识介绍

思维树模型是一种用于组织和展示思维过程和关联概念的工具。它将主题或问题作为根节点，从根节点延展出不同的分支，并在每个分支上添加相关联的子节点，形成一个层次结构的树状图。每个节点都代表一个特定的概念、观点或想法，而分支则代表它们之间的关系。

思维树模型常常用于厘清概念、解决问题、决策分析和知识组织等领域。它可以帮助人们系统化地思考和探索一个主题，并将复杂的问题划分为更小的部分，使问题的理解和解决更加容易。

通过思维树模型，人们可以清晰地列出不同想法之间的逻辑关系和层次结构，有助于深入思考、运用批判性思维及全面理解问题。它还可以帮助人们发现问题中的关键因素，确定解决方案的优先级，并促进团队合作和沟通交流。

2. 输入AI

我是项目管理平台升级项目的项目经理，我挖掘到的项目痛点是××（由于篇幅所限，相关项目痛点参见附录B），请针对以上痛点运用思维树模型进行分析，即分析用户提出的问题，并通过以下步骤来解决问题：

- 在考虑各种因素的同时集思广益，提出四种不同的解决方案。
- 对于每个解决方案，都评估其潜力。考虑利弊、所需的初始努力、实施难度、潜在挑战和预期结果。根据这些因素为每个选项分配成功概率和置信度，并对它们进行排名，选出排名最高的两个解决方案。

3. AI回复

思维树模型分析如下。

（1）领导层

痛点1：无法快速了解部门内各小组的项目进展情况。

解决方案：开发系统模块，提供项目概况和项目详情的信息展示功能，包括项目进度、问题、风险等。

痛点2：无法快速了解项目的详细情况。

解决方案：提供项目详细信息的查询功能，包括项目计划、资源分配、任务进展等。

痛点3：缺乏智能化的数据报表及可视化图表。

解决方案：开发智能报表模块，提供各类数据报表和可视化图表，帮助领导层直观了解项目情况。

痛点4：系统交互与操作复杂、困难，信息展示没有做到清晰、易读。

解决方案：优化系统的界面设计和交互流程，确保操作便捷、界面清晰、信息可读性强。

（2）PMO

痛点1：系统需求开发速度慢，无法快速响应管理要求。

解决方案：加快开发速度，缩短需求开发周期，建立即时沟通渠道，及时响应管理要求。

痛点2：UI交互不易用，项目经理上手成本高。

解决方案：优化系统的用户界面设计，提供友好的用户体验和操作指引，降低项目经理的上手成本。

痛点3：无法快速了解项目风险并做出应对，影响项目成功率。

解决方案：开发风险管理模块，及时识别和评估项目风险，并提供相应的风险应对措施和预警机制。

痛点4：缺乏定制智能报表功能，无法实时推送给相关用户。

解决方案：开发定制智能报表功能，允许用户根据需求定制报表内容，并设置实时推送机制。

痛点5：无法直观掌握各关键里程碑及时间节点，无法及时应对。

解决方案：提供关键里程碑管理和智能提醒功能，帮助项目经理直观掌握项目进展和关键时间节点，及时做出应对。

（3）项目经理

痛点1：缺乏项目过程指引。

解决方案：开发项目过程导航功能，为项目经理提供详细的项目执行指南和最佳实践。

痛点2：缺乏关键里程碑管理和智能提醒功能。

解决方案：提供关键里程碑管理工具，包括设置关键里程碑、跟踪进度、发送提醒等功能，帮助项目经理及时了解重要事件。

痛点3：无法快速了解项目需求进展情况。

解决方案：开发需求管理模块，让项目经理能够实时掌握项目需求进展情况。

痛点4：无法清晰了解项目资源使用情况。

解决方案：提供资源管理工具，包括资源分配、使用情况统计等功能，帮助项目经理有效管理和优化项目资源。

痛点5：无法快速了解团队成员的工作负荷。

解决方案：开发工作负荷管理模块，让项目经理能够了解团队成员的工作负荷情况，并做出适当调整。

痛点6：无法清晰了解项目人力缺口。

解决方案：提供人力资源管理工具，帮助项目经理及时了解项目的人力需求和缺口，并采取相应措施。

痛点7：无法管理项目风险并发出预警。

解决方案：提供风险管理模块，让项目经理能够识别和评估项目风险，并采取相应措施进行风险管理和发出预警。

痛点8：无法与OA等外部系统联动，无法快速发起和获取OA相关流程。

解决方案：实现与OA等外部系统的集成，提供与OA流程的无缝衔接，方便项目经理快速发起和获取相关流程。

（4）内控人员

痛点1：无法快速了解外包团队情况。

解决方案：提供外包团队管理模块，包括团队成员信息、工作分配、工作量统计等，帮助内控人员全面了解外包团队情况。

痛点2：无法快速了解项目预算使用情况。

解决方案：开发预算管理模块，记录和分析项目预算的使用情况，为内控人员提供准确的数据和信息。

痛点3：部门预算在各项目中的分配情况不清晰。

解决方案：提供预算分配管理工具，记录和查看部门预算在各项目中的分配情况，方便内控人员进行预算控制和管理。

痛点4：财务汇报周期内不能自动生成项目的财务报表。

解决方案：开发财务管理模块，自动生成项目的财务报表，方便内控人员进行财务分析和编制报告。

痛点5：无法了解外包团队在各项目中的工作量和工作完成情况。

解决方案：提供外包团队工作量和完成情况统计功能，及时了解外包团队在各项目中的工作情况。

（5）项目成员

痛点1：无法提前了解项目的资源估算情况。

解决方案：提供资源估算模块，让项目成员在项目启动之前就能获得项目资源的估算情况，有针对性地做出准备。

痛点2：无法快速了解项目的资源使用情况。

解决方案：提供资源使用情况查看功能，使项目成员可以实时了解项目的资源占用和资源剩余情况。

痛点3：无法快速了解项目的应用架构和部署架构。

解决方案：提供应用架构和部署架构的可视化展示功能，使项目成员可以直观了解项目的架构和安全性评估。

4. AI回复点评

AI对这些痛点按照思维树模型进行了发散分析。

根据以上痛点分析，可以制订具体的解决方案来满足不同用户的需求。例如，要注重系统的信息展示和交互设计，提供智能化的功能和定制化的报表，与外部系统进行联动，以提高整个项目的管理效率和协作效果等。AI针对每个痛点给出了解决方案，目的主要是进行发散分析，防止考虑不全面。

6.2　AI的聚焦思维应用案例

根据发散思维，AI给出了很多解决方案，现在需要对这些方案进行聚焦，找出优先级最高的方案。

6.2.1　案例38：AI+OKR模型

1. 知识介绍

OKR（Objectives and Key Results，目标与关键结果）模型是一种目标管理方法，常用于设定和达成目标（见图6.3）。OKR实施计划是指在使用OKR模型时所制订的具体计划和步骤，用于有效地设定、跟踪和实现目标。

图6.3　OKR模型

OKR实施计划通常包括以下内容。

- 设定目标：确定关键目标，包括大致方向和结果。目标应该明确、简洁并具有挑战性，同时与组织的战略和愿景保持一致。
- 设定关键结果：为每个目标设定关键结果，即可量化和可衡量的结果或里程碑，用于衡量目标的实现程度。关键结果应具体、可衡量、具有挑战性，并与目标直接相关。
- 确定所有者：确定每个目标和关键结果的责任人。所有者负责推动目标的实现，并确保相应的行动计划得到落实。
- 制订行动计划：为每个目标和关键结果制订具体的行动计划。行动计划应该明确指定需要采取的步骤、资源需求、时间表和评估标准。
- 周期性评估和调整：定期评估目标和关键结果的进展，及时进行修正和调整。这可以包括周、季、年度的评估，以保持OKR实施计划的敏捷性和适应性。
- 沟通和协作：确保采取适当的沟通和协作手段，使所有相关人员都了解目标、关键结果和行动计划。这有助于促进愿景共享、团队合作和向着目标共同努力。

通过OKR实施计划，组织可以更有针对性地设定目标，激发团队的动力和创造力，提高绩效，并不断实现战略性目标。

2. 输入AI

解决方案：具体方案参见附录B。请根据以上方案制订OKR实施计划。

3. AI回复

根据您提供的解决方案，以下是一份可能的OKR实施计划。

目标：增加项目管理平台的功能，提升用户体验。

关键结果1：开发系统模块，实现项目概况和项目详情的信息展示功能，包括项目进度、问题、风险等。

关键结果2：提供项目详细信息的查询功能，包括项目计划、资源分配、任务进展等。

关键结果3：开发智能报表模块，提供各类数据报表和可视化图表，帮助领导层直观了解项目情况。

关键结果4：优化系统的界面设计和交互流程，确保操作便捷、界面清晰、信息可读性强。

关键结果5：加快开发速度，缩短需求开发周期，建立即时沟通渠道，及时响应管理要求。

关键结果6：优化系统的用户界面设计，提供友好的用户体验和操作指引，降低项目经理的上手成本。

4. AI回复点评

AI根据输入的解决方案分析出目标和关键结果，这些关键结果有助于实现目标，并持续改进项目管理平台的功能和用户体验。得到这些关键结果将为管理团队提供更好的项目协调和决策支持，并提高项目执行效率和质量。可以根据实际需求和资源进一步调整和制订具体行动计划。

6.2.2 案例39：AI+优先级排序

1. 知识介绍

优先级排序的知识和重要性，可以参考本书1.3.5节的相关内容，此处不再赘述。

2. 输入AI

解决方案：具体方案参见附录B。请对以上方案进行优先级排序，并说明排序理由。

3. AI回复

根据上述解决方案，将其按照优先级从高到低排序如下。

①开发系统模块，提供项目概况和项目详情的信息展示功能，包括项目进度、问题、风险等。

理由：此方案是项目管理的基础，能够使项目经理快速获取项目的核心信息，以便及时了解项目进展，为后续决策提供依据。

②提供项目详细信息的查询功能，包括项目计划、资源分配、任务进展等。

理由：有了基础的项目概况和详情信息，项目经理就能够更深入地了解项目的各种细节，做出更精准的决策。

③开发智能报表模块，提供各类数据报表和可视化图表，帮助领导层直观了解项目情况。

理由：领导层需要从宏观角度了解项目的整体情况，智能报表可以以数据驱动的方式为领导层提供决策支持。

④优化系统的界面设计和交互流程，确保操作便捷、界面清晰、信息可读性强。

理由：易于使用和阅读的界面可以大大提升用户的使用体验，进而提高工作效率。

⑤开发风险管理模块，及时识别和评估项目风险，并提供相应的风险应对措施和预警机制。

理由：有效的风险管理是项目成功的关键因素之一，能够预防和应对潜在的项目风险。

⑥开发定制智能报表功能，允许用户根据需求定制报表内容，并设置实时推送机制。

理由：定制化的报表能更好地满足不同用户的需求，增强数据分析和报告的针对性。

⑦提供关键里程碑管理和智能提醒功能，帮助项目经理直观掌握项目进展和关键时间节点，及时做出应对。

理由：关键里程碑管理和智能提醒能帮助项目经理关注关键事件和时间节点，确保项目按计划进行。

⑧开发项目过程导航功能，为项目经理提供详细的项目执行指南和最佳实践。

理由：项目过程导航能为项目经理提供执行项目的指南和最佳实践，确保项目按照最佳方式实施。

⑨提供关键里程碑管理工具，包括设置关键里程碑、跟踪进度、发送提醒等功能，帮助项目经理及时了解重要事件。

理由：关键里程碑管理工具能帮助项目经理更好地跟踪和管理重要事件，提高项目管理效率。

⑩开发需求管理模块，让项目经理能够实时掌握项目需求进展情况。

理由：需求管理是项目管理中的重要环节，实时掌握需求进展情况有助于项目经理对项目进行整体把控。

⑪提供资源管理工具，包括资源分配、使用情况统计等功能，帮助项目经理有效管理和优化项目资源。

理由：有效的资源管理能帮助项目经理合理分配资源，提高资源利用率。

⑫开发工作负荷管理模块，让项目经理能够了解团队成员的工作负荷情况，并做出适当调整。

理由：工作负荷管理能帮助项目经理更好地平衡团队成员的工作量，避免资源过度分配。

⑬提供人力资源管理工具，帮助项目经理及时了解项目的人力需求和缺口，并采取相应措施。

理由：了解项目的人力需求和缺口是确保项目顺利进行的关键因素之一。

4. AI回复点评

AI按照比较合理的逻辑，对所输入内容的优先级进行了排序。在本案例中，AI认为优先级最高的任务是项目管理的基础工作。当然，你也可以给出建议的优先级顺序，让AI按照你的优先级顺序对所输入内容进行排序。AI同时给出了相应的排序理由，说明了它们对项目管理的重要性，涵盖了项目概况、详细信息查询、智能报表、界面设计、风险管理、定制智能报表、关键里程碑管理、项目过程导航、资源管理、工作负荷管理和人力资源管理等方面。

6.3　AI的结构思维应用案例

6.3.1　案例40：AI+金字塔原理的逻辑分析

1. 知识介绍

金字塔原理是一种逻辑思考和组织信息的工具和方法。它最初由美国顾问芭芭拉·明托提出，并被广泛应用于商业沟通和演示中。

金字塔原理的基本概念是：将信息按照逻辑顺序进行层级划分，使听众或读者可以更容易地理解和接受所呈现的内容。其核心思想是将信息按照从总体到细节、从重要到次要的结构组织，形成层层展开的金字塔形状。

具体而言，金字塔原理的逻辑分析包括以下几个步骤。

- 确定主旨：明确要传达的核心信息或主题。
- 划分逻辑结构：将核心信息划分为几个主要观点或部分，每个主要观点进一步拆分为支持观点或细节。
- 排列逻辑顺序：将各主要观点按照一定的逻辑顺序排列，通常按照从总体到细节、从重要到次要的顺序。
- 使用概括性语句：用简明的概括性语句描述每个主要观点和支持观点，以便让听众或读者更快地理解。
- 使用合适的连接词：使用适当的连接词和过渡词，确保观点之间流畅衔接。

通过以上步骤，金字塔原理可以帮助人们清晰地组织思路，把握信息的重点和层次关系，从而更有效地传达和阐述观点。

2. 输入AI

解决方案：具体方案参见附录B。请根据以上方案，根据金字塔原理进行归纳。

3. AI回复

根据金字塔原理，可以将这些解决方案归纳为以下三个层次。

（1）基础信息展示和查询

这一层包括项目概况、项目详情、项目计划、资源分配、任务进展等信息的展示和查询功能。这是项目管理平台最基础的功能，可以帮助项目经理和团队成员快速了解项目的各方面情况，做出相应决策。

（2）智能报表和风险管理

这一层包括智能报表模块、风险管理模块等。智能报表可以提供各类数据报表和可视化图表，帮助领导层直观了解项目情况；风险管理模块则可以及时识别和评估项目风险，并提供相应的风险应对措施和预警机制。这些功能可以提高决策效率和准确性。

（3）定制化功能和集成

这一层包括定制智能报表、与OA等外部系统的集成、外包团队管理等。这些功能可以满足不同用户的需求，提升系统的灵活性和可用性。例如，定制智能报表可以让用户根据需求定制报表内容，并设置实时推送机制；与OA等外部系统的集成可以使项目经理快速发起和获取相关流程；外包团队管理可以帮助内控人员全面了解外包团队情况。

4. AI回复点评

在AI看来，以上解决方案可以归纳为三个层次：基础信息展示和查询、智能报表和风险管理、定制化功能和集成。这些功能可以满足不同用户的需求，提升系统的可用性和灵活性。

6.3.2　案例41：AI让流水账日报变得有逻辑

1. 知识介绍

本案例对流水账一样的日报进行全面改造，使其焕然一新、富有内涵且有条理。第一步是明确使用者的任务目标。在本案例中，任务目标非常简单——将日报改写为有逻辑、令人眼前一亮的形式。

第二步是使用者对AI发布任务指令。首先，明确角色定义。在本案例中，使用者可以将AI定义为日报助手，负责协助使用者改写质量高、结构性和逻辑性强的日报。其次，定义背景信息。使用者扮演项目经理的角色。最后，定义任务目标。在本案例中，任务目标很明确，即改写这份日报。但不要直接告诉AI要求逻辑清晰，因为这个要求比较模糊，AI可能理解不了。为了提高输出质量，使用者需要将逻辑清晰拆解成更具体的要求。例如，使用者的要求是将日报拆分为四个模块：已完成的工作、未完成的工作、需要的帮助及明日待办。这样，AI输出的结果就会按照使用者列出的模块呈现，更符合使用者的要求。

2. 输入AI

你是我的日报助手，负责帮我把日报改写得更加通顺，质量更高。我是某项目的项目经理，我要向你发送一份我的日报，你帮我按照四个模块进行改写，四个模块分别是：已完成的工作、未完成的工作、需要的帮助及明日待办。如果明白了，请回答："明白了，请发日报。"

3. AI回复

明白了，请发日报。

4. 第二次输入AI

今天是周五，我作为项目经理开始了一天的琐碎工作。

早上9点，我来到办公室，第一件事就是检查电子邮箱。我浏览了一下收件箱，发现有几封重要的邮件需要回复。我立即开始回复邮件，确保及时解决问题并与团队顺畅沟通。

随后，我在项目管理软件中更新了项目进展情况，包括任务完成情况、时间预估和资源分配等。我还检查了任务清单，确保每个成员都有明确的任务，并安排了必要的会议和讨论。

中午12点，我和项目团队成员聚餐，这是团建的一部分，目的也是加强团队合作和沟通。在用餐期间，我与团队成员闲聊，了解大家的工作情况和需求，并提供必要的支持和帮助。

下午2点，我开始进行项目风险管理。我仔细分析了项目可能面临的各种风险，并制定了相应的对策和计划。我与团队成员进行了一次会议，讨论如何有效应对可能的风险，并确保项目顺利进行。

接下来，我开始与客户沟通，在电话会议中向客户汇报项目进展情况，并回复客户的疑问和建议。我确保与客户之间关系良好，同时将客户的反馈传达给团队成员，以便项目能够不断改进和优化。

晚上7点，我回到家中，继续处理一些与项目相关的文档和报告。我花费了数小时整理和编写项目的详细报告，以便后续的工作和评估顺利开展。

最后，我检查了明天的日程安排，并将一些重要的事项列入待办清单。我确保自己已做好充分准备，应对接下来的挑战和任务。

5. 第二次AI回复

以下是根据你提供的信息，按照四个模块改写的日报。

（1）已完成的工作

- 回复了几封重要的邮件，确保与团队顺畅沟通。
- 更新了项目进展情况和任务清单，确保每个成员都有明确的任务。

（2）未完成的工作

尚未解决项目风险管理中的潜在风险，需要进一步制定对策和计划。

（3）需要的帮助

暂无特殊需要。

（4）明日待办

- 继续进行项目风险管理，制订相应的对策和计划。
- 进行电话会议，向客户汇报项目进展情况。
- 整理和编写项目的详细报告。

6. AI回复点评

在本案例中，AI将输入的杂乱无章的工作内容拆分为四个模块：已完成的工作、未完成的工作、需要的帮助及明日待办，让日报的逻辑更加清晰。

第7章 ▷▷▷

AI让执行者更高效

AI在执行者的工作中扮演着越来越重要的角色。通过引入AI，执行者可以更高效地完成任务，并且在处理复杂问题时获得准确的结果。具体来说，AI可以在信息的总结和提取、沟通、写作、数据分析与统计、不同格式文档的转换、快速入门一个领域等方面起到很大作用。

7.1 信息总结和提取（听和看）

AI可以通过了解文本的主题、结构和语言特点，对文字进行总结和提取重点。

对于一些较为简短的文本，如新闻报道，AI可以使用其内部训练模型来确定文本的关键信息和主题，并生成简洁、准确的摘要，帮助用户更好地理解文本内容。

对于较长的文本，如学术论文或小说，AI可以分析文本的章节结构、段落结构和关键词，以确定文本的主题和重点，并从中提取出最重要的信息，将这些信息汇总到摘要中。

有些AI工具也可以实现对音频文件、视频文件的信息总结和提取。

目前，有很多AI工具可以支持根据录音自动生成会议纪要，最常见的工具之一就是腾讯会议。用户可以在会议中开启录音，并在会议结束后自动将录音转化为文字纪要。但是请注意，在使用这些工具时，要遵守相关法律法规并保护会议信息的安全。如涉及机密或敏感信息，请妥善处理。

常见的视频AI工具如百度网盘"云一朵"AI智能助理，如图7.1所示。它可以根据用户保存在百度网盘的视频，自动生成文稿和课件及视频总结。

图7.1 百度网盘"云一朵"AI智能助理入口

7.2 八面玲珑的沟通（说和写）

AI可以提供工作和生活中的高情商应对方案。

7.2.1 案例42：AI+职场复杂场景应对

1. 知识介绍

职场复杂场景应对是非常重要的，体现在以下几个方面：

- 解决问题和化解冲突。职场中会出现各种问题和冲突，能够应对并妥善解决这些问题，有助于维护工作环境的稳定及和谐。强大的问题解决和冲突管理能力可以提高团队的合作效率，并增强领导者的影响力。

- 提高工作效率和质量。职场常常充满了紧张和竞争，面对各种压力和挑战，具备应对复杂场景的技能可以帮助人们更好地处理各种情况，保持高效的工作状态。有效应对复杂场景有助于避免浪费时间和资源，提高工作效率和质量。

- 加强人际关系和团队合作。职场是一个人与人相互协作的环境，人际关系和团队合作非常重要。面对复杂场景时，如果能够灵活处理，妥善沟通和协商，处理好与同级、上司和下属之间的关系，就能建立良好的人际关系，增强团队的凝聚力。

- 增强自信和适应能力。在职场中经历复杂场景的挑战和应对，可以增强个人的自信和适应能力。适应能力是职业生涯成功的关键因素之一。面对各种复杂场景时，能够快速调整自己的思维和行为，找到最合适的解决方案，就能更好地应对职业发展的变化和挑战。

总之，职场复杂场景应对的重要性在于能够帮助人们解决问题、化解冲突，提高工作效率和质量，加强人际关系和团队合作，以及增强自信和适应能力。这些能力对于成功的职业生涯和个人发展都是非常重要的。但是职场复杂场景的应对又是非常困难的。AI可以根据你提供的职场复杂场景分析该如何行动。

2. 输入AI

我是一位项目经理，负责管理一个由不同部门成员组成的项目团队。最近，我的团队遇到了一个复杂的问题：两位成员发生了激烈的争执，导致团队合作受阻。这个问题影响了整个团队的氛围和工作效率，需要采取措施解决。请帮我分析该如何行动。

3. AI回复

作为项目经理，化解团队内部冲突是您的重要职责之一。下面是一些建议，希望能帮助您解决这个复杂问题。

（1）定期沟通

与两位发生争执的成员进行个别会议，倾听他们的意见和不满，并鼓励彼此交流，了解他们发生争执的根本问题和原因。

（2）中立调停

作为项目经理，您应该保持中立并充当中间人，帮助两位成员达成共识。提供一个安全的环境，让他们表达观点，并就问题进行深入讨论。

（3）促进沟通

鼓励团队成员通过建立正式或非正式的沟通渠道来解决问题。可以采用日常例会、定期团队会议或小组项目会议等方式，为团队成员提供分享观点和解决问题的机会。

（4）寻求双赢的解决方案

帮助两位成员意识到他们是同一个团队的一部分，他们有共同面对的挑战和目标。引导他们寻找合作机会，找到双赢的解决方案。

（5）组织团队建设活动

组织一些团队建设活动，如团队建设游戏、工作坊等，这有助于加强成员之间的互动和合作，改善团队氛围。

（6）寻求领导支持

如果以上方法无法解决问题，建议您寻求上级或其他管理者的支持和指导。他们可能能够提供更多的资源和建议，帮助您解决这个问题。

最重要的是保持开放的心态，并持续关注团队成员之间的互动和合作。只有积极沟通和合作，才能化解争执，保证团队的工作效率和成员的积极性。

4. AI回复点评

AI针对项目团队成员的冲突给出了六种有效的解决方案：定期沟通、中立调停、促进沟通、寻求双赢的解决方案、组织团队建设活动、寻求领导支持。当然，你也可以继续追问某个方案的实施细节，直到满意为止。

职场情况复杂多变，AI可以作为你的职场顾问，帮你应对复杂的情况，提出适合你的应对方案；也可以作为你的心灵导师、心理顾问，让你心平气和地接受现状，面对未来。

7.2.2　案例43：AI+高情商沟通

1. 知识介绍

高情商沟通可不是一件简单的事情。EQ（Emotional Intelligence，情商）指的是一个人在情绪识别、理解自己和他人的情感及有效管理情绪方面的能力。在回复他人的问题时，高情商至关重要。AI可以帮助你进行高情商沟通，不伤和气。

2. 输入AI

同事对我说："我本来今天要和×××公司签合同，结果不知道什么原因，对方通知我今天合同不签了。"我该怎么回复他？

3. AI回复

我很抱歉听到你今天合同不签了的消息。这对你来说可能是令人失望和挫败的。我明白这可能给你带来一些疑虑和焦虑。

在这种情况下，我想给你一些建议来帮助你处理当前的局面，并找到适合你的解决方案。

（1）接受自己的情绪

意识到并接受感到失望和沮丧是自然的反应。给自己一点时间来处理这种情绪，并让自己缓解压力。

（2）寻求支持

和亲朋好友分享你的感受，他们可以提供理解和鼓励。不要独自承受，与他人交流可以帮助你更好地面对困境。

（3）思考原因

了解为什么合同不签了可能有助于你找到解决问题的方法。是否有任何限制条件或困难？这将帮助你避免类似情况出现，并为将来做好准备。

（4）自我反思与调整

反思你在合同谈判中的角色和表现，看看是否有任何需要改进的地方。寻找机会提升自己的能力和技巧，以便将来在类似的场合中更好地表现。

（5）寻找其他机会

尽管当前合同没有签，但请继续寻找其他机会和可能的合作伙伴。保持积极、专注和耐心，相信适合你的机会总会出现。

（6）放松和调整心态

在面对挫折时，重要的是保持积极的心态。尝试做一些放松和调整心态的活动，如冥想、运动或追求个人喜好，以帮助你恢复平静和信心。

希望这些建议能够帮助你处理当前的情况，并为未来找到更好的机会。不要忘记，困难并不代表失败，每次挫折都是成长的机会。祝你早日走出困境，取得成功！

4. AI回复点评

在职场高情商沟通中，AI可以发挥以下几方面的作用。

（1）情感识别和情感分析

AI可以通过语音、文字等方式来识别和分析人的情感状态。在沟通和回复中，AI可以通过分析对话双方的语气、情绪等信息，更好地理解用户的需求和情感状态，从而做出更加个性化和适当的回复。

（2）情境分析和应变

AI能够分析和理解大量的上下文信息，通过深度学习等技术，在不同情境下做出

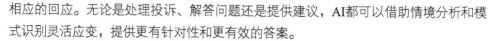

相应的回应。无论是处理投诉、解答问题还是提供建议，AI都可以借助情境分析和模式识别灵活应变，提供更有针对性和更有效的答案。

（3）自然语言处理和智能推荐

AI在自然语言处理方面取得了很大的进展，可以更准确地理解人类提问，并给出相应的答案。同时，基于机器学习和推荐算法，AI还可以根据用户的需求和喜好，智能推荐相关的内容和建议。

（4）个性化服务和关系建立

AI可以通过分析个人信息和历史记录，为每位用户提供个性化的服务。在回复中，AI可以根据用户的兴趣爱好、偏好等，给予定制化的回复和建议，从而提升用户体验感和满意度。

需要注意的是，虽然AI在高情商沟通中有一定的作用，但目前的技术仍不完善，AI在理解复杂的情感、判断人物动机等方面还不够成熟。因此，在涉及人情世故和复杂情感的情境下，人类的人际沟通技巧和智慧仍然是至关重要的。

7.2.3 案例44：AI+策略性责任转移

1. 知识介绍

策略性责任转移，也就是在职场中转移非自己责任的工作，原因如下：

- 节约时间和精力。将非自己责任的工作交给其他适当的人，可以专注于自己的职责和工作任务，减少分心和注意力分散。
- 提高效率和生产力。将非自己责任的工作交给专业人士或更适合负责的人员，可以确保工作高效、高质完成，提高整个团队的工作效率和生产力。
- 避免责任混淆。将非自己责任的工作转移给相关责任人，有助于明确工作责任边界，避免责任混淆引发的纠纷和误会。
- 维护个人形象和职业声誉。专注于自己的职责和工作任务，做好本职工作，能够展现出自己的专业能力和工作素质，从而提升个人形象，建立良好的职业声誉。
- 充分利用资源。将非自己责任的工作交给专业人士或更适合负责的人员，可以最大限度地利用团队内部的资源，实现资源的有效配置和协同。
- 促进团队合作和增强凝聚力。在合适的情况下，将非自己责任的工作委托给其他团队成员，既展示了对他人能力的认可，也促进了团队合作，增强了凝聚力，使工作氛围更加和谐与友好。

综上所述，转移非自己责任的工作可以节约时间和精力，提高效率和生产力，避免责任混淆，维护个人形象和职业声誉，充分利用资源，促进团队合作和增强凝聚力。

AI可以帮助你分析如何转移非自己责任的工作。

2. 输入AI

在项目管理中，我是一个作者，我注意到某份重要的文档需要校对和编辑，但这不在我的职责范围之内。我可以把这项任务交给项目团队中的专业编辑人员，这样可以确保工作高质量完成，并提高整个项目的效率。同时，我可以专注于撰写和创作内容，展现出自己的写作能力和专业素质，从而维护个人形象和建立良好的职业声誉。通过合理委派任务，团队凝聚力也会增强，使整个项目更具协同合作的氛围。请帮我分析如何进行责任转移。

3. AI回复

在项目管理中，合理委派任务是非常重要的一环。当你作为一个作者，注意到有重要文档需要校对和编辑时，可以采取以下策略来转移责任。

（1）澄清职责范围

明确自己的职责范围，并确认文档校对和编辑不在其中。这可以通过客观事实强调你的专注领域，并表明这项任务不是你的责任。

回答举例："非常抱歉，我仔细考虑了一下，文档校对和编辑不在我的职责之内。我的专注领域是撰写和创作内容，为项目提供优质的内容。"

（2）提及专业人员

提及项目团队中的专业编辑人员，并建议将这项任务交给他们。强调将任务委派给专业人员，确保任务高质量完成，并指出这样做有助于提高整个项目的效率。

回答举例："然而，我们的团队中有专业编辑人员，他们拥有校对和编辑方面的专业知识和经验。我建议将这项任务交给他们，以确保任务高质量完成，同时提高整个项目的效率。这样，我就可以专注于我的核心任务，为项目提供优质的内容。"

（3）强调团队合作和合作精神

强调转移任务是为了更好地促进团队合作和增强凝聚力。表达出在转移任务的同时，你也支持并赞赏团队成员在他们擅长的领域做出贡献。

回答举例："通过合理委派任务，我们可以促进团队合作，增强凝聚力。同时，我们能够充分发挥每个人的专业素质和能力，使他们为项目的成功做出最大的贡献。这种协同合作的氛围将使我们的团队更加强大和高效。"

通过以上策略，你可以有效地转移责任，并表现出积极、合作的态度。同时，你的建议性方案可以帮助团队更好地协作，提高项目效率和质量。

4. AI回复点评

AI的回复不仅给出了合适的策略，而且给出了推荐的话术，基本上可以满足用户的要求。

在职场中，AI可以在以下几方面发挥作用，帮助进行策略性责任转移。

（1）数据记录和证据收集

AI可以在工作过程中记录和存储相关数据，并生成详尽的报告或记录，作为将责任转移给他人的依据。有了准确、完整的数据支持，你可以更好地解释和证明自己的行动和决策。

（2）工作流程追踪与分析

AI可以记录和追踪工作流程，及时记录并生成相关的数据和文档。如果他人在工作中出现错误或问题，就可以通过AI记录的信息来追溯工作流程，判断责任归属，并提供相应的证据。

（3）任务分配和监控自动化

AI可以帮助管理者自动分配任务，并监控工作进展。如果他人未能完成被分配的任务，AI就可以提供可追溯的任务分配记录和工作进展情况，表明自己已按时完成自己的职责。

（4）协同工作和分工合作

AI可以促进团队协作和分工合作，确保每个成员都有明确的职责范围。通过共享平台和即时通信工具，AI可以促进信息共享和任务分工，使每个人都清楚地知道自己的职责范围，从而避免推卸责任。

（5）避免承担不应承担的责任

通过逻辑分析、流程分析等确认可能存在的其他人员的责任，从而避免承担不应承担的责任。

尽管AI可以在策略性责任转移的情况下提供一定的支持，但是在职场中，我们自身的沟通和协调能力仍然非常重要。及时与相关人员沟通，解释自己的立场和观点，并提供证据来支持自己的主张，是解决责任归属问题更有效的方式。

7.2.4　案例45：AI+应对不同类型的人

1. 知识介绍

应对不同类型的人在职场中具有以下作用。

（1）更好地沟通与合作

不同类型的人具有不同的思维方式、价值观和工作习惯。了解和适应他们的个性特点，可以更好地与他们进行沟通与合作，减少误解和冲突。

（2）增加团队多样性

团队成员具有不同的背景和经验，可以为团队带来不同的观点和创新思维。因此，善于应对不同类型的人可以增加团队的多样性。

（3）提升领导能力

能够理解并应对不同类型的人是一项重要的领导能力。更加敏锐地察觉他人的需求和动机，有助于更好地引导和激励团队成员，达到组织的目标。

（4）创造良好的工作环境

每个人都有不同的需求和偏好，在职场中能够灵活应对不同类型的人可以创造一个更加包容和友好的工作环境，有助于提升员工的工作满意度，增强团队凝聚力。

（5）促进个人成长

与不同类型的人打交道可以接触不同的观点和思维方式，从而促进个人成长，扩展自己的视野。通过学习如何适应和应对不同类型的人，你可以提升自己的人际交往能力和解决问题的能力。

总之，应对不同类型的人可以更好地沟通与合作，增加团队多样性，提升领导能力，创造良好的工作环境，以及促进个人成长。这对于个人和组织的成功都具有重要意义。

2. 输入AI

请分别介绍指责型、理智型、讨好型、打岔型、表里一致型沟通反应类型的定义，并举例说明。

3. AI回复

下面是指责型、理智型、讨好型、打岔型和表里一致型沟通反应类型的定义及举例说明。

（1）指责型沟通反应类型

这种类型的回应是通过指责或批评来表达立场或不满，往往以攻击性和负面情绪为特点。

示例：当一个合作伙伴未能按时完成工作时，你可能说："你总是拖延，真是没办法依靠你！"这种回应以指责为导向，可能导致对方感到无助和紧张。

（2）理智型沟通反应类型

这种类型的回应注重逻辑和事实，以理性和客观的方式进行沟通。

示例：当与同事讨论一个新项目时，你可能说："让我们先评估市场需求和竞争情况，再制订一个详细的计划。"这种回应以理性和客观性为导向，有助于明确问题和化解冲突。

（3）讨好型沟通反应类型

这种类型的回应主要是为了取悦他人或保持良好关系，往往表现出过度顺从和妥协。

示例：当朋友邀请你参加一个你不感兴趣的活动时，你可能说："好的，如果你们觉得这很有趣，那么我会参加。"这种回应以迎合他人的意见为导向，可能使自己显得不真实或忽略个人需求。

（4）打岔型沟通反应类型

这种类型的回应会导致对话偏离原来的主题或方向，转移到其他主题。

示例：当讨论一项紧急的工作任务时，某人可能说："你听说了最近的新闻吗？"这种回应以打岔为导向，可能导致对话流程中断或混乱。

（5）表里一致型沟通反应类型

这种类型的回应表达与内心感受一致，并保持坦诚。

示例：当对某人的观点持不同意见时，你可能说："我理解你的观点，但是我有一些不同的想法。"这种回应以坦诚和真实为导向，有助于真诚地交流和互相理解。

需要注意的是，每种沟通反应类型都有其适用的情境和效果。在进行沟通时，选择合适的类型有助于进行良好的互动和有效交流。

4. AI回复点评

AI分别对指责型、理智型、讨好型、打岔型和表里一致型沟通反应类型的定义进行了说明，并给出了示例。

5. 第二次输入AI

请分别说明这5种沟通反应类型的优点和缺点，每种类型都至少列出10个优点和10个缺点。

6. 第二次AI回复

以下是指责型、理智型、讨好型、打岔型和表里一致型沟通反应类型的优点和缺点。

（1）指责型沟通反应类型的优点

①表达不满和明确立场。

②促进对方迅速行动和改进。

③帮助解决问题和推动改进。

④引起对方思考和反省自身行为。

⑤提供明确的界限和期望。

⑥增强个人主导权和控制感。

⑦强调问题的重要性和紧迫性。

⑧减少误解和歧义。

⑨创造开放的讨论环境。

⑩促进更坦诚地沟通。

⑪提醒他人意识到错误或缺点。

⑫协调团队进展和目标。

⑬推动个人和团队发展。

（2）指责型沟通反应类型的缺点

①容易激起对方的防御和抵抗。

②破坏良好的合作关系。

③可能引起冲突升级和气氛恶化。

④可能忽略对方的情感和沟通需求。

⑤伤害对方的自尊心。

⑥反应过激可能言过其实。

⑦容易产生误解和误传信息。

⑧不利于建立信任和共赢的合作关系。

⑨可能削弱对方解决问题的动力和积极性。

⑩可能导致对方感到气馁和无助。

⑪着重责备而不寻找解决方案。

⑫忽视对方的贡献和成果。

⑬可能忽略问题的其他影响因素。

⑭以指责为中心，忽略其他观点。

⑮可能缺乏社交技巧和公平性。

（3）理智型沟通反应类型的优点

①以理性和客观的方式沟通。

②基于逻辑和数据做出决策。

③清晰地分析和思考。

④有助于解决问题和找到最佳解决方案。

⑤注重实际效果和可行性。

⑥鼓励基于事实和证据的讨论。

⑦促进深入思考和全面分析。

⑧提供客观和中立的观点。

⑨帮助团队达成共识。

⑩有助于有效传达重要信息。

⑪提升决策的准确度和可靠性。

⑫促进合理思考和有益讨论。

⑬鼓励参与者完整、全面地表达观点。

⑭提升决策的可信度和可靠性。

⑮推动组织稳定发展和进步。

（4）理智型沟通反应类型的缺点

①可能过于注重事实而忽视他人的情感和需求。

②可能显得冷漠和缺乏共情。

③可能被认为是唯一正确的观点。

④可能限制了创新和新的想法。

⑤可能不够灵活，难以适应变化。

⑥可能缺乏人情味和亲和力。

⑦可能忽视意见和观点的多样性。

⑧可能在表达意见时显得过于冷漠和理性。

⑨可能在人际互动中缺乏主动参与的积极性。

⑩可能忽视他人的情感和沟通需求。

⑪过于强调逻辑和分析，忽视了创造力和直觉。

⑫以事实为中心，容易排斥其他因素。

⑬可能优先考虑结果而忽视过程和人的因素。

⑭可能对他人的感受缺乏敏感和关注。

⑮对他人贡献不足。

（5）讨好型沟通反应类型的优点

①有助于建立良好的人际关系。

②可以增加他人对自己的好感和欣赏。

③可以促进合作和共享资源。

④提供了获得支持和帮助的机会。

⑤有助于树立自己的形象和声誉。

⑥可以促进团队合作，增强团队凝聚力。

⑦有助于避免冲突和争议。

⑧可以缓解紧张氛围和压力。

⑨可以增加表现自己的机会。

⑩可以获得他人的认可和鼓励。

⑪有助于建立信任和亲近感。

⑫可以提升个人社交能力。

⑬可以增加个人获取资源的机会。

⑭可以获得更多的合作机会。

⑮有助于保持积极情绪。

（6）讨好型沟通反应类型的缺点

①可能导致自己失于真实和真诚。

②可能给他人留下虚伪和不值得信任的印象。

③可能使自己成为被他人利用的对象。

④可能使自己的需求和意见被忽视。

⑤可能对自己的价值观和原则产生冲击。

⑥可能导致缺乏自信和自尊心。

⑦可能降低个人的影响力和表达能力。

⑧可能导致自己过度劳累和产生心理压力。

⑨可能忽视个人的情感和需求。

⑩可能使自己失去独立思考和判断的能力。

⑪可能被他人视为软弱和容易受操纵。

⑫可能无法得到真实的反馈和建设性的指导。

⑬可能减少个人的职业发展机会。

⑭可能导致个人失去自我价值和意义感。

（7）打岔型沟通反应类型的优点

①可以改变话题，缓解压力和紧张感。

②创造轻松愉快的氛围。

③提供新的视角和思路。

④可以暂时转移关注点，缓解紧张局势。

⑤有助于创造新的讨论机会。

⑥可以营造轻松愉悦的谈话环境。

⑦能够避免讨论尴尬和敏感的话题。

⑧提供调节和平衡对话的机会。

⑨可以打破僵局。

⑩可以引入新的参与者或观点。

（8）打岔型沟通反应类型的缺点

①可能导致对话流程中断和混乱。

②可能使他人感到困惑和不满。

③可能无视他人的关注点和需求。

④可能被认为回避问题和责任。

⑤可能导致偏离原始问题或目标。

⑥可能让参与者感到沮丧和不认真。

⑦可能影响重要议题的讨论和决策。

⑧可能导致他人对自己不重视或不专注。

⑨可能使对话缺乏深度和思考。

⑩可能让他人感到对话没有重点和方向。

（9）表里一致型沟通反应类型的优点

①表达真实想法和感受，建立真诚和信任。

②有助于理解对方的观点和立场。

③促进坦诚和共赢。

④促进全面分析和解决问题。

⑤态度保持一致。

⑥增强决策的执行力和可操作性。

⑦强调与主题相关的要点和观点。

⑧促进问题解决和决策过程顺利进行。

⑨提供一致且可信的信息和建议。

⑩有助于良好的团队合作和建立共同目标。

（10）表里一致型沟通反应类型的缺点

①可能引起他人的不满和抵触情绪。

②可能破坏良好的关系。

③可能导致争论和冲突加剧。

④可能使他人感到困惑和无所适从。

⑤可能降低个人自主性和独立性。

⑥可能忽视和压制个人情感和需求。

⑦可能被视为不灵活和固执己见。

⑧可能忽略他人的独特观点和创意。

⑨可能使他人感到自己过于顺从和妥协。

⑩可能缺乏灵活性和对新观点的接纳。

7. 第二次AI回复点评

AI分别对指责型、理智型、讨好型、打岔型和表里一致型沟通反应类型的优点和缺点进行了详细介绍。你也可以一直追问下去，不断深入，从而快速、深刻地理解这个概念。

8. 第三次输入AI

"你的工作质量太差了，这个错误是完全可以避免的！你需要更加专注和细心，不能再犯同样的错误了。我希望你能立即改正，并且对之前的错误负责。"现在请分别用指责型、理智型、讨好型、打岔型和表里一致型沟通反应类型改写这段话。

9.第三次AI回复

指责型："你的工作质量太差了！你完全可以避免这个错误！你必须更加专注和细心，不能再犯同样的错误了。你需要立即改正，并对之前的错误负责。"

理智型："我注意到你的工作中出现了一些错误，让我们一起来看看是什么导致了这些错误。也许你需要更多时间来理解任务要求，或者需要更多支持和指导。我们可以坐下来一起讨论并找出解决办法，确保这些错误不再发生。"

讨好型："我发现你最近在工作中遇到了一些困难。我相信你是一个优秀的员工，只是出了些小错。不用担心，我会为你提供一些额外的支持和资源，帮助你更好地完成工作。如果你需要任何帮助或有任何疑问，请随时向我寻求帮助。"

打岔型："听说你最近在处理这个项目时遇到了一些挑战。事实上，我之前也遇到过类似的情况，因此我明白这可能让人有点沮丧。不过，我认为我们确实可以找到一种更有效的方法来应对这些问题。你有什么想法或建议吗？也许我们可以一起动脑筋，想出一些新的解决方案。"

表里一致型："我注意到了这个错误，我相信你有能力避免它的发生。我希望你能在工作中更加专注和细心，以确保这种错误不再发生。我也希望你能对之前的错误负责，立即改正。我相信你能够做到，并且我们可以共同努力，提高工作质量。"

10. 第三次AI回复点评

从AI的回复中可以看出"遇人即以文雅之词对待，面对神灵则以婉转之语与之沟通"。

7.3 快速、高效地写作（创和做）

AI可以根据用户的要求快速、高效地写出项目需要的产出文档，包括代码、规范的会议纪要、制度文件、模板体系、单个产出物的模板等。

除了生成内容，用户也可以先给AI一段已经写好的内容，然后让 AI对其进行修改。AI可以通过文本编辑和修改功能，根据其内部训练模型的知识和语言生成能力，生成更符合语法、逻辑和表达要求的文本。AI既可以润色已完成的文章，也可以在写作过程中帮助激发灵感和提供参考意见。

当用户提供已经写好的内容，并要求AI修改时，它可以做到以下几点：

- 语法修正。帮助用户检查文本中的语法错误，如拼写错误、标点符号使用错误等，并对其进行校对和修正。
- 句式优化。分析文本中的句子结构，找出长短不一、重复或不必要的部分，并给出使句子更优美和流畅的建议。
- 标准化表达。帮助用户识别和纠正文本中的各种语言习惯、行话、缩写等，以使文本符合标准的语言表达规范。
- 精准化表达。帮助用户将模糊、含糊不清或难以理解的表述变得更加准确和易于理解。
- 逻辑化表达。帮助用户按照金字塔原理等逻辑清晰地表达信息，使文本更易于理解。
- 文风调整。根据用户的需求和文本类型，为用户适当调整文风和口吻。例如，在商务信函中使用正式、严肃的语气，在娱乐文章中使用幽默、轻松的语气，向领导或家人传递好消息时使用高兴的语气，传递坏消息时使用沮丧的语气，谴责不良事件时使用生气的语气等。

7.3.1　案例46：AI+代码助手

1. 知识介绍

AI可根据输入的需求生成并检查代码，解释代码逻辑。

AI生成代码和检查代码的功能在软件开发领域中有重要作用。以下是一些常见应用：

- 自动代码生成。AI可以学习现有的代码库和编程规范，根据需求生成新的代码。例如，当需要实现重复性的任务时，AI可以自动生成相应的代码，减轻开发人员的工作负担。

- 代码调试和错误检测。AI可以分析代码并发现潜在的错误和漏洞。它可以检查语法错误、常见的错误模式和潜在的性能问题，并提供修复建议。这有助于提高代码质量，增加可靠性。

- 代码解释和文档生成。AI可以解析代码逻辑并生成易于理解的解释性文档。这对新加入团队的成员、初学者或需要理解他人代码的人来说非常有帮助。生成的文档可以提供代码功能的详细说明、数据流程图和关键算法的解释等。

- 自动化测试和质量保证。AI可以自动生成代码测试用例和测试脚本，确保代码正确、稳定。它可以识别潜在的边界条件和异常情况，并生成相应的测试数据和断言。这可以大大减少手动测试的工作量。

总之，AI生成代码和检查代码的功能可以提高开发效率、减少错误、改进文档、提升易用性，并提高代码质量和可维护性。这对于加快软件开发过程、减少开发成本、提升用户体验和软件可靠性非常有价值。

2. 输入AI

请用JavaScript编写一段严谨的登录代码。

3. AI回复

以下是使用JavaScript编写的一段严谨的登录代码示例。

```javascript
// 假设已经有一个用户数据库对象
const users = [
    { username： "admin"，password： "password123" }，
    { username： "user1"，password： "abcdef" }，
    { username： "user2"，password： "qwerty" }
];
// 登录函数
function login（username, password）{
```

```
// 验证用户名和密码是否为空
if（!username || !password）{
    return "请输入用户名和密码";
}
// 在用户数据库中查找匹配的用户
const user = users.find（user => user.username === username）;
// 检查是否找到用户
if（!user）{
    return "用户名不存在";
}
// 检查密码是否匹配
if（user.password !== password）{
    return "密码错误";
}
// 登录成功
return "登录成功！欢迎回来，" + username + "！";
}
// 使用示例
console.log（login（"admin", "password123"））; // 输出：登录成功！欢迎回来，
admin！
console.log（login（"user1", "incorrectpassword"））; // 输出：密码错误
console.log（login（"nonexistentuser", "password"））; // 输出：用户名不存在
console.log（login（"", ""））; // 输出：请输入用户名和密码
```

4. AI回复点评

以上是一个简单的登录代码示例，可以根据给定的用户名和密码进行验证，并返回相应的登录状态。在实际应用中，可能需要更复杂的验证逻辑和密码安全性措施。该示例旨在演示如何编写一段严谨的登录代码，仅供参考。

7.3.2 案例47：AI+整理规范的会议纪要

1. 知识介绍

整理规范的会议纪要在职场中有如下重要作用：

- 确保信息传递准确。会议纪要是会议内容的记录和总结，通过准确地记录讨论、决策和行动项等关键信息，确保会议内容被正确地传达给与会人员。这有助于防止误解和信息丢失。

- 作为决策参考。会议纪要提供了对会议讨论和决策内容的详细记录，可作为后续工作的参考依据。它可以帮助与会人员回顾会议内容、了解决策背景、明确责任和行动计划，确保工作具有连贯性并顺利完成。
- 监督和追踪进展。会议纪要通常包括与会人员的行动项和截止日期。通过对这些行动项进行定期跟进和更新，会议纪要可以用于监督和追踪工作进展。这有利于团队合作和任务管理，确保工作按时完成。
- 法律和合规需求。会议纪要在法律和合规方面也具有重要作用。它可以作为法律证据，记录会议的重要事实和决策过程，以及与会人员的观点和立场。在涉及法律问题时，会议纪要可以提供证据和解释。
- 知识共享和沟通。会议纪要可作为业务知识的共享和传递工具，确保团队成员共享关键信息并具有一致性。通过传达会议讨论内容和结果，会议纪要可以促进团队内外顺畅沟通与合作。

综上所述，整理规范的会议纪要在职场中起到了记录、沟通、决策参考、任务追踪和法律合规等多重作用。它是组织协调和工作管理的重要工具，有助于提高工作效率和团队协作能力。

2. 输入AI

我将给你提供一段会议纪要，你要帮我整理成更规范的形式，包括会议的基本信息、目的和议题、内容摘要、决议和行动事项、附件和参考信息。以下是会议纪要的内容。

会议纪要

日期：2023年09月15日

地点：公司会议室

主持人：张经理

参与人员：张经理、李主管、王助理

会议内容

①讨论了新产品的销售问题。张经理提到了设定销售目标和制定销售策略的重要性，但未具体说明具体目标和策略。

②李主管提出了一些销售渠道的改进建议，包括增加网络推广和开展促销活动，但没有详细讨论这些建议如何实施。

③王助理报告了最新的市场竞争情况，但未提供详细的数据和分析结果。

④会议结束时，没有明确下一步行动计划或责任人。

3. AI回复

会议纪要

日期：2023年09月15日

时间：×点到×点

地点：××公司会议室（具体地址）

主持人：张经理

参与人员：张经理、李主管、王助理

目的和议题

本次会议旨在讨论新产品的销售问题，包括设定销售目标和制定销售策略。

会议内容

第一，张经理首先强调了设定明确的销售目标和制定有效的销售策略对于新产品的成功推广至关重要。

第二，李主管提出了一些建议，包括增加网络推广和开展促销活动等，作为改进销售渠道的方法。然而，在会议上这些建议并未得到详细讨论，需要进一步商讨实施细节。

第三，王助理向与会人员报告了最新的市场竞争情况，但未提供详细的数据和分析结果。这表明需要进行更全面的市场调研和分析，以便制定有针对性的销售策略。

第四，会议结束时，未明确下一步的行动计划或责任人。

决议和行动事项

第一，设立一个小组，负责进一步研究并制定具体的销售目标和销售策略，包括考虑李主管提出的建议，并明确具体实施步骤。

第二，王助理负责收集和分析详细的市场竞争数据，并在下次会议时提供报告和分析结果。

第三，为了确保行动计划顺利实施，将指定责任人负责每个具体的任务和时间节点，并定期提交进展报告。

附件和参考信息

无附件和参考信息。

以上为会议纪要的简要内容。会议纪要将发送给所有参会人员确认。

4. AI回复点评

输入AI的会议纪要只有会议内容，没有决议和行动事项。决议和行动事项的总结是从会议内容中总结和提炼出来的，这不仅是文本的改写，更是管理经验的萃取。需要注意的是，AI总结出的决议和行动事项还需要用户结合自己企业的实际情况进行补充和完善。

7.3.3 案例48：AI+编写敏捷开发项目管理制度

1. 知识介绍

AI可以帮助编写项目管理制度。通过使用自然语言处理技术和机器学习算法，AI

可以分析现有的项目管理制度文档，提出改进建议，甚至自动生成新的项目管理制度文档。AI还可以在执行项目管理制度时提供建议和反馈，帮助管理者更有效地开展工作。利用AI编写项目管理制度可以提高效率、减少错误，并为管理者提供更好的决策支持。

2. 输入AI

请编写一份敏捷开发项目管理制度。

3. AI回复

（1）管理原则

①快速反应和适应变化。敏捷开发注重快速响应变化，鼓励团队根据客户需求灵活调整项目计划和优先级。

②以人为本。关注团队成员的能力、需求和合作，激发团队成员的积极性和创造力。

③连续交付价值。通过不断交付可用产品满足客户需求并及时获取反馈，以及时调整开发方向。

（2）角色定义

①产品负责人。负责定义产品愿景，制定产品需求、优先级和发布计划，提供对项目目标的指导。

②开发团队。作为一个跨职能团队，负责完成产品的设计、开发和测试，确保高质量交付。

③Scrum Master。帮助团队理解和遵循敏捷方法，并解决团队遇到的问题。

（3）迭代规划

①制定迭代周期。确定迭代的长度，并向团队说明迭代目标和范围。

②组织迭代计划会议。在迭代开始前召开会议，讨论迭代中要完成的任务并分配资源。

③组织迭代回顾会议。在迭代结束后召开会议，对迭代过程进行总结，提出改进建议。

（4）产品需求管理

①产品需求收集。与干系人密切合作，收集并明确产品需求。

②产品需求分析。对需求进行详细分析，定义用户故事、验收标准和优先级。

③产品需求评审。定期举行会议，与团队和干系人就产品需求进行确认和修订。

（5）迭代开发过程

①Sprint计划。团队成员根据产品需求和优先级制订每个迭代的计划。

②每日站会。每天召开短暂的站会，分享项目进展情况、遇到的问题和计划等。

③迭代评审。在每个迭代结束后，团队展示已完成的功能，并接受干系人的反馈。

（6）风险管理

①风险识别。团队成员积极参与，识别项目中的风险和问题。

②风险评估。对已识别的风险进行评估，确定风险的概率和影响。

③风险应对策略。制定相应的措施来应对风险，减轻其潜在影响。

（7）项目状态报告

①定期报告项目进展。根据项目计划，定期向干系人汇报项目进展。

②及时沟通问题。及时与团队和干系人沟通项目中遇到的问题，并寻求解决方案。

（8）团队协作

①鼓励交流和合作。创建积极的团队氛围，鼓励成员之间的交流、合作和知识分享。

②资源分配和协调。合理分配团队资源，确保项目按时交付。

以上是敏捷开发项目管理制度的主要内容。项目团队应该按照制度执行并不断改进，以实现高质量的产品交付。

4. AI回复点评

敏捷开发项目管理制度的要点包括管理原则、角色定义、迭代规划、产品需求管理、迭代开发过程、风险管理、项目状态报告和团队协作。

该制度强调快速反应和适应变化，以人为本，以及连续交付价值。角色定义包括产品负责人、开发团队和Scrum Master。迭代规划需要明确迭代周期和目标，并召开计划和回顾会议。产品需求管理包括需求收集、分析和评审。迭代开发过程涉及Sprint计划、每日站会和迭代评审。风险管理阶段识别并评估风险，然后制定应对策略。项目状态报告需要定期向干系人汇报项目进展，并及时沟通问题。团队协作强调交流、合作、资源分配与协调。

总体来说，敏捷开发项目管理制度提供了一套灵活、协作的方法来推动高质量的产品开发，使团队能够快速响应变化，并持续交付满足客户需求的产品。该制度强调团队成员的积极性和创造力，以及与干系人密切合作。不断改进和优化也是该制度的核心思想。

AI回复内容准确地概括了敏捷开发项目管理制度的主要方面，并提供了每个方面的要点和关键措施。

7.3.4 案例49：AI+设计产出物的模板体系

1. 知识介绍

AI可以在设计产出物的模板体系中提供以下帮助：

- 生成创意。AI可以通过学习大量的设计作品和趋势，联合创造和设计团队一起生成创意。它可以推荐不同的设计元素、样式和布局，为设计师提供灵感。

- 自动化设计流程。AI可以自动完成一些重复性工作，如排版、调整设计元素的大小和位置等。这大大节省了设计师的时间和精力，提高了工作效率。

- 数据驱动的设计优化。AI可以分析大数据并提供实时反馈，帮助设计师更好地理解用户需求。它可以根据用户反馈和行为数据调整设计方案，提供更符合用户期望的模板。
- 快速原型制作。AI可以根据设计师提供的信息和要求快速生成设计原型。这有助于设计师更好地展示和验证自己的设计想法，并在早期阶段发现和解决问题。
- 自动风格转换。AI可以将设计模板从一种风格转换到另一种风格，如从传统风格转换到现代风格。这个功能可以提供更多选择，并满足不同用户对设计风格的需求。

需要注意的是，在设计产出物的模板体系中，人的创造力和审美能力依然是不可或缺的。AI只是一个辅助工具，设计师仍然需要运用自己的想象力和专业知识进行创意设计。同时，保护知识产权和遵守相关法律法规也是设计过程中必须考虑的因素。

2. 输入AI

敏捷开发项目都有哪些产出物？请分别对这些产出物设计模板。

3. AI回复

敏捷开发项目通常有以下产出物，每个产出物都是团队与干系人沟通和合作的重要工具。下面是几种常见的敏捷开发项目产出物及设计模板。

（1）产品背景和愿景

说明：产品背景和愿景描述了项目的背景、业务目标、解决方案及期望的结果。

模板设计：产品背景和愿景模板（略）。

（2）用户故事

说明：用户故事描述了用户的需求、功能及他们如何使用系统或功能来实现目标。

模板设计：用户故事模板（略）。

（3）任务看板

说明：任务看板用于跟踪团队成员在迭代中的工作进度，包括待办、进行中和已完成的任务。

模板设计：任务看板模板（略）。

（4）迭代计划

说明：迭代计划包括迭代期间要完成的任务、时间安排、责任人等。

模板设计：迭代计划模板（略）。

（5）迭代回顾报告

说明：迭代回顾报告总结了过去迭代的成功和失败之处，为未来迭代提供改进建议。

模板设计：迭代回顾报告模板（略）。

（6）可交付成果

说明：可交付成果是指在迭代结束后交付给客户的产品功能或增量。

模板设计：根据具体项目需求进行设计，可以包括界面设计、测试用例、用户手册等。

以上是几种常见的敏捷开发项目产出物及对应的设计模板，团队可以根据实际情况选择和定制适合自己项目的模板。

4. AI回复点评

AI总结了敏捷开发项目中常见的产出物，并给出了相应的设计模板建议。总体来说，回复准确、全面，涵盖了敏捷开发项目的关键产出物。

（1）内容完备

AI回复列举了敏捷开发项目中主要产出物的类型，并对每种产出物给出了相应的模板建议。这有助于用户全面了解敏捷开发项目需要的各类产出物及其特点。

（2）细节清晰

针对每种产出物，AI回复都给出了关键字段和信息建议，指出了用户在设计模板时可以考虑的内容。这样的细节指导有助于用户更好地理解每个产出物的要素，从而更好地将其应用于实际项目。

（3）实用性强

AI回复提供了具体的设计模板形式，如表格、甘特图、看板等。这些形式多样且通用，用户可以根据自身团队和项目的情况选用，以提高工作效率和项目可视化管理水平。

（4）适应性强

AI回复强调了每个产出物的灵活性和定制性，鼓励用户根据实际项目需求进行相应调整和优化。这种灵活性对不同项目和团队来说非常重要，能够充分满足各类项目的需求。

7.3.5 案例50：AI+设计单个产出物的模板

1. 知识介绍

AI可以帮助设计单个产出物的模板，以下是一些常见的方法和应用：

- 自动生成模板。AI可以分析大量项目产出物样本，学习其结构和要素，并自动生成相应的模板。通过算法和机器学习技术，AI可以识别常见的模式和关键字段，并生成符合规范的模板。

- 自动化排版和布局。AI可以通过图像识别和排版算法自动调整和优化文档的排版和布局。它可以自动调整字体、行距、段落间距等，使产出物更加美观、易读。

- 内容填充与生成。AI可以根据预设的参数和要求自动生成部分或全部内容。例如，AI可以根据指定的关键词和数据自动生成报告摘要、分析结果或图表。
- 多渠道输出。AI可以根据不同的需求和输出渠道生成适配各种格式的模板。例如，AI可以将设计模板转换为Word、PDF、HTML等格式，以满足不同平台和终端的需求。
- 风格转换和定制。AI可以根据用户的喜好和要求智能地进行风格转换和定制。通过学习用户的偏好和应用场景，AI可以生成符合用户需求的个性化设计模板。

需要注意的是，虽然AI在产出物模板设计方面具备一定的辅助功能，但人的创造力和审美能力仍然是至关重要的。AI只是一个工具，设计师仍然需要运用自己的创造力和专业知识进行模板的设计和优化。同时，保护知识产权和遵守相关法律法规也是设计过程中必须考虑的因素。

2. 输入AI

请设计一个敏捷开发项目中使用的用户故事模板。

3. AI回复

用户故事模板

用户故事标题：（简短描述用户需求的标题）

用户故事ID：（唯一标识符，可由项目名称、迭代号和故事序号组成如，PROJ001-001）

需求描述：（详细描述用户需求，包括背景、功能要求、业务价值等）

验收标准：

①当（具体条件）时，我希望能够（具体功能或行为），以便达到（具体目的或价值）

②其他验收标准。

优先级：（高/中/低）

估算任务点：（根据任务速度、复杂性估算的故事点数）

责任人：（负责实现该用户故事的团队成员姓名）

附件：（可附加相关资料或链接）

备注：（额外的信息，如需求来源、联系人等）

使用此模板可以清晰、准确地描述用户故事，包括需求描述、验收标准、优先级、估算任务点、责任人等关键信息，有助于团队明确用户需求并顺利完成开发任务。用户故事模板应该根据具体项目需求进行调整和定制。

4. AI回复点评

AI回复提供了一个敏捷开发项目中使用的用户故事模板设计示例，总体上内容完整、结构合理、细节考虑周全、灵活性强。

（1）内容完整

示例包含了用户故事模板的各关键要素，如标题、需求描述、验收标准、估算任务点等。这些要素涵盖了用户故事的基本内容和规范，有助于团队更好地理解和实现用户需求。

（2）结构合理

模板的结构清晰、明了，各部分通过分块的方式呈现，便于阅读和理解。模板分为标题、需求描述、验收标准、估算任务点等部分，使每个要素都能够清晰地展现出来。

（3）细节考虑周全

模板设计考虑到了一些细节，如优先级、责任人、附件等信息，这些内容可以帮助团队更好地管理和跟踪用户故事的进度和完成情况。

（4）灵活性强

模板设计简洁，同时具有一定的灵活性，允许根据具体项目需求进一步调整和扩展。团队可以根据自身的实际情况进行定制，满足不同项目的需求。

第3单元

AI赋能数字化项目管理之场景篇

第8章

AI赋能数字化项目管理之目标管理

8.1 目标管理的挑战

在项目管理和需求分析过程中，目标的清晰度和一致性是非常重要的。本章将重点解决以下四个高频难点问题：需求方的目标不清晰；目标清晰了，但是有隐藏目标；目标不止一个；各干系人目标不一致。

以下描述了如何应用项目管理新本质思维和新创新思维来解决这几个问题。

1. 需求方的目标不清晰

- 需求澄清会议。反复举行需求澄清会议，与需求方沟通，了解他们真正想要的效果和预期。
- 问卷调查。准备详细的问卷，让需求方逐一回答，帮助厘清思绪。
- 头脑风暴。与需求方进行头脑风暴，以生成更多想法，并从中选取价值高的信息。
- 原型设计。通过制作一个初步的原型展示可能的解决方案，借此帮助需求方明确需求。

以上四种方法都体现了适度思维和程序思维。适度思维帮助项目经理确定重点目标，而程序思维则提供了一种系统化的方法，解决目标不清晰的问题。

从创新思维的角度，本书提供了一种方法：关联检测法。如果实在找不到与项目目标有直接因果关系的定量目标，则可以采用关联检测法，找到一个或几个和项目有直接关联的定量目标，用关联检测法分析项目目标的完成情况。

2. 目标清晰了，但是有隐藏目标

- 频繁沟通。与需求方尤其是关键决策者频繁沟通，深入探讨每个明确目标的背后是否存在更深的隐含需求。
- 需求分析。采用专业的需求分析工具和技术（如"5why法"、数据流图），尽量挖掘潜在的需求和隐含目标。

- 文档验证。提交需求文档，要求需求方逐项确认，确保没有遗漏或隐藏的预期目标。
- 建立信任关系。通过建立互信的合作关系，让需求方愿意坦诚目标和需求。

以上四种方法都体现了适度思维，帮助项目经理挖掘隐藏目标。第二、第三种方法还体现了程序思维，提供了一种系统化的方式挖掘隐藏目标。第一、第四种方法不是操作方法，而是沟通方式，也可以有效解决挖掘隐藏目标的难点问题。

从创新思维的角度，本书提供了一种方法：时空挖掘法。时空挖掘法是一种综合时间和空间维度分析问题的方法，可以帮助项目经理更全面地理解项目的各种潜在目标和需求。

3. 目标不止一个

- 优先级排序。与需求方一起对多个目标进行优先级排序，以便将资源集中于最重要的目标，这体现了排序思维。
- SMART原则。确保每个目标都是具体的、可衡量的、可达成的、相关的和有时限的，有助于在复杂的情况下保持明确的方向。这体现了目标思维。
- 分阶段实施。如果可能，将多个目标分解为阶段性目标，逐步实现，减少冲突和资源挤占。既要全局思考（系统思维），还要直指核心（排序思维）。
- 平衡资源。制订明确的资源分配计划，根据优先级合理分配人力、物力和时间，这体现了平衡思维。

从创新思维的角度，本书提供了一种方法：四类决策及四类价值共生法，可以有效地帮助项目经理在多元目标环境中进行决策和权衡。

4. 各干系人目标不一致

- 找到共同点。寻找各干系人目标之间的共同点或重叠部分，作为初步协调的基础。
- 协商交流。组织所有相关干系人进行协商和沟通，强调项目的整体目标和利益，从而达成共识。这体现了平衡思维。
- 需求优先级。针对不同干系人提出的目标，编制一份客观的、大家都能接受的优先级列表。这体现了排序思维。
- 第三方调停。如果内部分歧较大，则考虑请第三方（如顾问或高级经理）进行调停和协调。这体现了平衡思维。
- 定期评估和调整。设立定期评估的机制，对各干系人目标的实现情况进行评估，并根据实际情况进行调整。这体现了控制思维。

应用项目管理新本质思维、新创新思维解决这四个高频难点问题的总结如表8.1所示。

表8.1 本章高频难点问题及解决思路

高频难点问题	解决思路		
	项目管理新本质思维	新创新思维	AI应用
1. 需求方的目标不清晰	目标思维（1.3.1节） 适度思维（1.3.7节） 程序思维（1.3.8节）	关联检测法（2.2.2节）	案例51、案例52
2. 目标清晰了，但是有隐藏目标	目标思维（1.3.1节） 适度思维（1.3.7节） 程序思维（1.3.8节）	时空挖掘法（2.2.1节）	案例53
3. 目标不止一个	目标思维（1.3.1节） 系统思维（1.3.3节） 排序思维（1.3.5节） 平衡思维（1.3.2节）	四类决策和四类利益共生的方法（2.5.2节）	案例54
4. 各干系人目标不一致	目标思维（1.3.1节） 排序思维（1.3.5节） 平衡思维（1.3.2节） 控制思维（1.3.6节）	—	案例55

8.2 目标管理的AI应用案例

8.2.1 案例51：定性分析目标

王进步和艾学习来到张老师的办公室，向张老师请教项目管理经验和方法。

王进步：领导今年给我布置了一项重点任务，要求我担任项目管理平台升级项目的项目经理。这个项目应如何开展呢？我没有思路啊。

张老师：你去年做了一个财务管理软件系统开发项目，不是做得挺好吗？

王进步：去年那个项目需求很明确，方案也比较明确。今年这个项目感觉目标不清晰，方案也没有，不一样啊。

张老师：要确保项目成功，首要任务是明确项目目标，并与领导者意图紧密契合。项目是指为实现具体目标而进行的一系列活动，限定在一定时间、资源和预算范围内。项目的成败对个人、组织乃至整个社会都至关重要。在项目执行过程中，清晰理解领导意图对于项目成败至关重要。只有正确把握领导者的目标、期望和核心价值观，才能确保项目具备实际意义和长期价值。因此，在规划和执行项目之前，必须深入理解领导者意图，并将其融入项目的方方面面。通过与领导者意图的契合，项目团队可以更好地理解和实现领导者的期望，确保项目成功，为组织创造持续增长的环境。

要理解领导者意图，就要深入了解领导者的目标、愿景、价值观及对项目的期望。领导者是项目的决策者和推动者，其意图和决策直接影响项目的进展和结果。因

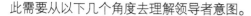

此需要从以下几个角度去理解领导者意图。

第一，分析领导者的目标和愿景至关重要。领导者通常拥有长期规划和目标，希望通过项目实现这些目标。要仔细研究领导者公开表述的战略和目标，以及他们展现的价值观和信念。

第二，了解领导者的价值观及对项目的期望同样必不可少。领导者的期望可能涉及项目细节、时间要求、质量标准等方面。领导者的价值观也会对项目产生重要影响，如对可持续发展、社会责任、合规性的关注程度等。

第三，探寻领导者的决策原则和优先事项也十分重要。领导者在决策时通常根据一定原则和优先事项权衡各种因素。深入了解这些原则有助于理解领导者的意图和期望，从而规划和管理项目。

为确保项目价值与领导者意图一致，项目团队需制定明确的项目目标和指标，确保与领导者的目标和愿景契合，以实现领导者的期望。另外，设计可衡量的项目成果和价值也是必要的。通过具体、可量化的指标评估项目进展和目标达成程度，有助于团队理解项目的重要性，展示项目的实际价值。项目团队还应确保项目的组织、资源和风险管理与领导者意图相符。有效的组织结构和资源配置能够支持项目推进，风险管理能够降低项目失败风险。

艾学习：理解领导者意图，要用到很多心理学的知识吧？

王进步：还有一点，制定项目的目标，有没有一个框架？如果有一个框架，项目经理就可以在这个框架下思考项目目标，也更容易理解领导者的意图。

张老师：懂一些心理学知识更好。一般来说，项目的目标从以下三方面来定义比较好。

第一，财务层面的目标分析，即实现盈利和增加收入，如收入××万元以上、利润××万元以上等。

第二，市场层面的目标分析。首先，增强市场竞争力，如增加市场份额××%，产品上市时间缩短××天等。其次，提升产品或服务质量，如减少业务成本××万元以上、客户增加××个、客户抱怨减少、客户体验提升等。最后，扩大公司影响力，如信誉提升等。

第三，运营层面的目标分析。首先，提高生产率，降低成本，如销售费用减少××万元以上、管理费用减少××万元以上等。其次，提升员工素质和激励水平，如提高管理水平、运营效率、产品质量、组织能力等。

这就需要项目经理经常站在业务的角度、价值交付的角度看问题，而不是单纯站在技术的角度看问题。

王进步：领导者的意图，这个项目比较清楚。领导亲口和我说了，是适应公司日益发展壮大的趋势。

8.2.2 案例52：AI+SMART模型分析目标

1.知识介绍

在张老师的办公室里，对话仍在继续。

张老师：项目目标要符合SMART模型（见图8.1）。

图8.1　SMART模型

王进步：我知道，SMART模型是管理学的经典工具。SMART 的含义是：Specific（具体的）、Measurable（可衡量的）、Attainable（可达成的）、Relevant（相关的）、Time-bound（有时限的）。SMART模型不难理解，到处都有对它的详细解读。

张老师：正好我在研究AI，看看AI有什么建议。

2. 输入AI

我是一位软件开发项目经理，我遇到的情况是：领导要求对现有的项目管理平台进行升级，以适应公司日益发展壮大的趋势。请根据SMART模型（具体的、可衡量的、可达成的、相关的、有时限的）分析评估目标的有效性和可行性。请详细探索每个标准，提供改进意见和注意事项。另外，为了确保用户的目标符合SMART模型，请提出应对任何已识别挑战的潜在策略。

3.AI回复

根据SMART模型，我将评估现有的目标，并提供改进意见。

（1）具体的：目标是否清晰、明确

建议：现有的目标仅涉及项目管理平台升级，但缺乏具体指导和方向。为使目标更加明确，可以考虑以下问题。

①升级的具体范围是什么？是改善性能、增加功能，还是改进用户界面？

②目标的实际结果是什么？是否有具体的要求或期望？

（2）可衡量的：目标是否可以量化或测量

建议：为了确保目标可衡量，可以考虑以下方面。

①定义关键绩效指标（KPI），如用户满意度、系统响应时间等。

②设定具体的里程碑或完成时间，以便跟踪进度和评估成果。

（3）可达成的：目标是否可达成

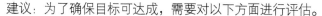

建议：为了确保目标可达成，需要对以下方面进行评估。

①是否有足够的资源（如时间、人员、预算）来实现升级？

②是否有足够的专业知识和技术能力来执行项目？

（4）相关的：目标是否与公司的发展趋势相关

建议：确保目标与公司的发展方向和战略目标保持一致。需要考虑以下问题。

①项目如何与公司的发展需求相适应？

②目标的实现对公司的长期发展和竞争能力有何重要性？

（5）有时限的：目标是否有明确的时间限制

建议：为目标设置具体的时间框架或截止日期，确保项目进度可管理和可监控。

（6）应对挑战的潜在策略

①确保领导者和团队达成共识，明确目标并设定清晰的期望。

②分解目标为可控制和可度量的任务和子目标。

③进行风险评估，制定应对措施，以应对可能的挑战和障碍。

④管理资源，确保项目有足够的支持和投入。

⑤定期追踪和评估目标的进展，及时调整计划，以满足新的情况或需求。

（7）改进意见和注意事项

①在完善目标时，应明确项目管理平台升级项目的具体范围和期望结果。

②将目标与公司的长期战略目标相结合，确保项目是与其相关且有意义的。

③设置明确的关键绩效指标和里程碑来评估项目的进展和成功。

④与团队成员共享目标，并确保他们理解并支持目标。

⑤在制定时间框架时，考虑项目的复杂性和可行性。

希望这些意见对您有所帮助！如果您需要更多支持，请随时提问。

4. AI回复点评

王进步：AI回答得很好，这个项目的目标确实还不清晰。从具体性角度来说，项目的范围没有确定。从可衡量性角度来说，也没有明确的指标。AI建议定义用户满意度、系统响应时间等关键绩效指标。系统响应时间比较明确，用户满意度可以考虑。可达成性、相关性、时限性需要补充。

张老师：AI就如何设计指标给了你一些建议，但是不够直接和聚焦。如果在你的项目中，具体性和可衡量性都不好实现，那怎么办？咱们再进一步，让AI设计一个和项目目标强相关的检测点。

5. 第二次输入AI

请设计一个和项目目标强相关的检测点。

6. 第三次AI回复

检测点：系统性能指标

描述：确保升级的项目管理平台能够满足系统性能方面的要求和预期。

（1）具体实施

①监测系统的响应时间。通过记录用户操作和系统响应之间的时间来评估系统的实际响应性能。

②测试系统的负载容量。通过模拟同时发起大量用户请求，验证系统能否承受并稳定处理高负载情况。

③检查数据传输速度。验证数据在系统内部和外部流动的速度，保证数据传输效率。

④评估系统的可扩展性。通过增加用户数量、项目数量等来模拟系统的扩展需求，并验证系统的性能是否能够满足需求。

⑤监控系统的稳定性和错误率。记录系统出现错误、崩溃或异常事件的频率，评估系统的稳定性和错误处理能力。

（2）改进意见

①确定系统性能指标的目标值和标准，以便对比实际结果。

②在实施前后进行基准测试，以衡量升级前后系统性能的改善。

③确保硬件和软件资源投入合适，以支持系统的性能要求。

④定期监测和评估系统的性能，及时调整和改进，确保实现目标。

（3）注意事项

①在制定检测点时，应与相关团队和项目干系人共同确定性能指标的优先级。

②针对不同的性能指标，应选择适当的工具和方法进行测试和评估。

③考虑到系统的复杂性和升级的范围，应适当调整和细化检测点来完善测试计划。

④监测结果应该是客观、可靠和可重复的，以便进行有效的性能分析和判断。

7.第二次AI回复点评

张老师：这个检测点怎么样？

王进步：这个检测点挺好，不过现在的项目管理平台性能还说得过去。

张老师：你说得对，那我们让AI换一个检测点。

8. 第三次输入AI

请再设计一个和项目目标强相关的检测点。

9. 第三次AI回复

检测点：用户满意度评估

描述：评估升级后的项目管理平台用户的满意度和体验水平。

（1）具体实施

①用户调查问卷。设计并分发匿名调查问卷，收集用户对新平台的使用感受、功能满意度、界面友好性等方面的反馈。

②用户反馈收集。设立渠道，如在线反馈表单、邮件或专门的用户支持团队，鼓励用户主动提供对新平台的建议、意见和问题。

③用户行为分析。基于系统的日志数据和用户行为跟踪，分析用户在新平台上的活动和使用情况，识别痛点和改进机会。

④用户测试和评估。邀请一部分用户参与实际的测试和评估活动，观察和记录他们的使用过程，了解他们的体验和反馈。

⑤运营数据监测。关注用户活跃度、注册用户数量、平均使用时间等指标，评估新平台对用户的吸引力和对用户参与度的影响。

（2）改进意见

①设计综合的用户满意度评估指标体系，包括用户体验、功能满足度、效率提高等方面。

②采用多样化的方法和工具，结合定性和定量数据进行评估，以获得全面的用户反馈。

③将用户满意度评估作为持续改进的一个环节，定期回顾和分析结果，并针对性地改善平台功能、界面和用户体验。

（3）注意事项

①确保用户参与的积极性和代表性，尽量涵盖各类用户群体。

②在设计调查问卷和评估方法时，尽量使用简洁明了的语言和界面，避免让用户感到烦琐或疲劳。

③针对用户的反馈和意见，及时做出响应和回复，展现对用户的关注和重视。

④监测用户满意度的指标变化趋势，从长期和战略层面评估新平台对用户价值和公司发展的贡献。

10. 第三次AI回复点评

张老师：这个检测点怎么样？

王进步：这个检测点更好。我可以通过用户调查问卷、用户反馈收集、用户行为分析、用户测试和评估、运营数据监测等手段获取用户满意度评估数据，用户满意度高，就说明我这个项目做得好啊。

张老师：你看，虽然你的项目目标开始时不明确、不清晰，但是通过设计一个和目标强相关的检测点，你有了评估项目做得好不好的思路。你现在对这个项目是不是有信心了？

艾学习：但是我们的项目目标还是不清晰啊？

张老师：你可以利用AI先挖掘目标，再聚焦目标。

王进步：那您来演示一下吧。

8.2.3 案例53：AI+挖掘隐藏目标

1.知识介绍

张老师：有了检测点，目标变得更加清晰，就像解开了一个谜题。跟着这个谜题，是不是就一定能把项目顺利完成？也不能确定。在项目的总体规划中，可能还隐藏着一些目标。让我们来看一个例子。某项目经理负责筹建一个展示中心，但是有许多限制条件，如时间紧迫、预算有限等。他尽一切努力推进项目，最终项目按时竣工。表面上看，项目的范围、质量、成本和时间这四个关键要素，他都控制得很好，貌似实现了项目目标。然而，他的努力并没有得到领导的赞赏。不仅如此，当高层领导前来视察时，还指出了许多问题。后来在总结会上，他才知道，这个项目是公司在该地区建设的第一个展示中心。领导层希望建设一个令人惊艳的展示中心，要让客户感到惊讶、震撼，一下子被打动。为了取得这种效果，甚至可以接受工期延后一段时间。

艾学习：这位项目经理心里肯定很委屈。我又不是你肚子里的蛔虫，你又没说，我当然不知道了。

张老师：这件事情难就难在你想不到，领导也不会主动告诉你。在肉眼可见的目标之外，项目还有"隐藏目标"。千万不要以为，咱们定出几个关键要素，项目目标的圆就画好了。这里还有隐藏目标，就是项目在甲方心中，甚至在全局中的实际定位。你一定迫不及待地想知道怎么挖掘隐藏目标。四个字——相对位置。咱们来看看这个表格（见表8.2）。时间指的是项目与过去和未来的情况相比。空间指的是项目与甲方周边的其他竞争对手相比、在组织里和其他团队相比。

表8.2 项目时空挖掘表

维　度	甲　方	组　织
时间		
空间		

王进步：概念太抽象了，请您示范一下该怎么运用。

张老师：甲方是项目发起方，他的时间线和周边环境对项目有重要影响。他会把之前的项目和获得的奖项作为参考。例如，甲方希望新项目不要比之前的项目差。在周边环境中，可能存在与领导竞争、超越前任或其他公司同行的压力。在组织层面，公司历史上好评如潮的项目树立了时间线的标杆，团队希望在此基础上取得令人惊艳的效果。周边环境包括其他团队、行业标杆等。项目时空挖掘表能够帮助我们应对这些情况。

王进步：怎么使用AI分析项目的隐藏目标呢？

张老师：第一种方法是直接让AI进行隐藏目标分析。

2. 输入AI

请根据以上案例分析项目可能存在的隐藏目标是什么。

3. AI回复

项目可能存在的隐藏目标如下。

（1）提高工作效率

项目管理平台升级项目的隐藏目标可能是提高团队和个人的工作效率。通过改善系统性能、增加功能、增强界面友好性，项目管理流程可以更加高效地执行，减少重复工作和人为错误，从而提高团队的整体工作效率。

（2）增强项目透明度

项目管理平台升级项目可能旨在增强项目的透明度和可见性。通过提供实时项目数据、报告和可视化仪表盘，隐藏目标可能是让管理人员和项目干系人更易获取项目进展情况、难点和风险，以便做出有根据的决策。

（3）加强团队协作

隐藏目标可能是利用升级后的平台促进团队成员更加有效地协作与沟通。通过增加合作工具、信息共享和即时通信功能，团队成员可以更好地协同工作、分享知识、解决问题，从而增强团队的整体协作能力。

（4）支持跨地理位置的团队协同

如果公司拥有分布式团队或多个办公地点，那么隐藏目标可能是通过升级项目管理平台来支持跨地理位置的团队协同。借助云技术、在线协作工具和远程访问功能，项目成员可以实时交流、共享信息和协同工作，突破地域限制，从而提高团队的跨地理位置协同效率。

（5）提升客户满意度

隐藏目标可能是通过升级项目管理平台来提升客户满意度。例如，通过提供更好的客户查询反馈功能、项目进展可视化功能等，确保客户能够及时了解项目状态并积极参与项目合作，从而提升客户对公司的满意度和忠诚度。

4. AI回复点评

这些隐藏目标可能是公司在升级项目管理平台时追求的潜在目标，可以帮助改进项目管理的效果和组织整体绩效。评估和明确这些隐藏目标对于指引和衡量项目非常重要，有助于确保项目成功实施，并最终与项目干系人的期望相符。

张老师：AI确实给出了一些隐藏目标，但是不够聚焦。我可以给AI一个更适用的分析方法，训练一下它，如项目时空挖掘表。

5. 第二次输入AI

根据以上案例，请用项目时空挖掘表（二维表：维度包括时间和空间，主体包括甲方和组织）分析项目可能存在的隐藏目标是什么。

6. 第二次AI回复

以下是根据项目时空挖掘表分析的项目可能存在的隐藏目标（见表8.3）。

表8.3　项目可能存在的隐藏目标

时间维度	空间维度	甲方隐藏目标	组织隐藏目标
短期目标	甲方	提高团队和个人的工作效率	提高公司整体项目执行效率，降低成本
短期目标	组织	改进项目管理流程，增强团队合作	优化项目资源分配，减少重复工作和风险
中期目标	甲方	增强项目的透明度和可见性，使管理决策更有依据	提高公司的决策能力和响应速度，降低项目风险
中期目标	组织	提高团队协作能力，促进知识共享和问题解决	提高部门之间的协作效率，优化团队沟通和决策流程
长期目标	甲方	支持跨地理位置的团队协同	扩大公司业务范围，增加国际化合作项目
长期目标	组织	提升客户满意度，提高项目交付质量	提升公司品牌形象和信誉度，提升客户满意度，促进长期合作

项目可能存在的隐藏目标主要集中在甲方和组织两个层面。甲方的隐藏目标主要集中在短期和中期目标上，注重提高工作效率、增强透明度和可见性，以及支持跨地理位置的团队协同；组织的隐藏目标则更注重中期和长期目标，包括提高团队协作能力、优化资源分配和提升客户满意度等。这些隐藏目标旨在实现团队和组织整体绩效的多方面提升，更好地推动公司的发展，并使项目管理取得更好的效果。

7. 第二次AI回复点评

张老师：有了这个工具，项目经理就像多了一台 GPS 探测仪，可以挖掘出深埋在项目发起方心中的隐藏目标。直接问，大概率是得不到答案的，对方未必说得出，或者不方便说出来。你要知道，人心才是所有游戏的隐藏变量。而对全局来说，"隐藏目标"原本是"虚"的，看不见、摸不着，要借助各种方式挖掘相关信息，以指导项目的后续行动。

王进步：这个项目时空挖掘表确实很好，对我有很多启发。在做项目立项汇报的时候，可以参考这个表格把目标分解为短期、中期和长期目标，让领导觉得我考虑得更周到，更有规划能力。但是我不知道AI给出的这些隐藏的项目目标到底是不是领导心中的目标，这又该怎么办？

张老师：你可以去做需求调研。可以采取引导式提问，挖掘他们心中的隐藏目标。

王进步：明白了，我这就去做需求调研。

8.2.4　案例54：AI+投入产出分析

1. 知识介绍

通过设置检测点、挖掘隐藏目标，目标的全貌"渐进明细"出来了，王进步通过需求调研，获得了项目的几个主要干系人的目标。但下一个问题也来了。他发现要全部满足几个干系人的目标很难：既要系统功能全面，包含各种模块；又要"傻瓜式操作"，最好新人能立刻上手；同时要尽快上线。如果自研，项目组内部人员只有两人，加上外包人员两人，要求半年内上线，现有人手实现不了这么多功能。如果外购，现有的预算也不够。怎样才能让客户调整对目标的预期？王进步和艾学习又愁眉苦脸地来找张老师了。

张老师：任何收益，必有成本；任何目标，必有代价。你可以让AI做一个投入产出分析，从需求、成本、收益三个维度提前评估实现这些目标的代价。

2. 输入AI

第一个目标：系统功能全面，包含各种模块；

第二个目标："傻瓜式操作"，最好新人能立刻上手；

第三个目标：尽快上线，最好半年内上线。

现在的情况是，如果自研，项目组内部人员只有两人，加上外包人员两人，现有人手实现不了这么多功能。如果外购，现有的预算也不够。问题：怎样才能让客户调整对目标的预期？请从需求、成本、收益三个维度提前评估实现这些目标的代价。

3. AI回复

（1）需求维度

①自研方案。自研项目管理平台可以满足定制化需求，全面包含各种模块。但由于人手不足，可能导致功能开发和测试时间延长，不能在要求的半年内上线，可能影响项目的整体进程。

②外购方案。外购项目管理平台也可以提供全面的功能模块，但可能需要针对公司具体需求进行定制或适配。需要确保选购的平台能够满足公司要求，并快速上线。

（2）成本维度

①自研方案。自研项目管理平台的开发和维护成本相对较高。除了项目组内部人员和外包人员的费用，还需要考虑开发工具、设备和培训的成本。

②外购方案。外购项目管理平台的购买和集成成本可能较低。需要评估购买和定制平台的费用，以及与现有系统集成的成本。

（3）收益维度

①自研方案。自研项目管理平台可以根据公司需求定制，满足特定的业务流程和标准。另外，自研平台的知识产权和技术专长可能为公司带来长期收益，但需要投入

较多时间和资源。

②外购方案。外购项目管理平台可以很快满足需求，并且更快地上线。投入较少的时间和资源，获得即时收益。

4. AI回复点评

综合考虑上述因素，若领导要求半年内上线，并且现有人员无法实现所有自研需要的功能，则可能需要调整客户对目标的预期。可以与领导和相关项目干系人沟通，解释自研团队资源不足所面临的挑战，并重申外购方案的优势和快速上线的能力。同时，强调选购平台的定制化能力，确保选购的平台能满足公司需求，并积极协调资源以尽量降低成本并提高收益。最终，根据经济效益、风险和时间等方面进行综合评估，选择最适合公司的解决方案。

王进步：AI给的建议很好，我找领导详细说说。

过了几天，王进步向张老师汇报了事情的进展。

王进步：我对领导说，自研的前期建设时间虽然较长，但更适应公司的管理规范。同时，项目管理作为数字化转型的重要抓手，是公司进行IT管理的重要手段，也是衡量数字化水平的一个重要指标。综合考虑建设、维护、使用等情况，建议采用自研的方式建设。同时为项目增加两个外包人员，分成三期，先上主要模块，解决提升易用性的问题。

8.2.5 案例55：AI+共识目标会

1. 知识介绍

张老师：经过三重洗礼，项目目标更加清晰，主次也更加分明。下一步，你需要与项目成员取得共识，否则项目无法推进。领导和你天然有利益一致性，难的是与其他部门配合。其他部门现在配合得怎么样？

王进步：别提了。我们是技术管理部，负责支撑基础平台的研发。项目管理平台的主要用户就是几个研发部门，他们希望平台尽快完成升级，三个月最好，最多半年。按照我的估算，这个时间太短了，工作没法干啊。

张老师：开个共识目标会吧，看看AI怎么建议。

2. 输入AI

角色：项目管理平台升级项目的项目经理

情况：技术管理部负责支撑基础平台的研发，我是技术管理部的项目经理，负责项目管理平台升级项目。

难点：

①项目管理平台的主要用户就是几个研发部门，他们希望平台尽快完成升级，三个月最好，最多半年。按照我的估算，这个时间太短了，工作没法干。

②项目经理没有赏罚权，难以管理。

③公司并行多个项目，请领导做目标宣贯不现实。

问题：为了让大家有统一的目标意识，要召开一个共识目标会。请从权威、荣耀、承诺三个角度出发，设计会议议程。

3. AI回复

议程设计如下。

会议名称：项目管理平台升级项目共识目标会

时间：××月××日

地点：×××会议室

议程：

（1）开场致辞

①介绍会议目的和重要性。

②强调公司对项目管理平台升级项目的重视。

（2）权威演讲

①邀请公司高层领导或行业权威人士演讲。

②重点强调项目管理对公司发展的关键影响。

③解释为什么需要升级项目管理平台，对现有问题进行透彻分析。

（3）荣耀分享

①邀请已经使用过类似升级项目管理平台的研发部门代表进行经验分享。

②分享升级项目管理平台之后取得的成效和收益。

③强调公司同事能够获得的荣耀和成就感。

（4）承诺说明

①对比项目管理平台升级前后的功能和效果。

②解释升级所需时间的合理性，根据实际情况提出一个更为合理的时间线。

③提出对研发部门的期望和承诺，如在升级完成后提供更高效和便捷的工作平台，帮助提高工作效率。

（5）提问环节

允许与会者提问，解答大家对于项目管理平台升级项目的疑问和关切。

（6）总结和结束语

①确认会议目的已达成。

②强调每位与会者的重要作用和积极参与的重要性。

③表示感谢并宣布下一步行动计划。

4. AI回复点评

这个议程设计按照权威、荣耀和承诺三大要素促使与会者产生共识。权威演讲让人们意识到升级项目管理平台的重要性和影响；荣耀分享激发大家的积极性和成就感；承诺说明解释升级项目管理平台的合理性和预期效果，以及公司对研发部门的期望和承诺。最终目的是让与会者产生统一的目标意识，愿意积极参与并支持升级项目管理平台的工作。

共识目标会三大要素细节说明如表8.4所示。

表8.4　共识目标会三大要素

三大要素	细节说明
权威	在重建目标的过程中，引入权威因素是至关重要的。亲自参与的领导能够为整个任务增添不少信心和动力。有时出于某些原因，领导可能无法到场。在这种情况下，我们可以考虑邀请其他具有说服力的角色发表讲话，如专家或职场老将。他们的作用不仅是填补领导缺席的空白，更重要的是通过权威的发言来支持和激励团队。 专家的参与可以从理论与实践两个层面有效推进项目。他们拥有丰富的知识和经验，能够准确地分析问题并提供解决方案。他们的分享不仅可以帮助团队明确目标，还可以为解决重建过程中的挑战与困难提供宝贵的指导和建议。 职场老将作为资深从业者，曾经历过各种困难和挫折。他们的成功经验和失败教训可以为团队树立积极的榜样，并在重建过程中给予团队支持和鼓励。他们的演讲可以激发团队成员的潜力和斗志，激励他们积极投入任务
荣耀	在领导监督下，团队成员有机会取得一些与荣誉相关的奖励，如奖金、绩效奖励和奖状等。这是一个重要的机会，可以激励团队成员更加努力地工作，同时提升整个团队的士气。 通过积极参与项目并表现出色，团队成员可以展现自己的才华和能力。这不仅对个人事业发展有益，还可以为团队的成功做出贡献。在领导的关注和支持下，团队成员有机会获得额外的回报和荣耀，这也激发了大家的竞争意识和工作动力。 获得奖金、绩效奖励和奖状等荣誉是一种认可，也是对个人努力和付出的肯定。这种肯定不仅对个人有积极影响，而且对整个团队的凝聚力和合作精神起到正面作用。这种竞争和荣誉的氛围可以激发每个人的潜力，让团队向着更高的目标迈进。 因此，当领导在场时，我们应该抓住机会，为团队成员争取更多荣誉。鼓励团队成员积极参与项目，展现个人的能力和价值，创造出更多的成绩和贡献。同时，我们要善于开展团队合作，保持良好的沟通，确保整个团队共同进步
承诺	在全体与会人员面前，强烈建议对接下来的工作进行明确的分配和规划，创建会议后的承诺清单，包括责任人、具体任务、完成标准、交付时间及交付对象等详细信息。最好将该清单直接打印出来，并要求与会人员亲自签字确认。这样做不仅能够确保每个人都清楚自己的工作职责，还能够加强他们的责任感和执行力。通过明确的分工和承诺，团队能够提高工作效率和质量，确保任务按时顺利完成。 我们还可以借此机会加强沟通和协作。在明确分工的同时，我们可以促进同事之间的相互支持和合作。通过及时沟通和信息共享，我们能够更好地处理问题和解决难题。另外，应该定期回顾和评估工作进展，以便及时调整和改进工作计划。只有保持密切合作和沟通，我们才能确保团队目标顺利达成

第9章 ▶▶▶

AI赋能数字化项目管理之范围管理

9.1 范围管理的挑战

定义了需求之后就需要确定项目范围，明确哪些任务在项目范围之内，哪些任务在项目范围之外，从而明确产品成果或服务的边界。根据产品范围文档编写备选方案并进行评估。数字化项目的范围更模糊、边界更大、干系人更多。

本章列举了六个项目范围管理的高频难点问题。这六个问题和项目范围管理的关系如下：

- 市场趋势分析：帮助确定项目的市场需求和范围。
- 竞争对手分析：明确项目范围内竞争对手的影响。
- 目标用户画像：确定项目的目标用户范围。
- 问卷调查设计：收集需求，明确项目范围。
- 消费者洞察：深入理解用户需求，优化项目范围。
- 行业发展趋势预测：预测行业变化，调整项目范围。

以下描述了如何应用适度思维和程序思维来解决这几个问题。

1. 快速对市场趋势进行深入分析

- 适度思维：评估数据分析结果，找出最关键的趋势，避免被无关信息干扰。
- 程序思维：将市场趋势分析过程分解为数据收集、数据处理、趋势预测三个步骤，确保每步都逻辑清晰。

2. 快速分析竞争对手

- 适度思维：集中分析竞争对手最具竞争力的几个方面，避免过度关注不相关的细节。
- 程序思维：建立一个竞争分析框架，按步骤进行信息收集、分析和结论提炼。

3.快速对目标用户画像进行深入分析

- 适度思维：专注于对业务最有价值的用户群体，避免信息过载。
- 程序思维：按步骤进行数据收集、细分、画像建立，确保流程清晰、可重复。

4.快速对消费者进行问卷调查

- 适度思维：问卷问题设置简明扼要，避免过长或过于复杂。
- 程序思维：按步骤进行目标确定、问卷设计、预测试和正式发布。

5.快速进行消费者洞察

- 适度思维：专注于关键洞察，避免被大量无关数据干扰。
- 程序思维：建立数据收集、分析和洞察提炼的流程。

6.快速对行业发展趋势进行预测

- 适度思维：重点分析对行业影响最大的几个趋势。
- 程序思维：按步骤进行数据收集、趋势分析、模型建立和预测。

应用项目管理新本质思维、新创新思维解决这六个高频难点问题的总结如表9.1所示。

表9.1　本章高频难点问题及解决思路

高频难点问题	解决思路		
	项目管理新本质思维	新创新思维	AI应用
5.如何快速对市场趋势进行深入分析	适度思维（1.3.7节）程序思维（1.3.8节）	—	案例56
6.如何快速分析竞争对手	适度思维（1.3.7节）程序思维（1.3.8节）	—	案例57
7.如何快速对目标用户画像进行深入分析	适度思维（1.3.7节）程序思维（1.3.8节）	—	案例58
8.如何快速对消费者进行问卷调查	适度思维（1.3.7节）程序思维（1.3.8节）	—	案例59
9.如何快速进行消费者洞察	适度思维（1.3.7节）程序思维（1.3.8节）	—	案例60
10.如何快速对行业发展趋势进行预测	适度思维（1.3.7节）程序思维（1.3.8节）	—	案例61

9.2　范围管理的AI应用案例

9.2.1　案例56：AI+对市场趋势进行深入分析

1.知识介绍

通过对市场趋势进入深入分析，企业可以更全面地了解市场的变化和趋势，从而避免在竞争激烈的市场中走弯路。它有助于企业制定正确的营销战略和策略。同时，

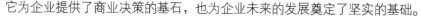

它为企业提供了商业决策的基石，也为企业未来的发展奠定了坚实的基础。

2. 输入AI

请帮我做一下市场趋势分析。我的目标市场是中国，品类是洗发水，希望分析的平台是拼多多、淘宝、京东，具体包括市场规模、市场分析、市场趋势预测、消费者偏好、消费者行为预测等信息。

3. AI回复

根据您提供的信息，我将为您进行市场趋势分析，以中国市场和拼多多、淘宝、京东三个平台为基础。请注意，以下分析结果仅基于一般市场常识和趋势，并不能代表最新数据和具体情况。

（1）市场规模

洗发水是消费品市场中的一个重要品类。中国消费者对个人护理和美容日益关注，因此洗发水市场规模较大。三个平台均在个人护理产品领域具有较高的市场占有率，可覆盖广泛的潜在消费者。

（2）市场分析

在三个平台上，洗发水品类均竞争激烈，有众多品牌和产品供消费者选择。消费者购买时可能考虑品牌知名度、产品功效、价格、口碑等因素。品牌的宣传力度、产品质量和口碑对市场占有率的影响较大。

（3）市场趋势预测

未来洗发水市场在中国有望继续保持增长趋势。随着个人护理意识的增强，消费者越来越注重洗发水的品质与效果，更多地选择成分天然、无硅油、具有滋养修复等功效的洗发水。另外，个性化和定制化的洗发水产品可能受到消费者青睐。

（4）消费者偏好

消费者选购洗发水时会关注洗发水的功效和适用性，如去屑、抗脱发、清洁、保湿等，并对敏感头皮适用和采用天然成分抱有较高的期望。同时，品牌知名度、价格、口碑和促销活动也是消费者考虑的因素。

（5）消费者行为预测

在三个平台上，消费者会参考商品详情页面的描述和图片，关注产品介绍和用户评价，以便做出购买决策。另外，抢购、特价促销、跨境购等活动可能对消费者的购买决策产生影响。具体的消费者行为取决于他们的购买习惯和个人需求。

4. AI回复点评

AI根据提供的信息，对市场规模、市场分析、市场趋势预测、消费者偏好、消费者行为预测等给出了简要分析。在实际情况中，还需要综合考虑市场调研数据和特定品牌的情况，制定合适的市场策略。

9.2.2 案例57：AI+分析竞争对手

1. 知识介绍

通过分析竞争对手，企业可以深入了解其优缺点，识别出竞争对手的不足之处，从而更加注重自身的竞争优势，为企业的发展提供有力支撑。

2. 输入AI

请帮我分析中国洗发水市场上的竞争对手情况，找出主要竞争对手的Listing，并分析竞品的优缺点，对本产品的竞争策略提出建议。

3. AI回复

在中国的洗发水市场上，存在许多竞争对手。以下是一些主要竞争对手及其在拼多多、淘宝和京东上的主要产品。

（1）无患子

主要竞争对手：海飞丝、清扬、舒蕾等。

优点：品牌知名度高、广告宣传力度大、具有去屑功效、适用范围广。

缺点：可能含有硅油成分，部分消费者对其效果可能不够满意。

（2）潘婷

主要竞争对手：海飞丝、花王、施华蔻等。

优点：国际大品牌、产品线全面、市场占有率高、有不同功效的产品可供选择。

缺点：部分产品可能含有化学成分，价格相对较高。

（3）赫妍

主要竞争对手：美肤宝、欧莱雅等。

优点：采用天然植物成分、无硅油、品种多且价格适中。

缺点：知名度相对较低、品牌宣传力度有限。

（4）贝德玛

主要竞争对手：宝洁、哈尔斯、薇风等。

优点：专注于特殊护理、针对敏感头皮、含草本植物成分、对部分消费者非常友好。

缺点：知名度相对较低、市场占有率低。

根据对这些竞争对手的分析，在制定竞争策略时，您可以考虑以下建议。

（1）品牌宣传和市场推广

加大品牌宣传力度，提高品牌知名度和认可度。通过各种渠道进行广告和市场推广活动。

（2）产品差异化

确保产品具有独特的卖点和价值主张，如采用天然成分、无添加剂、功效特殊

等，以满足消费者对个性化和专业化的需求。

（3）消费者体验优化

关注消费者的使用体验，改进产品配方、香味和包装设计等，使消费者感到满意并愿意再次购买。

（4）价格竞争策略

在与主要竞争对手的价格比较中找到平衡点，根据产品定位和目标消费者群体的需求制定合适的价格策略。

（5）渠道拓展

除了拼多多、淘宝和京东等电商平台，可以考虑开拓其他销售渠道，如线下实体店或经销商网络，以提高市场覆盖率。

4. AI回复点评

AI给出了中国洗发水市场的竞争对手情况，分析了竞品的优缺点，并对本产品的竞争策略提出了建议。在实际制定竞争策略时，还需要进行更详细的市场调研和用户调查，以了解消费者需求、行为和偏好，并根据实际情况进行灵活调整。

9.2.3　案例58：AI+对目标用户画像进行深入分析

1. 知识介绍

通过对目标用户画像进行深入分析，企业可以了解目标用户的需求、习惯、价值观等，从而制定更为精准的产品和服务策略，提升市场竞争力。

2. 输入AI

我的目标市场是中国，品类是洗发水，产品优势是性价比高，请帮我做目标用户画像分析。

3. AI回复

根据您提供的信息，我可以为您进行洗发水目标用户画像分析。由于您产品的优势是性价比高，以下是目标用户画像的几个关键要素。

（1）年龄和性别

性价比高的洗发水通常受到不同年龄和性别的消费者的关注。您可以针对不同年龄和性别的人群进行营销定位。

（2）购买力和消费习惯

目标用户可能是对价格敏感但对品质有合理要求的消费者。他们希望购买相对经济实惠的洗发水，但同时对产品的性能和效果有一定的期待。

（3）生活方式和偏好

了解目标用户的生活方式和偏好可以帮助您进一步细化市场定位。例如，他们是城市居民还是农村居民，是追求自然有机还是青睐功能性洗发水等。

（4）价值观和关注重点

目标用户往往关注物有所值和合理消费。他们可能更看重产品的功能、品质、成分安全性及对头皮和头发的保护效果。

（5）购买渠道和行为习惯

了解目标用户的购买渠道和行为习惯，如是在电商平台还是在线下实体店购买等，有助于制定相应的销售和营销策略。

4. AI回复点评

AI给出了目标用户画像的五个关键要素。请注意，这只是根据提供的产品优势进行的一般性分析，具体的目标用户画像还需要结合市场调研数据及产品定位来细化。

9.2.4　案例59：AI+对消费者进行问卷调查

1. 知识介绍

通过对消费者进行问卷调查，企业可以获得更加精准的市场信息，而合理的问卷设计和制作能够提升信息的有效性，提高问卷回收率。

2. 输入AI

请帮我制作一份洗发水的调查问卷，目的是让我清楚了解不同年龄段的消费者喜欢什么样的洗发水。

3. AI回复

好的，下面是一份关于洗发水的调查问卷，希望可以帮助你了解不同年龄段消费者的喜好。

第一部分：个人信息

（1）您的性别

　　①男性

　　②女性

（2）您的年龄段

　　①18岁以下

　　②18~25岁

　　③26~35岁

　　④36~45岁

　　⑤46岁以上

（3）您的职业是什么？

（4）您的月收入是多少？

　　①5000元以下

　　②5001~10000元

③10001~20000元

④20001~30000元

⑤30000元以上

第二部分：洗发习惯与偏好

（5）您每周洗发几次？

（6）您倾向于购买哪种类型的洗发水？

　　①滋养修护型

　　②控油去屑型

　　③头皮清洁型

　　④柔顺亮泽型

　　⑤特殊护理型（如防脱发、增加发量等）

（7）您更注重洗发水的哪些功效？（最多可选择三项）

　　①滋润、保湿

　　②去头屑

　　③控制头皮油脂分泌

　　④营养修护

　　⑤使头发柔顺、亮泽

　　⑥防脱发

　　⑦其他（请注明）＿＿＿＿＿＿

（8）您是否使用采用植物成分的洗发水？

　　①是

　　②否

（9）您是否购买对环境友好、无动物实验的洗发水？

　　①是

　　②否

（10）您对洗发水品牌的忠诚度如何？

　　①非常忠诚

　　②比较忠诚

　　③一般

　　④较不忠诚

　　⑤不忠诚

谢谢您的参与，您的回答对我们非常重要！

4. AI回复点评

AI可以根据特定的目标和需求，自动生成问卷内容和结构，并提供设计建议。它可以分析大量的数据和调查结果，确定最佳的问题顺序、选项和逻辑，从而提升问卷的有效性和可靠性。

9.2.5　案例60：AI+消费者洞察

1. 知识介绍

消费者洞察即深入了解消费者对产品的需求和偏好，有助于企业制定更为精准的产品策略，从而提升市场竞争力。

2. 输入AI

请帮我分析洗发水在淘宝的消费者洞察，包括用户画像、产品使用案例、用户痛点、购买动机、未被满足的需求。请提出几个可以用于产品创新和Listing创建/优化的建议。

3. AI回复

对于洗发水在淘宝的消费者洞察，以下是一些常见的分析要点。

（1）用户画像

①年龄。包括不同年龄段的消费者，如大学生、职场人士、退休者等。

②性别。男性和女性皆有，但女性可能更多。

③地域。消费者来自全国各地，大城市和发达地区的消费者更多。

（2）产品使用案例

①家庭日常使用。清洁、滋养和保护头发、去除头屑等。

②护理和造型。针对特定需求，如染发、烫发、造型等。

（3）用户痛点

①头皮问题。消费者可能关注头皮健康，对头屑、头油等问题感到困扰。

②发质问题。消费者可能有干燥、损伤、细软等头发问题，想找到解决方案。

③敏感性需求。部分消费者可能对特定成分过敏，需要寻找温和、无刺激的洗发水。

（4）购买动机

①品牌影响力。消费者可能更倾向于购买知名品牌的洗发水，认为其品质和效果更可靠。

②价格与性价比。对价格敏感的消费者可能更关注洗发水的性价比和优惠活动。

③用户评价和口碑。消费者常常查看其他用户的评价和推荐，以获得参考和决策依据。

（5）未被满足的需求

①天然有机洗发水。消费者更青睐采用天然有机成分、无添加剂的洗发水。

②特殊护理。消费者可能寻求有特定功效的洗发水，如防脱发、增加发量等。

③定制个性化产品。消费者期望根据个人头发问题和需求定制专属的洗发水。

（6）产品创新和Listing创建/优化建议

①强调产品特点和独特卖点。凸显洗发水的主要功效和特点，有效吸引消费者的注意力。

②提供明确的使用说明和效果描述。详细指导消费者如何正确使用洗发水，并说明预期效果。

③关注用户评价和口碑传播。积极回应用户评价和疑问，增强消费者对产品的信任。

④多样化产品组合。提供不同功效和规格选择，满足不同消费者的需求。

⑤强化品牌形象，加大宣传力度。在Listing中展示品牌的优势和特色，增加消费者对品牌的好感。

4. AI回复点评

AI提出了一些可以考虑的洞察和建议。根据具体市场调研和数据分析，你可以更深入地了解消费者需求，并进行方向优化。

9.2.6 案例61：AI+对行业发展趋势进行预测

1. 知识介绍

通过对行业发展趋势进行预测，企业可以深入了解行业的发展方向，从而提前做好准备，抓住机遇，规避风险。

2. 输入AI

请帮我预测洗发水行业的发展趋势，包括洗发水行业5～10年的发展趋势和变化，同时告诉我该注意什么。

3. AI回复

（1）健康和环保意识

随着消费者对健康和环保的日益关注，洗发水行业将趋向于开发更加天然、有机和环保的产品。消费者更关注成分清单，他们倾向于选择无硅油、无醛和无对羟基苯甲酸酯等洗发水。

（2）个性化定制

消费者需求日益多样化，对个性化定制的洗发水的需求也会增加。洗发水行业可能需要提供更多针对不同头发类型、头皮状况和需求的定制产品，以满足消费者的个性化需求。

（3）科技创新

科技的发展将为洗发水行业带来创新的机会。例如，利用AI和机器学习技术，可以根据消费者的头发和头皮情况提供个性化的洗发水。另外，可持续发展和环境友好的技术将在洗发水行业中得到应用，推动行业向更可持续的方向发展。

（4）电商平台和社交媒体渠道的重要性

随着互联网和移动技术的普及，电商平台和社交媒体成为洗发水行业的重要销售渠道。消费者越来越倾向于在电商平台上购买洗发水，并根据社交媒体上的产品评价和推荐进行决策。

（5）品牌塑造和故事讲述

在竞争激烈的洗发水市场中，品牌塑造和故事讲述变得尤为重要。消费者更倾向于选择具有强烈品牌吸引力和积极形象的洗发水品牌。品牌故事、可持续发展承诺和社会责任等因素将成为品牌吸引力的重要组成部分。

在关注洗发水行业的发展趋势时，以下几点值得注意。

（1）消费者需求和偏好的变化

密切关注消费者需求和偏好的变化，尤其是对绿色环保、特定功效和个性化定制的偏好。

（2）技术创新和科学研究进展

关注洗发水行业中的新技术、新配方及科学研究进展，这将推动行业创新和产品改进。

（3）品牌竞争和市场趋势

研究不同品牌之间的竞争格局及市场趋势，了解市场上成功品牌的策略和消费者反应。

（4）法规和合规要求

特别关注关于洗发水成分、标签声明和安全使用的法规和合规要求，确保产品符合相关法规并满足消费者期望。

4. AI回复点评

洗发水行业将继续变化和发展，留意其发展趋势和注意事项有助企业于抓住机遇并应对挑战。最好的方式是进行深入市场调研和数据分析，以了解当前市场的具体情况和消费者的需求。

第10章 ▶▷▷

AI赋能数字化项目管理之需求管理

10.1 需求管理的挑战

数字化项目的需求变化速度更快、要求更模糊、基础更脆弱。本章将重点解决以下六个高频难点问题：项目资源有限，无法按时满足所有需求；需求总是变化，增加了项目成本并延长了项目周期；客户无明确需求；客户需求不合理；客户需求合理，但资源有限；如何高效编写需求规格说明书。以下描述了如何应用项目管理新本质思维和新创新思维来解决这几个问题。

1. 项目资源有限，无法按时满足所有需求

- 目标思维：明确优先级，集中资源解决最重要的需求。
- 平衡思维：权衡时间、成本和范围之间的关系，找到最优解。
- 系统思维：整体考虑项目资源，优化资源配置。
- 结构思维：分解任务，找到资源使用的关键点和瓶颈。
- 排序思维：按优先级排序任务列表，确保重要任务优先完成。
- 控制思维：通过进度控制和资源监控及时调整计划。
- 适度思维：找到在资源约束下的最佳策略。
- 程序思维：量化资源使用和需求匹配的标准流程。

2. 需求总是变化，增加了项目成本并延长了项目周期

- 目标思维：清晰定义项目目标，区分核心需求和次要需求。
- 平衡思维：在时间、成本和质量之间找到平衡，灵活调整计划。
- 系统思维：建立需求管理系统，有效跟踪和管理需求变化。
- 结构思维：建立变更管理流程，控制需求变更的影响。
- 排序思维：根据变更对项目的影响对其进行排序，优先处理影响大的变更。
- 控制思维：建立变更控制委员会（CCB），评估和批准需求变更。

- 适度思维：评估需求变更对项目整体的影响，采取适当行动。
- 程序思维：建立变更管理流程，将其纳入项目管理框架。

3. 客户无明确需求

- 目标思维：帮助客户明确项目目标和期望结果。
- 平衡思维：在理解不确定需求的情况下，做好需求调研和平衡。
- 系统思维：引导客户系统地进行需求梳理，确保需求清晰。
- 结构思维：利用头脑风暴和访谈技巧细化、结构化需求。
- 排序思维：引导客户按优先级明确需求的重要性。
- 控制思维：实施需求确认和签字流程，确保需求达成一致。
- 适度思维：鼓励客户逐步厘清需求，避免过度设计和过早决策。
- 程序思维：建立需求采集、分析和确认的标准流程。

4. 客户需求不合理

- 目标思维：确定合理需求与项目目标的关联性。
- 平衡思维：权衡合理需求与项目资源、时间、成本之间的关系。
- 系统思维：从系统的角度分析不合理需求背后的原因。
- 结构思维：对需求进行深入分析和结构化重组，找出合理解决方案。
- 排序思维：按照合理性和紧迫性对需求进行排序，优先处理关键需求。
- 控制思维：实施需求审核机制，评估需求的合理性和可行性。
- 适度思维：寻找合理的平衡点，既满足客户需求，又不损害项目目标。
- 程序思维：制定评审和调整需求的流程，确保需求符合项目目标和限制。

5. 客户需求合理，但资源有限

- 目标思维：聚焦最重要的需求，通过资源优化达成目标。
- 平衡思维：平衡需求与可利用资源，设定优先级和阶段性目标。
- 系统思维：全面分析资源限制，找出影响因素并优化资源配置。
- 结构思维：分解需求，评估各部分所需资源，集中资源解决核心问题。
- 排序思维：根据优先级分配资源，确保关键需求优先得到满足。
- 控制思维：实施资源控制和监督，及时调整资源分配。
- 适度思维：在资源限制下寻求最佳实现路径。
- 程序思维：制定资源分配和需求满足的标准化流程。

6. 如何高效编写需求规格说明书

- 目标思维：明确需求规格说明书的核心目标与功能。
- 平衡思维：平衡文档详细程度与实际工作效率，确保需求规格说明书既全面又简洁。
- 系统思维：系统收集和整理需求信息，确保需求规格说明书内容完整。

- 结构思维：按照特定模板和结构编写，提升需求规格说明书清晰度和可读性。
- 排序思维：按优先级排列需求，便于后续开发和实施。
- 控制思维：定期审查和更新需求规格说明书，确保其具有准确性和时效性。
- 适度思维：重点事项展开描述，次要事项保持简洁。
- 程序思维：建立标准化的编写流程，提高编写效率。

从创新思维的角度，本书提供了几种方法：利用第一性原理挖掘最根本的需求，解决项目资源有限、需求总是变化的难题。客户无明确需求，可通过耳听为虚、眼见为实的化虚为实方法解决。面对客户不合理的需求，可采用投入产出分析法，与客户沟通分析结果，提供详细的数据和图表，说明哪些需求是不合理的，并展示其对整个项目的负面影响；提出合理替代方案或调整原计划，确保客户的核心需求能够在合理的范围内得到满足；同时保留数据，以便需要时重新评估。当客户需求合理但资源有限时，可以最大化地利用现有资源，同时通过投入产出分析法和利益交换法实现各方利益平衡。

应用项目管理新本质思维、新创新思维解决这六个高频难点问题的总结如表10.1所示。

表10.1　本章六个高频难点问题及解决思路

高频难点问题	解决思路		
	项目管理新本质思维	新创新思维	AI应用
11. 项目资源有限，无法按时满足所有需求	目标思维（1.3.1节）平衡思维（1.3.2节）系统思维（1.3.3节）结构思维（1.3.4节）排序思维（1.3.5节）控制思维（1.3.6节）适度思维（1.3.7节）程序思维（1.3.8节）	第一性原理（2.2.4节）	案例64
12. 需求总是变化，增加了项目成本并延长了项目周期			案例62
13. 客户无明确需求		耳听为虚、眼见为实（2.3节）	案例65案例66
14. 客户需求不合理		投入产出分析法（2.5.2节）	案例63案例67
15. 客户需求合理，但资源有限		投入产出分析法（2.5.2节）利益交换法（2.5.2节）	案例68
16. 如何高效编写需求规格说明书		—	案例69

10.2　需求管理的方法

10.2.1　Kano模型和镀金属性

Kano模型是一种用于研究和理解顾客需求和顾客满意度的工具（见图10.1）。该模型由日本学者狩野纯于1984年提出，并以他的名字命名，主要关注产品或服务的特征对顾客满意度的影响。

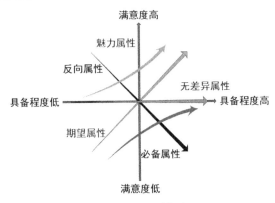

图10.1　Kano模型

Kano模型认为，顾客对于产品或服务的特征有不同的期望和满意度。基于这种不同，Kano模型将产品或服务的特征分为以下几个类别：

- 必备属性（Basic features）。这些特征是顾客的基本需求，当它们得到满足时，顾客会感到满意。但如果这些特征未得到满足，顾客会非常不满。必备属性通常不会给产品或服务带来差异化竞争优势，因为它们被认为是"理所应当的"。

- 期望属性（Expected features）。顾客预期这些特征存在，但即使存在也不会导致特别满意，不存在也不会导致特别不满。这些特征的存在主要是为了达到顾客的最低期望水平，缺乏这些特征可能导致顾客流失。

- 魅力属性（Excitement features）。这些特征是出人意料的、超出顾客期望的，能够为顾客带来额外的满意度。这些特征可以成为产品或服务的差异化竞争优势，吸引更多的顾客。

- 反向属性（Reverse features）。这些特征本来被认为会提升满意度，但实际上导致顾客不满。例如，过于复杂的功能或难以操作的界面可能使顾客感到困惑和不满。

- 无差异属性（Indifferent features）。这些特征对顾客满意度没有显著影响。无论这些特征是否存在，顾客的满意度都不会发生显著变化。换句话说，顾客对这些特征持中立态度，既不会因为它们的存在而感到特别满意，也不会因为它们的缺失而感到特别不满。这类属性在产品开发和改进过程中，通常不是优先考虑的重点。

通过使用Kano模型，企业可以更好地了解顾客对产品或服务特征的需求，并优化产品或服务以提升顾客满意度和市场竞争力。

这个模型是一个很好的启示：所有需求的实现都是要花费时间和成本的，要把时间和成本花在刀刃上，开发出让需求提出者最满意的需求。请思考一下，为什么会产生反向属性？魅力属性会不会变为镀金属性？超出范围的特征叫作镀金属性，镀金属性是不推荐的。魅力属性没有确认，就有可能变成镀金属性。

笔者在这里举个例子。有一家医院找我做网页，他们想要一个简单的网页，只有一个大白框和一个OK按钮。我问他们是否真的需要这样的网页，他们坚持说是。我答应了用五天时间完成，但实际上只需要一天就能完成。于是我开始着手制作，第一天下午就全部完成了。然而，当我看着这个网页时，觉得这样的设计不仅不好看，还会给同行留下糟糕的印象。因此我决定改进一下。我首先为网页设计了一张精美的壁纸，然后加入了一个漂亮的Flash动画。我还添加了一张桥的图片，桥上写着"关爱健康"四个大字，并且不停闪烁。最后，我将修改后的网页交给了客户。我以为他们会很高兴，毕竟我免费为他们添加了很多功能，这符合Kano模型的魅力属性。但是第二天客户就来找我了："你做的什么网页？"

我："有什么不对吗？我觉得做得还是挺专业的。"

客户："你知道这个网页是用来做什么的吗？"

我："不知道啊！"

客户："我这个网页是急诊网页，换句话说，急诊病人进行网上挂号，只要输入病历号，点击ＯＫ按钮就可以了。而你做的网页，你知道是什么效果吗？那些急诊病人打开你的网页，加载壁纸用了30秒，又飘出来一个1分30秒的Flash动画。好不容易动画结束了，又出来一座桥……有用的快点出来吧，别关爱健康了！"

可见，多做了范围之外的工作，客户反而不满意。因为我们并不知道客户是否需要这样的内容，所以做了范围之外的工作属于缺陷，要做也要确认之后才能做。

另外，魅力属性也不是越多越好，毕竟实现需求也是需要花费成本的。在确定需求优先级时，博弈思维能够帮助平衡不同利益方的权益和利益；通过了解并综合考虑各方的需求、期望和资源限制等因素，制定合理的优先级规则，确保资源合理分配和客户价值最大化。在处理需求变更时，优先级思维和边界思维可以帮助分析需求变更对项目进度、成本和风险的影响。优先级思维和边界思维还能够帮助管理者预测并应对各方可能提出的需求变更，从而更好地掌控项目的进展和风险。

10.2.2　需求的三个维度

我们要利用第一性原理思维找到需求的本质。面对客户频繁变更的需求，项目经理既不能一味迁就，也不能强硬拒绝，而应首先判断需求的本质，分析客户为什么要变更需求。可以利用如图10.2所示的思考模型。它由三个维度构成：真需求（Real）、可实现（Realizable）、有价值（Valuable）。

图10.2　需求的三个维度

第一个维度是"真需求"。新需求是不是客户的真实需求？这是一切应对策略的起点。

第二个维度是"可实现"。清楚了客户的需求，还要判断需求能否落地，当前的资源和技术能否支持。

第三个维度是"有价值"。清楚了需求，资源和技术也能支持，那这项任务是否值得做，投入产出比是否满足多方利益？

我们只接受满足这三个维度的需求，不符合这三个维度的需求都可以合理地拒绝："这个需求不是真需求，还需要挖掘。""这个需求是无法实现的。""这个需求是没有价值的。"

10.2.3　需求的三层结构

在需求调研的实践中，我们发现领导者、中层管理者和基层执行者对需求的理解和要求经常完全不一样，如图10.3所示。

需求的三层结构

图10.3　需求的三层结构

领导者主要关注需求的目标是什么，是否满足业务目标。具体如何实现、怎么操作，他们并不关心。

中层管理者更关注需求要实现哪些功能，对于需求的目标往往在理解上有偏差。如果需求调研人员没有调研领导者，而只调研了中层管理者，那么在需求验收时很可能出现不满足领导者需求的情况。另外，中层管理者常常让需求调研人员去找基层执行者调研需求的具体操作。

基层执行者最关心的是需求的具体操作情况，这和他们的工作紧密相关，因此他们更关心操作的易用性、灵活性等。找他们调研需求的目标，以及需求要实现哪些功能，可能调研的方向就错了。

我们在确定需求的过程中，应该按照目标、功能、操作的顺序逐步细化，切不可搞错。

10.2.4　需求挖掘三步法

要找出期望属性和魅力属性，就要进行需求挖掘，这里介绍需求挖掘三步法。

1. 收集需求：理解对方需要什么

收集需求的方法一般包括一对一收集方法（访谈、观察、问卷）、群体收集方法（头脑风暴、提问）和系统收集方法（大纲视图、系统原型、故事板、系统图）。

要获得真实的信息，应该找当事人（影响项目和被项目影响的人）获取信息。也可以查阅材料，主要是一些书面材料，包括报告、邮件、培训材料，以及公司内部的一些问题记录、现有的规范等。

要获得第一手信息，就要来到现场，最好使用观察法。在问问题时，应考虑提问的方式；选择细致程度不同的问题；注意提问的顺序。

如何让对方提供你真正想要的信息？先知道你为什么要问这个问题；要使用业务语言，而不是技术语言；避免表达情感和意见；问题要简单明了。记住最后三个问题：我还需要和其他人谈谈吗？你还有什么问题要问我吗？我还有什么需要知道的吗？

在评估信息时，要注意信息是否完整、正确，不要有遗漏或自相矛盾的地方。

2. 分析需求

- 确定需求属性。
- 确定需求优先级（稳定性、业务风险、技术难度等）。
- 需求建模（业务模型、数据模型、过程模型、用户模型）。

3. 定义需求：正确地记录需求，并且确认对方理解和接受

- 需求文档要结构化、易理解、有组织。
- 利用需求检查清单评审、确认需求。

由于需求的不确定性和复杂性，需求挖掘活动应该持续进行。大部分项目对需求缺乏应有的重视，虎头蛇尾的情况时有发生。请思考一下，你的公司现在的情况怎么样？你们是如何管理需求的？你们有明确和成熟的流程吗？是否每次都由项目经理来决定一个流程？如果有流程，那当前的流程是否有改进的空间？

按照需求挖掘三步法进行需求挖掘，最终形成需求文档，流程是无可挑剔的（如果有可改进的地方，就要及时提出，并按照改进后的流程执行），因此最终得到的需求文档是无可否认的，充分体现了程序思维。但是需求文档是否真正有效，还要看个人的沟通能力。

有人可能问，形成这样的需求文档有什么意义呢？如果后期客户再提出和需求文档不一致或矛盾的需求，就可以顺理成章地拒绝。如果客户坚持后期提出的需求，就以需求文档为基础执行需求变更流程。有了需求变更流程，后面提到的投入产出法、利益交换法就有了依据。

10.2.5　需求变更管理方法

在我们调研的所有项目痛点中，需求变更总是排在第一位。传统项目管理为了解决需求变更的问题，设置了全套应对机制。扮演需求变更"审判官"角色的，是一个叫作"变更控制委员会"的机构，即CCB（Change Control Board）。整体的需求变更流程都是围绕 CCB 搭建的（见图10.4）。流程虽然看上去复杂，但有效减轻了项目经理的压力，因为重大需求变更都得通过变更控制委员会的"裁决"。这体现了传统项目管理"程序正义"的特点。

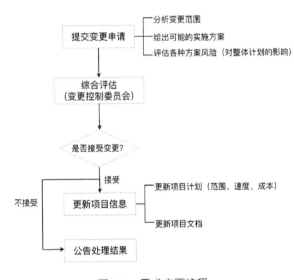

图10.4　需求变更流程

10.2.6　需求管理中的化虚为实思维

理解需求管理中的化虚为实思维，即将抽象、模糊的需求转化为具体、可操作的计划和任务，是需求管理中至关重要的思维方式。在项目管理中，能够准确理解、分析和转化虚拟需求为实际成果，是确保项目成功的关键因素。

在需求管理中，化虚为实思维的运用至关重要。首先，当我们面对抽象和模糊的需求时，化虚为实思维能帮助我们进行更深入的分析和整理，使本来不确定的需求变得更加清晰。其次，化虚为实思维有助于将这些抽象需求转化为具体可执行的任务或计划，从而指导团队将需求落实到实际工作中。

需求管理团队在开展项目需求分析工作时，通过化虚为实思维，能够成功将模糊不清的客户需求转化为明确的产品功能和技术规格，使整个开发团队更准确地理解和落实这些需求，从而有效达成项目目标。其优点是能够提升需求分析的精确度，更好地进行项目管理。其缺点是抽象需求的转化可能存在误差和偏差。

化虚为实思维也需要团队成员具备较强的沟通能力和逻辑思维能力，避免在需求转化过程中出现信息遗漏或误解，确保转化后的实际需求与原始意图一致。

在化虚为实过程中需要充分考虑各种因素的影响，包括资源、时间、风险等，以避免将需求转化为实际任务时出现无法实现的情况或造成不必要的损失。

10.2.7 案例62：两种需求变更方式哪种更好

1. 知识介绍

王进步和艾学习都是项目经理，他们性格不同，对需求变更的看法不同，处理方式也就不同。王进步性格温和，对于客户提出的需求变更，无论大小都给予解决，客户对此非常满意。然而，项目时间往往拖得比较长，项目一再延期。艾学习性格强势，稍有些"盛气凌人"，对于客户提出的需求变更，大多不予理睬，客户对此不太满意。不过，艾学习对项目进度控制得比较好，基本能够按期完成项目。

王进步认为："无论怎样，客户才是第一位的。客户可以给你带来收入，也可以给你带来更多的客户和工作，有什么道理不多配合他们一下呢？说实话，我对艾学习的做法挺欣赏的，可惜行不通。因为客户是上帝，按照艾学习的做法，做一个项目就会丢掉一个客户，太不划算了。"

可是，王进步虽然受到客户的好评，但项目总延期，公司不满意，这也是事实。于是，艾学习边思索边说："当前，国内的项目一般先由销售人员出面签单，再由项目经理接手后续工作，客户关系多在事前已经搞定。出现新的情况后，也许可以由公司的销售人员或商务人员出面与客户沟通，让他们做做客户的工作，项目经理应坚守原则。有人唱红脸，有人唱白脸，这样是不是好一些？"

这是想两头都兼顾啊，张老师笑着说："你想得美！哪有那么容易？销售人员谁还管项目实施？商务人员也不懂业务啊！客户又不是傻瓜，那样反而让人觉得不真诚。公事公办最好，对于客户的要求，可以在有限的范围内给予满足，但不可以做出太大的牺牲。"

2. 案例分析与总结

王进步和艾学习的两种做法无所谓对和错，也许某些情况下王进步的做法合适，某些情况下艾学习的处理得当。但是必须说明，王进步和艾学习面对客户的需求变更时，呈现的是两种比较极端的方式。王进步这样的项目经理对客户谦让，有求必应，自然容易获得客户的好感，但如果客户提出的变更是合同条款之外的内容，那么项目经理能自己做主吗？在软件开发项目中，界面风格的改变、数据库字段的变化等都很常见，涉及的工作量很大，迁就客户的结果往往是项目无限延期，这样真的好吗？艾学习这样的项目经理坚守原则，对客户强势，重视项目进度控制，但客户体验、客户感受往往也是评价项目的重要因素。客户提出的变更，哪些是范围之外的，哪些是范围之内的？是否有合理的地方？是否孕育着新的商机？简单地"大多不予理睬"就行了吗？即便和客户说"不"，难道不需要讲究方式方法，让客户更容易接受？难道所有不理睬客户要求的项目最后都能顺利通过验收？当然，王进步和艾学习也都各有可取之处。客户总是第一位的，多配合他们、多服务他们没有错，也就是说王进步对客户的服务态度是值得肯定的；同样，艾学习的心中装着项目目标，有项目管理的意识，也是值得学习的。如何在王进步和艾学习的做法中找到一个平衡点才是关键。

另外，艾学习错误地认为，她这样做体现了项目管理的程序思维，一切公事公办，签了合同、盖了章就有规则约束，但是别忘了项目管理也有"客户服务意识至上"的思维。该怎样找到程序思维和"客户服务意识至上"思维的平衡点呢？我们的建议是，工作量比较小的变更可以满足；对于工作量比较大的变更，考虑利用投入产出法、利益交换法解决，或者签订合同补充协议，为公司争取收益。

10.2.8 案例63：客户需求不合理怎么办

1. 知识介绍

有时客户提交的需求不合理，不是客户"不讲道理"，而是意识不到新需求背后到底有多少成本。这时就可采用投入产出法，把隐藏代价可视化，让客户有直观感受，帮助他理性思考。这个方法在签合同的时候特别有用，可以提前约束变更、管控需求。白纸黑字写下来，明确提出需求变更的时间线，列明哪些情况可以全部接受，哪些可以部分接受，哪些拒绝接受。同时规定发生需求变更时必须遵守的变更控制流程，以及需求变更导致了交付超期、成本超支、服务超出范围，双方各自的权责是什么。但如果已经签完合同，错过了将上述约束条件写入合同的机会；或者即便重签合同，也依然存在没想到的隐藏成本，又该怎么办？可以使用一个工具，即"隐藏报价单"。需求变更在时间、范围、质量、资源、预算、风险等维度分别会造成什么影响，可以自己先盘点一下，然后可视化出来，告诉客户。

2. 典型案例

客户提出的需求不合理是非常常见的。下面是一个典型案例。

甲方是一家房地产开发公司，他们决定建造一座大厦。在项目启动阶段，甲方提出的需求是在一个非常短的时间内完成这座大厦的建造，并且要求所有工作都以最低成本完成。然而，项目团队通过评估和分析，发现这个需求是不合理的。

首先，在非常短的时间内完成大厦的建造可能影响工程质量。压缩工期可能导致施工过程中的细节被忽视，从而可能引发安全隐患或工程质量问题。

其次，在最低成本下完成项目可能限制资源和材料的选择。如果只注重成本而不考虑品质，就可能使用低质量的材料或采用不合适的施工方法，这也将对大厦的质量和持久性产生负面影响。

要解决这类问题，可以参考本书10.3.3节中案例67的相关内容。

10.2.9 案例64：客户需求合理，但资源有限怎么办

客户需求合理，但因资源有限无法完成，怎么办？

建议采用利益交换思维。利益交换思维是需求管理中的重要概念，指的是在满足需求的过程中，通过将一种利益替换为另一种利益来更有效地利用资源。这种思维在需求管理中具有重要意义，能够帮助组织更好地适应变化的需求，提高资源利用效率。

利益交换思维可以帮助组织更灵活地应对需求变更，及时调整资源配置，从而降低成本、提高效率和适应市场变化。通过合理的资源置换，组织可以更好地满足各种需求，并在竞争中保持优势。

在需求管理中应用利益交换思维的具体方法包括：首先，进行全面需求分析，确定需求变更对利益的影响和要求；其次，进行利益评估，包括对现有利益的成本及可替代性进行全面评估；再次，设计合理的替换方案，在评估的基础上确定替换的利益类型、数量和时机；最后，实施监控，确保利益交换过程风险可控、成本可控，使利益交换顺利进行并取得预期效果。

在实施利益交换时，需要考虑替换后利益的可持续性和稳定性，避免因为资源不稳定而影响需求的满足；同时需注意利益交换可能带来的技术适配、人员培训等方面的问题，确保替换后的资源能够顺利应用于需求管理，并且要注意利益交换的时机，避免对业务造成过大影响。

要解决这类问题，可以参考本书10.3.4节中案例68的相关内容。

10.3 需求管理的AI应用案例

10.3.1 案例65：AI+需求挖掘实例

1. 知识介绍

项目经理王进步要对项目管理平台升级项目进行需求调研。他想了又想，还是和艾学习一起找到张老师，希望张老师帮他出主意，如何进行有效的需求调研。他感觉

现在几个需求代表都没想清楚需求（客户无明确需求）。

　　张老师分析，需求没有想清楚，就要挖掘用户真正的需求是什么。需求挖掘是指通过研究和分析市场、消费者和用户的需求，获取对产品或服务的改进和创新的理解。其目的在于满足市场需求，提高产品或服务的质量和竞争力。通过深入了解用户的需求、期望和挑战，企业可以更好地针对市场需求进行产品开发和服务创新。需求挖掘可以帮助企业掌握市场动态、抓住市场机会、提升品牌形象和增加市场占有率。需求挖掘还有助于发现潜在的市场需求，为企业提供创新和增长的机会。以下列出了常见的需求挖掘方法。

　　（1）市场调研

　　定量调研方法可以通过大规模的问卷调查、统计数据分析等方式收集大量客观的标准化数据，从而得到市场规模、增长趋势、竞争情况等信息。这些数据可以帮助企业了解市场的基本情况，并明确市场的需求和趋势。

　　定性调研方法可以通过深入访谈、焦点小组等方式与消费者、用户直接交流，了解他们的需求、态度和行为。这种方法能够获取更加具体和深入的信息，帮助企业更好地了解用户真实的需求和期望。

　　（2）用户观察

　　通过观察现有用户群体的行为、使用习惯、需求等，可以收集实际的使用数据和用户的反馈意见。这种方法可以更直接地了解用户对产品或服务的需求和满意度，发现潜在的问题和改进点。

　　（3）竞品分析

　　分析竞争对手的产品或服务，可以帮助企业了解市场上同类产品的特点、优势和不足之处。通过对竞品的深入研究，企业可以发现自身产品或服务的劣势和优势，并提取有价值的需求和创新点。

　　（4）数据分析

　　运用数据分析工具和技术，从大量数据中挖掘隐藏的信息和趋势，发现潜在需求和机会。通过对数据的分析和挖掘，企业可以从用户行为、购买记录等方面找到用户的需求和偏好，为产品或服务的改进和创新提供依据。

　　（5）创新思维

　　运用创造性的思维方法如头脑风暴、关联法等，挖掘潜在的需求和解决方案。通过开展创新思维的活动，企业可以激发团队成员的创造力，挖掘用户未曾表达但存在的需求，找出特别的解决方案。

　　张老师对王进步和艾学习说："我帮你们总结了四种更直接、更有效的需求挖掘方法（见图10.5）：找对标、找场景、找内线、给样本。看看AI有什么好建议？"

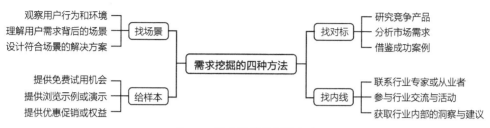

图10.5 需求挖掘的四种方法

2. 输入AI

需求挖掘有很多方法，请针对本项目，结合找对标、找场景、找内线、给样本四种方法提出建议。

3. AI回复

针对本项目，结合四种需求挖掘方法，提出以下建议。

（1）找对标

寻找与本项目类似的成功案例或已经成功升级过项目管理平台的公司，将其作为对标，在实践中获得经验和教训。可以考虑以下建议。

①调研行业内具有类似项目管理平台升级经验的公司，了解其升级策略、周期、问题和解决方案。

②邀请对标公司的代表或专家参加共识会，分享他们的经验和最佳实践。

③研究并借鉴对标公司的升级方案和流程，做出适度调整，以符合本项目的特点和需求。

（2）找场景

通过深入了解研发部门的实际工作案例和需求，规划出具体的功能需求。以下是一些建议。

①与研发部门的工作人员进行定期沟通和访谈，了解他们在项目管理方面的痛点和需求。

②组织焦点小组讨论，让与会者分享他们在不同场景下面临的挑战和需求。

③利用调查问卷、用户反馈等方式收集研发部门对现有项目管理平台的评价和改进建议。

（3）找内线

与研发部门的项目管理人员或领导进行深入交流，了解他们的痛点、需求和期望。以下是一些建议。

①与研发部门的项目管理人员或领导进行面对面、一对一的会议，主动倾听他们的意见和建议。

②邀请研发部门的项目管理人员参与共识会，分享他们的观点和对升级项目管理

平台的期望。

③建立一个反馈机制，让研发部门的项目管理人员能够随时提供意见和反馈。

（4）给样本

建立一个小规模的试点项目，将新升级的项目管理平台应用于其中，以验证其功能和效果。以下是一些建议。

①选择一两个研发部门作为试点项目的参与者，与他们合作推进项目管理平台升级项目。

②收集并分析试点项目执行过程中产生的数据和反馈，评估升级项目管理平台的效果和可行性。

③在共识会上分享试点项目的成果和收获，洞察更多研发部门的兴趣和参与度。

以上四种方法可以结合使用，相互补充，以全面地挖掘需求，并根据挖掘的结果制定升级项目管理平台的方案和策略。

4. AI回复点评

王进步看了AI的回复，思考了一阵，然后说：“我觉得AI说得有道理。我可以找对标，联系本行业其他公司，看看他们的项目管理平台是怎么做的，也可以联系出售项目管理平台的公司；找场景，联系各研发部门的业务代表，了解他们使用目前的项目管理平台时有什么痛点；找内线，联系系统的资深用户，调研有什么痛点。”

AI的回复给了王进步很多实用的操作建议。可以向AI询问项目管理过程中的一些活动、方法的名称，AI会向提问者提供这些活动、方法的说明，并根据提问者的案例给出建议。当然，是否采纳这些建议要提问者自己判断。

张老师用表格总结了AI给出的12条建议，如表10.2所示。

表10.2 AI的建议

方法	AI的建议	后续措施
找对标	调研行业内具有类似平台升级经验的公司	行业调研
	邀请对标公司的代表或专家分享	专家分享
	借鉴对标公司的升级方案和流程	研究方案和流程
找场景	与用户进行定期沟通和访谈	访谈
	组织焦点小组讨论	焦点小组讨论
	利用调查问卷、用户反馈等方式收集建议	问卷调查
找内线	内线人员一对一会议	一对一会议
	内线人员参与共识会	共识会
	建立内线人员反馈机制	反馈机制

续表

方法	AI的建议	后续措施
给样本	一两个研发部门参与试点项目	试点项目
	收集信息并分析试点项目	分析试点项目
	在共识会上分享试点项目	分享试点项目

10.3.2　案例66：AI+问卷调查

1. 知识介绍

张老师提醒王进步，对领导者、中层管理者、基层执行者都要调研，调研的侧重点也要区分。张老师也建议用AI帮助生成调查问卷，如部门领导调查问卷。

2. 输入AI

我是项目管理平台升级项目的项目经理，现在需要对项目管理平台的一个角色——部门领导进行需求调研。请帮我设计一份调查问卷，以了解部门领导对于项目管理平台的关注点、痛点及潜在需求。

3. AI回复

当设计一份调查问卷来了解部门领导对于项目管理平台的关注点、痛点及潜在需求时，可以考虑以下问题。

（1）部门信息

①您在哪个部门？部门的规模和职能如何？

②您在部门中的角色和职责是什么？

（2）使用现状

①您目前使用的项目管理工具或平台是什么？

②您对目前使用的项目管理工具或平台的满意度如何？哪些方面需要改进？

③您觉得目前使用的项目管理工具或平台有什么缺点或不足之处？

（3）关注点和需求

①在日常项目管理中，您最关注哪些指标或功能？

②您在部门中遇到的最大的项目管理挑战是什么？

③对于一个理想的项目管理平台，您有哪些期望和要求？

（4）功能需求

①您希望项目管理平台具有哪些核心功能或模块？

②您认为项目管理平台中应该有哪些协作和沟通工具？

③您对项目管理平台的权限管理和安全性有什么要求？

（5）用户体验

①您对用户界面的易用性和用户体验有什么要求和期望？

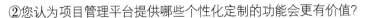

②您认为项目管理平台提供哪些个性化定制的功能会更有价值？

（6）未来发展

①您对项目管理平台未来的发展有什么预期和期望？

②您认为哪些创新技术或功能可以改进项目管理的效率和效果？

以上问题可以帮助您了解部门领导对于项目管理平台的关注点、痛点和潜在需求。您可以根据具体情况进行调整和补充，以便更好地收集相关信息并指导项目的升级和改进。

4. AI回复点评

张老师做了一个表格（见表10.3）对AI的回复进行了分析。

表10.3　AI需求调查问卷结果分析

架　构	问　题	问题归类
被调研人基本信息	您在哪个部门？部门的规模和职能如何	部门信息
	您在部门中的角色和职责是什么	角色和职责
目标、功能、操作均有	您觉得目前使用的项目管理工具或平台有什么缺点或不足之处	挖掘不足
	您对项目管理平台未来的发展有什么预期和期望	挖掘预期
目标	无	无
功能	您认为项目管理平台提供哪些个性化定制的功能会更有价值	定制化功能
	您希望项目管理平台具有哪些核心功能或模块	核心功能
	在日常项目管理中，您最关注哪些指标或功能	核心功能
功能	您认为哪些创新技术或功能可以改进项目管理的效率和效果	挖掘功能
	您认为项目管理平台中应该有哪些协作和沟通工具	引导性提问，引导提出非功能需求
	您对项目管理平台的权限管理和安全性有什么要求	引导性提问，引导提出非功能需求
操作	您对用户界面的易用性和用户体验有什么要求和期望	引导性提问，引导提出易用性和用户体验的非功能需求
	您对目前使用的项目管理工具或平台的满意度如何？哪些方面需要改进	引导性提问，引导提出改进需求

从表中可以看出，AI设计的问题基本上面面俱到。美中不足的是，没有专门针对领导者的目标需求设计问题，操作层面的问题也设计得不够全面。核心功能需求方面的问题比较全面，非功能需求方面的问题虽然有，但是不够全面。可以考虑以下几点改进措施：

- 对于领导者，我们可以补充问题，如直接问他本项目的目标是什么。对于基层执行者，我们可以补充问题，如让他画出核心功能的操作流程图和提出改进需求等。
- 可能领导者一开始没有想清楚项目的目标。可以在领导者听取立项汇报之后，请领导者给出本项目的目标，通过这种手段来挖掘目标需求。
- 中层管理者也可能提出一些目标需求，但是要经过领导者的同意。
- 领导者也可能提出一些操作层面的需求，因为他们也是平台的用户，会从用户的角度提出需求。

王进步经过努力，终于根据用户画像准确挖掘出平台用户的痛点，如图10.6～图10.10所示。

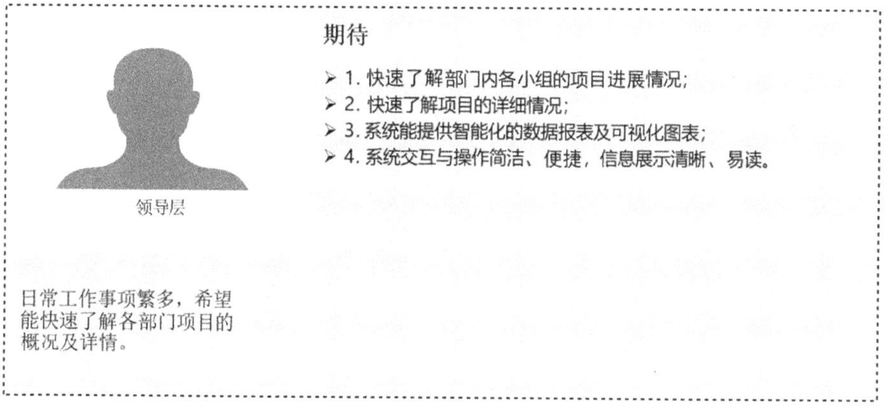

期待

➢ 1. 快速了解部门内各小组的项目进展情况；
➢ 2. 快速了解项目的详细情况；
➢ 3. 系统能提供智能化的数据报表及可视化图表；
➢ 4. 系统交互与操作简洁、便捷，信息展示清晰、易读。

领导层

日常工作事项繁多，希望能快速了解各部门项目的概况及详情。

图10.6 领导层的用户画像

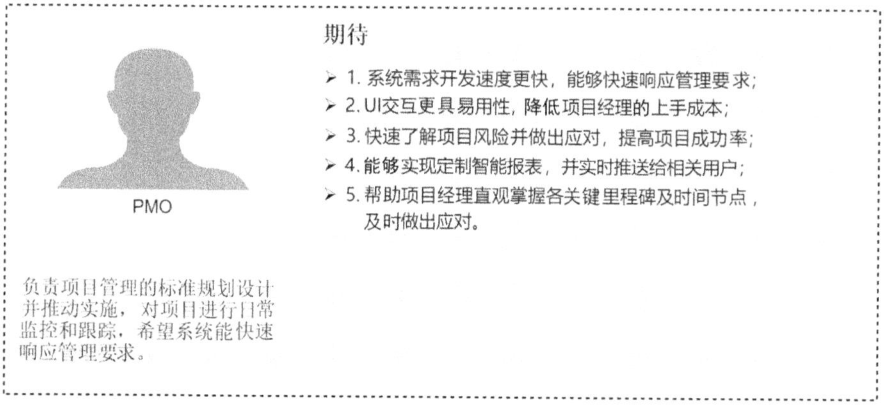

期待

➢ 1. 系统需求开发速度更快，能够快速响应管理要求；
➢ 2. UI交互更具易用性，降低项目经理的上手成本；
➢ 3. 快速了解项目风险并做出应对，提高项目成功率；
➢ 4. 能够实现定制智能报表，并实时推送给相关用户；
➢ 5. 帮助项目经理直观掌握各关键里程碑及时间节点，及时做出应对。

PMO

负责项目管理的标准规划设计并推动实施，对项目进行日常监控和跟踪，希望系统能快速响应管理要求。

图10.7 PMO的用户画像

期待

➢ 1. 系统能对项目过程提供指引；
➢ 2. 系统能提供关键里程碑管理及智能提醒功能；
➢ 3. 快速了解项目需求进展情况；
➢ 4. 清晰了解项目资源使用情况；
➢ 5. 快速了解团队成员的工作负荷；
➢ 6. 清晰了解项目人力缺口；
➢ 7. 对项目风险进行管理和发出预警；
➢ 8. 系统能与OA等外部系统联动，能快速发起和获取OA相关流程。

项目经理

日常忙于具体工作及项目团队管理，希望系统能帮助降低管理成本，提高管理效率。

图10.8　项目经理的用户画像

期待

➢ 1. 快速了解外包团队情况；
➢ 2. 快速了解项目预算使用情况；
➢ 3. 清晰了解部门预算在各项目中的分配情况；
➢ 4. 系统在财务汇报周期内能自动生成项目的财务报表；
➢ 5. 了解外包团队在各项目中的工作量及工作完成情况。

内控人员

负责项目的外包人力管理及预算管理，希望系统能提供相应的数据及信息。

图10.9　内控人员的用户画像

期待

➢ 1. 提前了解项目的资源估算情况，以提前做好资源分配；
➢ 2. 快速了解项目的资源使用情况；
➢ 3. 快速了解项目的应用架构和部署架构，以做出安全性评估。

项目成员

日常为公司各系统及项目的安全、运维提供保障，希望系统能为运维提供资源信息。

图10.10　项目成员的用户画像

5. 第二次输入AI

我是项目管理平台升级项目的项目经理，经过调研，以下是项目管理平台各用户

的痛点。请帮我总结用户痛点主要是哪几点。

6. 第二次AI回复

总体来说，用户痛点有以下几点。

（1）项目数字化管理水平有待提升

项目管理文档化，无法对项目进行结构化分解及管控，项目管理数字化水平落后于其他头部公司。

（2）交互体验不佳

目前的项目管理平台交互体验不佳，在未经培训的情况下，项目经理甚至不知道应在哪里发起相关的项目流程。

（3）信息获取困难

领导层无法快速获取部门的项目进展、项目资源分配、项目人力情况等项目总览及细节，项目实际情况"黑盒化"。

（4）升级及维护成本过高

目前的项目管理平台是外购平台，其架构设计与公司实际不符，新功能的开发及相关功能升级成本过高。

（5）项目资源及预算不清晰

目前的项目管理平台未能与相关平台实现高效联动，无法获取项目资源；未对项目预算进行精细化管理，预算管理困难。

7. 第二次AI回复点评

总结提炼是AI最基本的功能，效率高且准确。原本王进步调研的5个角色有25个期待（或痛点），经过AI的总结提炼，变成了5个高度概括的痛点。张老师据此整理了一个表格（见表10.4）。

表10.4　AI总结提炼痛点的结果分析

原本的痛点	高度概括的痛点
1. 无法管理项目风险并发出预警； 2. 缺乏智能化的数据报表及可视化图表	项目数字化管理水平有待提升
1. 系统交互与操作复杂、困难，信息展示没有做到清晰、易读； 2. UI交互不易用，项目经理上手成本高； 3. 缺乏项目过程指引； 4. 缺乏关键里程碑管理和智能提醒功能	交互体验不佳
1. 无法快速了解部门内各小组的项目进展情况； 2. 无法快速了解项目的详细情况； 3. 无法快速了解项目风险并做出应对，影响项目成功率； 4. 无法直观掌握各关键里程碑及时间节点，无法及时应对； 5. 无法快速了解项目需求进展情况； 6. 无法快速了解项目的应用架构和部署架构	信息获取困难

原本的痛点	高度概括的痛点
1. 系统需求开发速度慢，无法快速响应管理要求； 2. 缺乏定制智能报表功能，无法实时推送给相关用户； 3. 无法与 OA 等外部系统联动，无法快速发起和获取 OA 相关流程	升级及维护成本过高
1. 无法清晰了解项目资源使用情况； 2. 无法快速了解团队成员的工作负荷； 3. 无法清晰了解项目人力缺口； 4. 无法快速了解外包团队情况； 5. 无法快速了解项目预算使用情况； 6. 部门预算在各项目中的分配情况不清晰； 7. 财务汇报周期内不能自动生成项目的财务报表； 8. 无法了解外包团队在各项目中的工作量和工作完成情况； 9. 无法提前了解项目的资源估算情况； 10. 无法快速了解项目的资源使用情况	项目资源及预算不清晰

当然，在需求挖掘的过程中，AI能发挥的作用还有很多，包括设计调查问卷、分析需求优先级、评审需求、归纳总结需求等，这里就不一一举例了。

10.3.3　案例67：AI+投入产出分析

1. 知识介绍

王进步这次需求调研做得很好，但是他又发现了新的问题，于是又找到张老师问："通过需求调研，我挖掘了很多用户需求，有几个需求技术上的实现难度不大，但我觉得不合理，该怎么办呢？"

张老师的建议是："需求方要求升级的项目管理平台具备预测未来项目进展和结果的能力，能够准确预测项目成功与否，并提前预警风险。可以用AI的投入产出分析法对此不合理需求进行分析并拒绝。"

2. 输入AI

假设在本项目的需求调研过程中，需求方提交了以下技术上很容易实现，却不合理的需求："升级的项目管理平台具备预测未来项目进展和结果的能力，能够准确预测项目成功与否，并提前预警风险。"请从时间、范围、质量、资源、预算和风险等维度进行投入产出分析，看看这个需求分别会造成什么影响。

3. AI回复

这个技术上很容易实现却不合理的需求对于时间、范围、质量、资源、预算和风险等维度都会造成一定影响。

（1）时间

可能需要大量的时间来研发和调整算法模型，以确保准确预测项目进展和结果。这会导致项目的开发周期延长，影响项目的及时交付。

（2）范围

为满足这一需求，项目管理平台的功能范围需要扩展到包含复杂的预测算法和模型。这将导致项目范围扩大，可能超出最初的计划，并使开发和测试更复杂。

（3）质量

由于项目管理平台需要具备预测能力，算法和模型的准确性对于预测结果的可靠性至关重要。如果技术实现的难度被低估或算法模型存在缺陷，则预测的准确性可能受到严重影响，导致误导决策和结果不可靠。

（4）资源

实现预测项目进展和结果的功能可能需要投入大量技术人员和研发资源。这将增加项目的技术人力需求和成本，影响资源规划和分配。

（5）预算

扩展项目管理平台以实现预测功能可能导致预算超支。研发成本、培训成本和维护成本的增加可能对项目预算产生不利影响。

（6）风险

依赖自动化预测可能带来一定风险。过度依赖这种技术可能导致决策的盲从和预测的错误，从而导致项目失败或无法及时发现和应对风险。

因此，实现这个需求看似容易，却不合理，主要有以下几个问题。

（1）不确定性的挑战

项目进展和结果受到多种因素的影响，包括人员变动、环境变化、外部干扰等。未来的事情是不确定的，无法通过简单的模型或算法来准确预测项目成功与否。

（2）多样性的难题

项目的多样性和复杂性使得预测项目进展和结果变得更加困难。不同项目的特点、需求和风险因素都各不相同，需要深入分析和判断。

（3）经验和决策的重要性

项目管理涉及众多决策和经验的运用，单纯依赖技术工具的预测无法取代人们经验和智慧的判断。

针对这个在技术上很容易实现却不合理的需求，建议与需求方沟通，解释以下观点。

- 强调未来事情的不确定性和多样性，无法准确预测项目进展和结果。
- 提醒需求方项目管理中人的经验和决策的重要性，技术工具只能作为辅助，而非完全替代人的工作。
- 鼓励需求方关注其他可行的功能需求，如更有效的团队协作、风险评估和进度管控等。

总之，我们可以通过与需求方进行合理沟通和解释，帮助他们理解预测项目进展和结果的挑战和限制，进而更加合理地确定项目管理平台的功能需求。

4. AI回复点评

综上所述，这个不合理的需求对项目的时间、范围、质量、资源、预算和风险等方面都会造成负面影响。因此，需要与需求方进行充分沟通和解释，以便明确技术限制和实际可行的功能需求，确保项目顺利进行和成功交付。

AI的回复首先从提问中提到的时间、范围、质量、资源、预算、风险等维度进行投入产出分析，给出了合理的理由，包括延长项目时间、扩大项目范围、影响项目质量、需要增加资源和成本、导致预算超支、带来一定风险等。难能可贵的是，AI还针对本案例中的这一特定需求分析了可能带来的三个问题：不确定性的挑战、多样性的难题、经验和决策的重要性，并提出三个观点：强调未来事情的不确定性和多样性、提醒需求方项目管理中人的经验和决策的重要性、鼓励需求方关注其他可行的功能需求，回答得更有针对性。

当然，AI的回复只是提供了思考建议，最重要的是不断总结和积累自己的投入成本清单，并形成自己的知识库，如表10.5所示。

表10.5　投入成本清单

内容	细节举例
时间	1. 需要重新评估项目计划和进度； 2. 需要与相关方重新协商并达成一致； 3. 需要调整开发、测试和上线的时间安排
范围	1. 需要重新分析已有的需求文档或需求规格说明书，识别和确认新的需求； 2. 需要编写和更新相关的需求文档； 3. 需要与开发人员沟通，确保他们能够理解和完成新的需求
质量	1. 需要重新评估已有的测试计划和测试用例，查看是否需要调整以覆盖新需求； 2. 需要进行新的功能测试和系统集成测试，确保新需求的质量； 3. 需要进行用户验收测试，确保新需求满足用户期望
资源	1. 需要重新评估和调整开发团队的人员配备，确保能够满足新需求的开发和测试工作； 2. 需要再次评估并调整任何必要的硬件、软件和设备资源
预算	1. 需要多少预算？ 2. 会超支多少？ 3. 潜在的人员和材料费用会增加多少？ 4. 需要重新评估项目预算并进行合理调整，包括人力资源方面的成本和采购方面的成本
风险	1. 现在进行变更会带来什么风险？ 2. 时间节点是否延误？ 3. 是否涉及法律风险？ 4. 需要重新评估新需求带来的潜在风险，并制订相应的风险管理计划； 5. 需要重新评估项目整体风险，确保新需求不会对项目成功产生重大影响
备用方案	有没有更匹配的方案

10.3.4 案例68：AI+利益交换

1.知识介绍

小王是一家软件服务公司的销售代表，他经过漫长的谈判，即将和一个大客户签约。但是在签约时，大客户变卦了，要求价格下调15%。客户非常强势，表明不降价就不签约。

小王深入分析了为何对方在临近签约时突然提出15%的降价。双方初次合作，缺乏基础信任，因此对方希望通过这种方式获得一些心理上的安慰和平衡，同时借机检验自己是否真心愿意与其合作。面对这种情况，应如何应对呢？让我们看看AI是否能提供一些建设性的建议。

直接询问AI时，通常得到的建议浮于表面，并未切中要害。因此，应该给予AI一个明确的指导方向，以期得到更实用的回答。例如，类似场景正是项目经理展现价值的最佳时机。项目经理应将对方提出的每项变化都视为扩大自身权益的机会。应随机应变，灵活调整以顺应变化，并重新确立整个项目的目标。该如何做呢？答案就在"利益交换"四个字中，以确保事态朝着双方共赢的方向发展。一般可采用以下四种方式：用承诺换资源、用投入换资源、用服务换资源、用资源换取机会。下面让AI分析如何通过这四种方式换取更好的机会。

2.输入AI

角色：软件服务项目的销售代表

情况：经过漫长的谈判，即将和一个大客户签约。但是在签约时，大客户变卦了，要求价格下调15%。

难点：客户非常强势，表明不降价就不签约。

问题：不愿放弃签单机会，面对强势客户该怎么办？在项目管理的世界里，该怎么通过利益交换的方式应对需求变更的"危机"呢？我们整理了四种方式，分别是用承诺换资源、用投入换资源、用服务换资源、用资源换机会。请针对此案例，分析如何用这四种方式换取更好的机会。

3.AI回复

在强势客户要求价格下调的情况下，作为销售代表，可以考虑运用以下四种方式应对需求变更的"危机"。

（1）用承诺换资源

向客户做出承诺，提供额外的价值或增加其他服务。可以承诺提供更长时间的技术支持、培训、定制化功能等。这样可以维持合同的利益平衡，并为客户提供更多选择。

（2）用投入换资源

在与客户谈判时，强调公司对项目的专业投入和经验。展示公司实力和能力，通过证明项目的质量和提供成功交付记录来获得客户的信任，并使其认识到降低价格可能影响项目质量。

（3）用服务换资源

通过提供更高水平的服务来回应客户的要求，包括更短的响应时间、个性化的支持、定期评估和改进等。这样可以提升客户满意度，从而为公司争取更好的机会。

（4）用资源换机会

在与客户谈判时，提议采用可替代的资源或方案来满足他们的需求。例如，推荐使用替代型产品或解决方案，或者将特定的功能或模块交给外部供应商处理。通过灵活运用资源和合作方式，找到双方都满意的解决方案。

综合运用上述方式并灵活应对客户的要求，可以找到更好的解决方案，减少对项目前景的不利影响。重要的是与客户积极沟通，寻求双方都能接受的条件，以实现共赢。

4. AI回复点评

AI的回复结果可以用表10.6表示。

表10.6　AI利益交换结果分析

方法	客户需求变化情况	可以交换的维度
用承诺换资源	降低价格	1. 提供额外的价值； 2. 增加其他服务，如提供更长时间的技术支持、培训、定制化功能等
用投入换资源		强调对项目的专业投入和经验，说明降低价格可能影响项目质量
用服务换资源		提供更高水平的服务，如更短的响应时间、个性化的支持、定期评估和改进等
用资源换机会		采用可替代的资源或方案，如推荐使用替代型产品或解决方案，或者将特定的功能或模块交给外部供应商处理

AI的回复给出了具体的操作建议。当然，最重要的是不断总结和积累自己的利益交换清单，并形成自己的知识库，如表10.7所示。

表10.7　利益交换清单

方法	客户需求变化情况	可以交换的维度
用承诺换资源	新增服务	1. 在做出承诺的同时增加与客户合作的资源； 2. 介绍更多项目合作机会； 3. 承诺在紧急情况下加班以满足需求变更，但需要延长项目交付时间
用投入换资源	缩短工期	1. 提供更多的信息、材料、技术支持； 2. 要求客户提前付款
	更多曝光资源	1. 对方更多地配合我方行动； 2. 对我方活动进行宣传和曝光

续表

方法	客户需求变化情况	可以交换的维度
用服务换资源	降低价格	1. 提供额外的人工服务； 2. 提供产品服务
用资源换机会	增加新的交付物	1. 提前锁定未来合作； 2. 请客户介绍新客户； 3. 增加新的项目机会； 4. 对项目团队的肯定； 5. 可以考虑将某些功能或特性暂时搁置，以保证项目按计划推进，并在以后的版本或迭代中引入

10.3.5　案例69：AI+高效编写需求规格说明书

1. 知识背景介绍

AI可以根据模板要求编写需求规格说明书。产品经理可以在此基础上进行完善。

2. 输入AI

用中文回答，现在你扮演一名高级产品经理，请根据我提供的主题和产品功能写一份需求规格说明书，要求包括这些内容：主题、介绍、问题陈述、项目目标、用户故事、技术要求、好处、关键绩效指标、开发风险、结论。项目主题是项目管理平台升级项目。

3. AI回复

（1）主题

项目管理平台升级项目需求规格说明书。

（2）介绍

本说明书旨在定义一个项目管理平台升级项目的产品需求，以满足用户对功能改进和用户体验提升的需求。

（3）问题陈述

当前项目管理平台存在一些功能限制和体验不佳之处，需要进行升级来提高用户的工作效率，并增强平台的竞争力。该平台升级项目需要明确功能改进、技术要求和开发风险等方面的需求。

（4）项目目标

该项目的目标是通过升级，使项目管理平台提供更加全面且易用的功能，提高用户的工作效率和满意度。同时，该项目旨在应对市场竞争，保持平台的领先地位。

（5）用户故事

作为项目经理，我希望能够通过升级后的项目管理平台更方便地创建和管理项目、跟踪任务进度、促进团队成员协作和交流、查看项目报告和分析数据等，从而提高项目工作效率，并更好地管理项目。

（6）技术要求

①优化平台的响应速度和性能，以应对大规模项目和高并发使用情况。

②提供可定制的仪表盘，用户可以根据自己的需求设置显示的指标和报告。

③引入可视化的项目计划和任务分配功能，方便用户进行项目进度管理和调整。

④支持多平台和移动设备的访问和使用，提供更灵活的工作环境。

（7）好处

①提供更全面、易用的功能，提高用户的工作效率和满意度。

②通过优化性能和响应速度，缩短用户在平台上的等待时间。

③提供可定制的仪表盘，帮助用户更好地监控项目状态和关键指标。

④支持多平台访问，方便用户随时随地管理项目，以及进行团队协作。

（8）关键绩效指标

①用户活跃度。包括用户的登录频率、使用时长等指标，反映了用户对平台的积极度。

②平台性能。衡量平台响应速度和稳定性，以确保用户满意。

③用户满意度调查结果。了解用户对平台新功能和用户体验改进的评价和反馈。

（9）开发风险

①技术实现。确保项目的技术要求能够得到满足，并考虑在升级过程中可能出现的技术风险。

②用户接受度。需定期与用户进行沟通、测试和反馈，以确保新功能和用户体验改进符合用户期望。

（10）结论

通过编写项目管理平台升级项目的需求规格说明书，我们可以明确升级项目的目标和用户需求，并对功能改进、技术要求和开发风险等方面进行规划。这有助于推动项目顺利进行，并为用户提供更好的项目管理工具和体验。

4. AI回复点评

张老师向AI提出的要求是，需求规格说明书包括主题、介绍、问题陈述、项目目标、用户故事、技术要求、好处、关键绩效指标、开发风险、结论等内容。当然，你还可以提出更多详细要求，如目标用户、用户规模、性能要求、安全要求、扩展要求等。你也可以为AI提供更多信息，这样它回复的内容就会更加详细、准确。

针对这个项目管理平台升级项目，项目经理可以和AI连续对话，如AI总结了项目的用户痛点之后，不关闭对话，接着问AI：用中文回答，现在你扮演一名高级产品经理，请根据我提供的主题和产品功能写一份需求规格说明书，要求包括这些内容：主题、介绍、问题陈述、项目目标、用户故事、技术要求、好处、关键绩效指标、开发风险、结论。项目主题是项目管理平台升级项目。

项目经理也可以在和AI对话时直接告诉AI项目的用户痛点，让AI根据用户痛点生成需求规格说明书，同时在需求规格说明书中增加需要的内容，如目标用户、用户规模、性能要求、安全要求等。

5. 第二次输入AI

用中文回答，现在你扮演一名高级产品经理，请根据我提供的主题和产品功能写一份需求规格说明书，要求包括这些内容：主题、介绍、问题陈述、项目目标、用户故事、技术要求、好处、关键绩效指标、开发风险、目标用户、用户规模、性能要求、安全要求、扩展要求、结论。项目管理平台的用户痛点如下：

- 项目数字化管理水平有待提升。项目管理文档化，无法对项目进行结构化分解及管控，项目管理数字化水平落后于其他头部公司。
- 交互体验不佳。目前的项目管理平台交互体验不佳，在未经培训的情况下，项目经理甚至不知道应在哪里发起相关的项目流程。
- 信息获取困难。领导层无法快速获取部门的项目进展、项目资源分配、项目人力情况等项目总览及细节，项目实际情况"黑盒化"。
- 升级及维护成本过高。目前的项目管理平台是外购的，其架构设计与公司实际不符，新功能的开发及相关功能升级成本过高。
- 项目资源及预算不清晰。目前的项目管理平台未能与相关平台实现高效联动，无法获取项目资源；未对项目预算进行精细化管理，预算管理困难。

6. 第二次AI回复

需求规格说明书：项目管理平台升级项目

（1）主题

提升项目数字管理化水平，优化交互体验，解决信息获取困难的问题，降低升级及维护成本，实现项目资源及预算的清晰管理。

（2）介绍

项目管理平台是一个针对公司内部项目管理需求设计的在线平台，通过结构化分解和管控项目，提高管理效率和可视化程度。平台还通过改善交互体验和提供全面的项目数据，帮助领导层快速获取项目进展和资源使用情况。同时，平台通过改进架构设计和精细化预算管理，降低升级及维护成本，提高资源利用效率。

（3）问题陈述

①项目数字化管理水平有待提升。

②交互体验不佳。

③信息获取困难。

④升级及维护成本过高。

⑤项目资源及预算不清晰。

（4）项目目标

项目目标是提升项目数字化管理水平、降低管理成本、优化用户体验。可通过实现以下目的来达成目标。

①实现项目的结构化分解和管控，提高管理效率。

②改善平台的交互体验，降低学习成本。

③提供全面的项目数据和图表，方便领导层获取项目进展和资源使用情况。

④优化架构设计和预算管理，降低升级及维护成本。

⑤实现项目资源和预算的精细化管理。

（5）用户故事

①作为项目经理，我希望能够轻松地对项目进行结构化分解和管控，以便提高管理效率。

②作为领导者，我希望能够快速获取部门的项目进展和资源使用情况，以便做出决策。

③作为项目成员，我希望能够降低平台的升级及维护成本，以便减轻工作负担。

（6）技术要求

①架构设计需要符合公司实际需求。

②提供友好的用户界面和良好的交互体验。

③数据存储和处理需要满足数据安全和隐私保护的要求。

④需要与相关外部平台实现高效联动。

（7）好处

①提高项目管理效率和可视化程度。

②降低学习成本，提升用户满意度。

③快速获取项目进展和资源使用情况，加强决策支持。

④降低升级及维护成本，减轻项目成员工作负担。

⑤实现项目资源和预算的精细化管理，提高资源利用效率。

（8）关键绩效指标

①平台使用率和用户满意度。

②项目管理效率提高的百分比。

③平均升级及维护成本下降的百分比。

④项目资源利用效率提高的百分比。

⑤预算管理的准确性和精细度。

（9）开发风险

①需要与其他外部平台进行高效联动，可能面临数据集成和接口兼容性的挑战。

②架构设计的改进和升级可能需要一定的技术变革和资源投入。

③用户习惯的改变可能导致一定的学习曲线和适应期。

（10）目标用户

公司内部的项目经理、领导层和项目成员。

（11）用户规模

预计有数百名项目经理、数十名领导者和数十名项目成员使用该平台。

（12）性能要求

平台需要具备稳定运行、高并发处理和快速响应的性能。

（13）安全要求

平台需要保障数据的安全性和隐私，并符合相关的法律法规。

（14）扩展要求

平台需要具备良好的可扩展性，以适应未来的业务增长和用户规模的变化。

（15）结论

通过升级项目管理平台，我们可以有效解决现有平台存在的问题，提升公司的项目管理水平。这将带来更好的用户体验，降低管理成本，并提升决策的准确性。同时，我们需要充分考虑开发过程中可能遇到的风险，并积极应对，确保项目顺利实施。

7. 第二次AI回复点评

AI这次的回复更加详细。我们列个表格对比一下两次回复，如表10.8所示。

表10.8　两次AI回复的对比分析

内容	第一次AI回复	第二次AI回复
问题陈述	当前项目管理平台存在一些功能限制和体验不佳之处，需要进行升级来提高用户的工作效率，并增强平台的竞争力。该平台升级项目需要明确功能改进、技术要求和开发风险等方面的需求	1. 项目数字化管理水平有待提升； 2. 交互体验不佳； 3. 信息获取困难； 4. 升级及维护成本过高； 5. 项目资源及预算不清晰
项目目标	该项目的目标是通过升级，使项目管理平台提供更加全面且易用的功能，提高用户的工作效率和满意度。同时，该项目旨在应对市场竞争，保持平台的领先地位	项目目标是提升项目数字化管理水平、降低管理成本、优化用户体验。可通过实现以下目的来达成目标： 1. 实现项目的结构化分解和管控，提高管理效率； 2. 改善平台的交互体验，降低学习成本； 3. 提供全面的项目数据和图表，方便领导层获取项目进展和资源使用情况； 4. 优化架构设计和预算管理，降低升级及维护成本； 5. 实现项目资源和预算的精细化管理

内容	第一次AI回复	第二次AI回复
用户故事	作为项目经理，我希望能够通过升级后的项目管理平台更方便地创建和管理项目、跟踪任务进度、促进团队成员协作和交流、查看项目报告和分析数据等，从而提高项目工作效率，并更好地管理项目	1.作为项目经理，我希望能够轻松地对项目进行结构化分解和管控，以提高管理效率； 2.作为领导者，我希望能够快速获取部门的项目进展和资源使用情况，以便做出决策； 3.作为项目成员，我希望能够降低平台的升级及维护成本，以便减轻工作负担
技术要求	1.优化平台的响应速度和性能，以应对大规模项目和高并发使用情况； 2.提供可定制的仪表盘，用户可以根据自己的需求设置显示的指标和报告； 3.引入可视化的项目计划和任务分配功能，方便用户进行项目进度管理和调整； 4.支持多平台和移动设备的访问和使用，提供更灵活的工作环境	1.架构设计需要符合公司实际需求； 2.提供友好的用户界面和良好的交互体验； 3.数据存储和处理需要满足数据安全和隐私保护的要求； 4.需要与相关外部平台实现高效联动
好处	1.提供更全面、易用的功能，提高用户的工作效率和满意度； 2.通过优化性能和响应速度，缩短用户在平台上的等待时间； 3.提供可定制的仪表盘，帮助用户更好地监控项目状态和关键指标； 4.支持多平台访问，方便用户随时随地管理项目，以及进行团队协作	1.提高项目管理效率和可视化程度； 2.降低学习成本，提升用户满意度； 3.快速获取项目进展和资源使用情况，加强决策支持； 4.降低升级及维护成本，减轻项目成员工作负担； 5.实现项目资源和预算的精细化管理，提高资源利用效率
关键绩效指标	1.用户活跃度：包括用户的登录频率、使用时长等指标，反映了用户对平台的积极度； 2.平台性能：衡量平台响应速度和稳定性，以确保用户满意； 3.用户满意度调查结果：了解用户对平台新功能和用户体验改进的评价和反馈	1.平台使用率和用户满意度； 2.项目管理效率提高的百分比； 3.平均升级及维护成本下降的百分比； 4.项目资源利用效率提高的百分比； 5.预算管理的准确性和精细度
开发风险	1.技术实现：确保项目的技术要求能够得到满足，并考虑在升级过程中可能出现的技术风险； 2.用户接受度：需定期与用户进行沟通、测试和反馈，以确保新功能和用户体验改进符合用户期望	1.需要与其他外部平台进行高效联动，可能面临数据集成和接口兼容性的挑战； 2.架构设计的改进和升级可能需要一定的技术变革和资源投入； 3.用户习惯的改变可能导致一定的学习曲线和适应期
目标用户	无	公司内部的项目经理、领导层和项目成员
用户规模	无	预计有数百名项目经理、数十名领导者和数十名项目成员使用该平台

续表

内容	第一次AI回复	第二次AI回复
性能要求	无	平台需要具备稳定运行、高并发处理和快速响应的性能
安全要求	无	平台需要保障数据的安全性和隐私，并符合相关的法律法规
扩展要求	无	平台需要具备良好的可扩展性，以适应未来的业务增长和用户规模的变化

　　很明显，第二次AI回复的内容更有针对性。总结一下，在充分挖掘需求的基础上，产品经理将收集到的信息整理为格式化的文件，然后与AI对话，更加深入地分析收集到的需求文件，如提取关键词、归纳总结等，以帮助我们更好地理解用户的关注点、痛点及潜在需求。再次与AI对话，让AI根据我们指定的需求规格说明书的模板，生成需求规格说明书的初稿。

第11章 ▶▶▶

AI赋能数字化项目管理之计划管理

11.1 计划管理的挑战

数字化项目的计划更难规划、估算更困难、技术风险更多。本章将重点解决如何制订一份重点清晰的计划、如何与团队成员就计划达成共识、如何在计划阶段识别风险三个高频难点问题。

以下描述了如何应用项目管理新本质思维和新创新思维来解决这几个问题。

1. 如何制订一份重点清晰的计划?

（1）目标思维

- 确定项目核心目标：明确你要实现的最终结果和关键里程碑。
- 设定具体、可量化的指标：确保重点任务能够衡量并跟踪。

（2）结构思维

- 分解项目任务：将大任务分解为小任务，并按照逻辑关系组织。
- 使用工具支持：如甘特图、工作分解结构（WBS）等。

（3）排序思维

- 确定任务优先级：识别哪些任务对实现目标最关键，并优先处理。
- 制定时间表和里程碑：确保你在完成各项重点任务的过程中有清晰的时间安排。

（4）程序思维

- 流程制定：定义清晰的步骤和责任，确保任务按顺序执行。
- 建立反馈机制：经常审查和调整计划以应对变化。

2. 如何与团队成员就计划达成共识?

（1）目标思维

- 清晰传达目标：确保每个成员都理解计划的主要目标和重要性。
- 对齐个人目标：将团队成员的个人目标与项目目标进行对齐，确保大家朝同一个方向努力。

（2）系统思维

- 整体视角：让团队成员了解他们的工作如何融入整个项目。
- 逻辑关系：解释任务之间的关系，帮助团队理解各自工作的依赖和影响。

（3）平衡思维

- 考虑多方利益：在制订计划时，考虑团队成员的工作量和合作的舒适度。
- 协调资源分配：确保资源合理分配，没有过度负荷或资源浪费。

（4）适度思维

- 灵活调整：留有余地，以应对不可预见的变化和需求。
- 合理预期：避免过于理想化的计划，设定现实的目标和期限。

3. 如何在计划阶段识别风险

（1）系统思维

- 全局视角：从整个项目生命周期的角度识别可能的风险点。
- 多层次分析：考虑内部（团队、资源等）和外部（市场、技术等）因素。

（2）控制思维

- 风险评估：对已识别的风险进行评估，考虑其发生概率和潜在影响。
- 采取预防措施：设计和实现预防措施，以降低风险的发生概率和影响。

（3）结构思维

- 分类与分解：将可能的风险按类型分类，如技术风险、市场风险、运营风险等，并逐层分解。
- 逐步细化：对高优先级风险进行深入分析，制定具体的应对策略。

（4）适度思维

- 灵活响应：准备好灵活的应对计划，一旦风险变为现实，就能迅速反应。
- 合理程度：不要过度投资于发生概率低、影响小的风险，合理配置资源。

从创新思维的角度，本书提供了两种方法：耳听为虚、眼见为实的化虚为实方法和"事前验尸"法。

"耳听为虚、眼见为实"强调了观察和实地验证的重要性，在推动团队就计划达成共识时可以通过以下方式运用该方法。

（1）实地调查和演示

- 实地调查：在制订计划前，带领团队进行实地调查或勘察。例如，在产品开发阶段，可以去用户现场了解需求，观察实际使用环境。
- 演示和原型：制作原型或进行小规模试点，向团队成员展示计划的可行性和预期效果，通过实际体验来验证假设。

（2）数据和证据支持

- 详细的数据分析：准备翔实的数据报告和分析结果，用实际数据说话，减少主观臆断。
- 案例研究和成功故事：引用行业内成功案例或类似场景中的经验，通过比较具体实例来增强团队对计划的信心。

"事前验尸"法是一种风险管理技术，在项目启动前假设项目失败，然后分析可能导致失败的原因，从而识别并提前规避风险。这可以通过以下步骤进行：

- 在项目策划会上，引导团队假设项目最终未能交付。
- 团队成员分别列出导致失败的技术瓶颈、需求变化、团队协作、资源短缺等因素。
- 集中讨论，重点关注技术实现难度大的模块及客户需求变化不确定性等。
- 制订技术攻关计划，安排充足的测试资源，以及建立与客户常态化沟通的机制。

应用项目管理新本质思维、新创新思维解决这三个高频难点问题的总结如表11.1所示。

表11.1　本章高频难点问题及解决思路

高频难点问题	解决思路		
	项目管理新本质思维	新创新思维	AI应用
17. 如何制订一份重点清晰的计划	目标思维（1.3.1节） 结构思维（1.3.4节） 排序思维（1.3.5节） 程序思维（1.3.8节）	—	案例70
18. 如何与团队成员就计划达成共识	目标思维（1.3.1节） 系统思维（1.3.3节） 平衡思维（1.3.2节） 适度思维（1.3.7节）	耳听为虚，眼见为实（2.3节）	案例71
19. 如何在计划阶段识别风险	系统思维（1.3.3节） 控制思维（1.3.6节） 结构思维（1.3.4节） 适度思维（1.3.7节）	"事前验尸"法（2.3.1节）	案例72

11.2　计划管理的AI应用案例

11.2.1　案例70：AI+任务分解+里程碑

1. 知识介绍

王进步是公司的业务能手。数字化项目的计划更难规划、估算更困难、技术风险更多。公司看中他的潜力，让他牵头项目管理平台升级项目。开完需求会后，领导让他先拿出一份计划。这是千载难逢的好机会，但是这种项目他是第一次做。时间紧、任务重、复杂度高，要协调的人还特别多。千头万绪，他一时不知从何入手。这是新手经常遇到的问题，项目的复杂度一旦超出了经验范围，计划就无从下手了。第一步干什么？重点是什么？资源怎么取舍？如何做一份重点清晰的计划？

王进步和他的同事艾学习又找到张老师，希望张老师用AI做一个初步的计划作为参考。张老师对他说，做项目计划的关键是搞清楚"四梁八柱"，即思维框架。有了思维框架，面对任何项目，都可以快速找到解法。做计划包括以下三个核心步骤：第一步，识别关键结果；第二步，分解任务；第三步，设置里程碑。

2. 输入AI

为了解决项目管理平台升级项目调研出的痛点，作为OKR专家，你的任务是根据用户的目标和计划，生成一份专业的OKR，并为本项目制订项目计划。

3. AI回复

根据您提供的信息，为解决当前项目管理平台存在的痛点，我为您制订了以下项目计划。

（1）目标

提升项目数字化管理水平，改善用户体验，提升信息透明度，降低升级及维护成本，优化项目资源和预算管理。

（2）关键结果

①80%的项目能够通过项目管理平台进行结构化分解和管控。

②95%的项目经理能够在无培训的情况下轻松发起相关的项目流程。

③领导层能够快速获取部门的项目进展、项目资源、项目人力情况等项目总览及细节，项目实际情况透明度提升50%。

④降低升级及维护成本，新需求的建设及相关功能升级成本降低30%。

⑤实现与相关外部平台的高效联动，能够快速获取项目资源；实现对项目预算的精细化管理，提高预算管理效率。

（3）计划步骤

①进行项目管理平台需求分析和功能评估，确定平台升级的方向和重点。

②设计和开发项目管理平台优化方案，包括改进界面交互、增加结构化分解和管控功能、提升信息透明度等。

③运用敏捷开发方法，将优化方案分解为小周期的迭代开发任务，并逐步实现改进。

④持续进行用户反馈和测试，及时修复项目管理平台的功能和体验问题，并加以改进。

⑤改进平台架构设计，降低升级及维护成本。与相关外部平台进行集成，实现高效联动和资源获取。

⑥设计和实施项目预算精细化管理方案，与财务部门合作，确保预算管理及时、

准确。

⑦定期评估项目管理平台的效果和改进的影响，持续优化和升级。

（4）时间安排

①需求分析和功能评估：2周。

②平台优化方案设计和开发：4周。

③迭代开发和改进：12周。

④架构设计改进和平台集成：10周。

⑤预算管理方案设计和实施：6周。

⑥效果评估和持续优化：持续进行。

以上是一个初步的项目计划，请根据具体情况进行调整和细化。

4. AI回复点评

AI根据五个痛点制定了参考的OKR，并给出了项目计划步骤及时间安排，对工作量进行了估算，但是没有分解任务和设置里程碑。

5. 第二次输入AI

请对以上计划分解任务和设置里程碑。

6. 第二次AI回复

根据您的项目计划，我为您设置了以下里程碑和任务分解。

（1）里程碑1：需求分析和功能评估完成

①任务1：收集并整理用户对项目管理平台的需求（2天）。

②任务2：进行竞品分析和最佳实践研究（3天）。

③任务3：与相关团队和领导开展讨论，明确功能评估标准（2天）。

④任务4：编写需求规则说明书和功能评估报告（2天）。

（2）里程碑2：平台优化方案设计和开发完成

①任务1：UI/UX设计和交互流程设计（5天）。

②任务2：开发结构化分解和管控功能模块（10天）。

③任务3：改进信息透明度和报表功能（8天）。

④任务4：开发用户培训和帮助文档（5天）。

（3）里程碑3：迭代开发和改进完成

①任务1：按需求和优化方案进行迭代开发（12周）。

②任务2：持续进行用户反馈和测试，并及时修复问题（持续进行）。

③任务3：定期与团队评估功能改进和用户体验情况（每周1次）。

（4）里程碑4：架构设计改进和平台集成完成

①任务1：分析现有架构问题，并提出改进方案（3周）。

②任务2：改进平台架构，降低升级及维护成本（5周）。

③任务3：实现与相关外部平台的高效联动和资源获取（2周）。

（5）里程碑5：预算管理方案设计和实施完成

①任务1：与财务部门合作，设计预算管理方案（4周）。

②任务2：实施预算管理系统并培训相关人员（2周）。

（6）里程碑6：效果评估和持续优化

①任务1：定期评估项目管理平台的效果和改进的影响（每季度1次）。

②任务2：根据评估结果不断优化和升级项目管理平台（持续进行）。

请注意，以上里程碑和任务分解仅为示例，您可以根据具体情况和项目需求进行调整和细化。

7. AI回复点评

AI在制订里程碑计划和进行任务分解方面可以发挥重要的作用。以下是两种常见作用：

- 数据分析与决策支持。AI可以通过分析项目历史数据、市场数据和其他相关数据，提供基于事实和统计的预测和建议。这可以帮助项目经理在制订里程碑计划和进行任务分解时做出更明智的决策。

- 自动化和优化。AI可以自动处理一些烦琐和重复的任务，如资源分配、排程和任务调整等。通过自动化和优化，AI可以提高工作效率，减少错误和重复工作，从而帮助项目经理更好地制订里程碑计划和进行任务分解。

尽管AI在制订里程碑计划和进行任务分解方面具有很大的潜力，但仍然需要与人类专业知识和经验相结合，共同参与并制订最终的计划。毕竟，AI只是一个工具，最终的决策还是需要项目管理团队根据特定背景和情况做出。

11.2.2 案例71：AI+共识计划会

1. 知识介绍

王进步：在计划阶段，我经常有这种感觉，好像只有我一个人在操心项目，别人都得靠我去推。

张老师：你的计划缺乏共识，导致他人不将其视为自己的事。传统项目管理告诉我们，需召开共识计划会，明确团队计划。第一步是重新召集相关负责人，举行开工会议。邀请高层领导出席，强调项目成功对公司的重要性和行业影响，帮助全员理解项目整体情况，使项目的意义显而易见。第二步，业务线负责人介绍自己在项目中的角色、关键任务、计划时间、进展情况、协调部门和领导支持等，以确保承诺兑现。第三步，在会议中确定后续沟通机制，包括与领导定期开会汇报进展、业务线定期开会对齐进度，以及内部日常和周会机制。把这些机制记录在白板上，并要求各负责人签字和标注交付时间，放置在部门办公室门口供监督。这套流程可以有效改善计划共识问题。共识计划会达成意义、承诺和规矩三点共识，可以赋予项目成员意义感、责任感和归属感。我们可利用AI根据这些经验设计共识计划会议程。

2. 输入AI

共识计划会要让团队成员在以下三方面达成共识：意义、承诺和规矩，这会赋予团队成员意义感、责任感、归属感。请有针对性地修改会议议程。

3. AI回复

共识计划会议程建议如下。

（1）开场白（5分钟）

①欢迎与介绍。欢迎参会人员，介绍会议目的和重要性。

②表达期望。强调项目成功的重要性和每位参会人员的角色。

（2）项目意义与背景（10分钟）

①项目背景。详细介绍项目的背景、市场机会和商业意义。

②项目目标。明确项目目标，强调项目的重要性和对团队及公司的影响。

（3）承诺与责任（20分钟）

①分别邀请各部门负责人介绍他们在项目中的职责，同时强调项目成功对每个人的重要性。

②鼓励每位参会人员表达自己对项目的承诺和期望，并提出具体的行动计划。

③强调个人责任与团队合作的关系，以及如何通过协作努力实现共同目标。

（4）团队规矩和价值观（15分钟）

①共同制定团队规矩与价值观。让团队成员参与制定适用于项目的团队规矩与价值观，以此培养团队认同感。

②强调尊重、沟通、合作和高效执行等重要价值观，并讨论如何在日常工作中体现和遵守这些重要价值观。

（5）项目计划和关键里程碑（15分钟）

详细介绍研发计划和项目的关键里程碑，确保每个人对项目进展和时间安排都有清晰了解。

（6）总结与行动计划（10分钟）

①确认共识。参会人员对项目目标、责任及团队规矩和价值观的理解达成共识。

②分配任务。明确每位参会人员在项目中的具体任务和责任，设定可量化的目标。

③提醒沟通渠道。强调沟通的重要性，并指明项目组内部和跨部门的沟通渠道。

（7）问答环节（10分钟）

①鼓励参会人员提问，并解答他们可能存在的疑问或担忧。

②强调团队合作。鼓励大家积极参与，合作推动项目。

（8）结束语（2分钟）

①表示感谢。感谢参会人员的参与和支持。

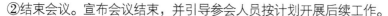

②结束会议。宣布会议结束，并引导参会人员按计划开展后续工作。

4. AI回复点评

修改后的议程可以更有针对性地让团队成员对项目的意义、个人承诺及团队规矩和价值观产生共识。这有助于激发团队成员的意义感、责任感和归属感，进而提高团队的合作效能和项目成功率。

艾学习：前面也讲过共识会，那和这里的共识会有什么区别吗？

张老师：当然有。前面讲的是共识目标，这里讲的是共识计划。区别是什么呢？一句话——目标指向结果，计划指向过程。

11.2.3　案例72：AI+三点识别法+其他风险分析法

1. 知识介绍

王进步：要开项目共识计划会了，我最好在会上汇报一下项目的风险。请帮我用AI预估一下本项目的风险。

张老师：识别项目的风险是AI的强项，AI可以在项目的任何阶段随时识别项目的风险，而且运用多种项目风险识别方法。我建议你在项目管理平台升级项目的后期开发中增加一个和AI的接口，不断向AI输入项目的数据和信息，然后让AI进行风险识别，有新增风险就预警。我给你举几个AI风险识别的例子。第一种是"事前验尸"法。

艾学习：验尸？好吓人！

张老师：心理学巨匠丹尼尔·卡尼曼在其著作《思考，快与慢》中提到了'事前验尸'法，这是一种用来解决决策失误的方法。采用预见性的后知之明（预见性的马后炮），也就是事先相信一个（负面）事件的发生，有助于正确地识别未来结果的发生原因。通俗来说，就是假设我们已经失败了，去思考哪些因素可能是失败的原因，然后想办法避免它们。

2. 输入AI

请针对本项目计划用"事前验尸"法识别本项目的风险。

3. AI回复

根据您提供的项目计划，以下是每个里程碑的风险识别。

（1）里程碑1：需求分析和功能评估完成

需求变更：在收集用户需求并进行功能评估的过程中，可能出现需求变更。这可能导致进度延迟和重新开始工作，影响项目进度。

（2）里程碑2：平台优化方案设计和开发完成

技术复杂性：进行UI/UX设计、开发功能模块和改进报表功能等任务可能面临技术挑战，导致任务延期或出现质量问题。

（3）里程碑3：迭代开发和改进完成

用户反馈和问题修复：持续进行用户反馈和测试意味着可能需要频繁地进行问题

修复和调整，这可能导致迭代开发过程中的延迟和资源消耗增加。

（4）里程碑4：架构设计改进和平台集成完成

平台兼容性：改进平台架构和集成其他外部平台可能需要解决兼容性问题，这可能涉及额外的开发和调试工作。

（5）里程碑5：预算管理方案设计和实施完成

资源限制：在与财务部门合作设计预算管理方案和实施预算管理系统时，可能受到资源限制的影响，如财务资源、技术支持和培训资源等。

（6）里程碑6：效果评估和持续优化

功能优化和改进：根据评估结果，需要不断优化项目管理平台的功能和用户体验，这可能需要进行额外的开发和改进工作。

4. AI回复点评

以上风险是一些常见的示例，实际项目可能面临其他风险。建议与项目团队和相关方共同进行风险识别，并制订相应的风险管理计划来减轻和应对可能发生的风险。

张老师： 第二种是三点识别法。

艾学习： 这回不那么吓人。

5. 输入AI

三点识别法是一种基于概率和影响程度的风险评估方法。请针对本项目计划运用三点识别法识别本项目的里程碑可能存在的风险，以及影响程度和发生概率。

6. AI回复

根据项目计划，我为您识别了以下里程碑可能存在的风险，并给出了影响程度和发生概率的评估。

（1）里程碑1：需求分析和功能评估完成

①需求变更。

- 影响程度：中等。
- 发生概率：高。

②信息不准确。

- 影响程度：低。
- 发生概率：中等。

（2）里程碑2：平台优化方案设计和开发完成

①技术挑战。

- 影响程度：高。
- 发生概率：中等。

②设计与用户期望不符。

- 影响程度：中等。

- 发生概率：中等。

（3）里程碑3：迭代开发和改进完成

①无法及时获得用户反馈。

- 影响程度：中等。
- 发生概率：中等。

②迭代周期过长。

- 影响程度：高。
- 发生概率：低。

（4）里程碑4：架构设计改进和平台集成完成

①平台兼容性问题。

- 影响程度：高。
- 发生概率：中等。

②设计改进难度大。

- 影响程度：高。
- 发生概率：中等。

（5）里程碑5：预算管理方案设计和实施完成

①预算限制。

- 影响程度：低。
- 发生概率：低。

②实施困难。

- 影响程度：中等。
- 发生概率：中等。

（6）里程碑6：效果评估和持续优化

①评估结果不准确。

- 影响程度：中等。
- 发生概率：中等。

②优化过程耗时。

- 影响程度：中等。
- 发生概率：高。

7. AI回复点评

以上风险的影响程度和发生概率是根据AI的理解和常见情况进行估计的，并不能完全准确地预测未来。在项目实施过程中，项目团队应该进一步评估和管理这些风险，并采取适当的措施来减轻其影响。

张老师：还有其他一些风险识别方法，我们可以问问AI。

8. 输入AI

还有哪些风险识别方法?

9. AI回复

除了"事前验尸"法和三点识别法,还有以下一些常用的风险识别方法。

(1)SWOT分析

对项目的优势、劣势、机会和威胁进行系统分析,帮助识别项目面临的各种风险。

(2)树状图分析

利用树状图的结构,从上到下逐级细化风险,帮助全面识别项目潜在风险及其影响因素。

(3)鱼骨图(也称因果图或石川图)

将问题或风险归因于可能的原因,通过多方面思考和分析找出隐藏的风险因素。

(4)概率图(也称贝叶斯网络)

通过建立变量之间的概率依赖关系图,分析不同变量之间的相互作用,进而推断和识别潜在的风险。

(5)剖析图(也称事件链图或接力赛图)

将项目按照时间顺序展开,识别可能导致风险的事件链条,并评估其潜在风险。

(6)敏感性分析

通过改变项目关键参数或假设条件,评估其对项目结果的敏感程度,识别关键风险因素。

(7)复杂性分析

针对项目复杂性进行分析,识别可能导致系统崩溃、集成问题或不可预见问题的潜在风险。

10. AI回复点评

这些方法可以根据具体项目的需求和特点灵活选择和组合使用,以全面识别和评估项目中的潜在风险。

11. 输入AI

请分别用以上风险识别方法对本项目计划进行风险分析。

12. AI回复

以下是对本项目计划进行风险分析的结果。

(1)SWOT分析

①优势:团队对用户需求有较好的理解和收集能力。

②劣势:可能存在用户需求变更、信息不准确等问题。

③机会:通过竞品分析和最佳实践研究,寻找平台优化方案设计的新思路。

④威胁:技术挑战、设计与用户期望不符等可能影响平台优化方案。

（2）树状图分析

①里程碑1风险因素：需求变更、信息不准确。

②里程碑2风险因素：技术挑战、设计与用户期望不符。

③里程碑3风险因素：无法及时获得用户反馈、迭代周期过长。

④里程碑4风险因素：平台兼容性问题、设计改进难度大。

⑤里程碑5风险因素：预算限制、实施困难。

⑥里程碑6风险因素：评估结果不准确、优化过程耗时。

（3）鱼骨图

①问题（风险）：需求变更、信息不准确、技术挑战、设计与用户期望不符、无法及时获得用户反馈、迭代周期过长、平台兼容性问题、设计改进难度大、预算限制、实施困难、评估结果不准确、优化过程耗时。

②原因（风险因素）：需求收集不全面、信息来源不稳定、技术复杂性高、存在设计理解差异、沟通不畅、迭代周期管理不当、兼容性要求高、存在技术选型问题、预算控制不足、资源不足、评估方法不准确、优化流程烦琐。

（4）概率图

根据项目历史数据和类似项目经验，估计各风险的发生概率，并进行概率推断和统计分析。

（5）剖析图

①里程碑1风险因素链条：需求变更→信息不准确。

②里程碑2风险因素链条：技术挑战→设计与用户期望不符。

③里程碑3风险因素链条：无法及时获得用户反馈→迭代周期过长。

④里程碑4风险因素链条：平台兼容性问题→设计改进难度大。

⑤里程碑5风险因素链条：预算限制→实施困难。

⑥里程碑6风险因素链条：评估结果不准确→优化过程耗时。

（6）敏感性分析

对任务时间、资源分配等关键参数进行调整，评估其对项目进度和成本的敏感程度，识别关键风险因素。

（7）复杂性分析

分析项目中各模块、任务之间的复杂性及相关性，识别可能导致系统崩溃、集成问题或不可预见问题的潜在风险。

13. AI回复点评

这些风险识别方法可以帮助你全面识别和评估项目中的潜在风险，并制定相应的风险应对策略。请根据具体项目情况选择合适的方法进行分析与管理。

AI回复中的概率图、敏感性分析和复杂性分析，因为用户没有提供数据，所以没有给出具体的风险分析结果。

第12章 ▶▶▶

AI赋能数字化项目管理之进度管理

12.1 进度管理的挑战

进度延误原因非常复杂，任何事情都有可能让进度延误，如以下原因：

- 团队成员不积极，没有按时完成任务。
- 甲方需求频繁变化，导致工期延长。
- 供应商没有按期交货。
- 审批人员迟迟不审批。

传统项目管理中包含进度管理流程：规划进度管理、定义活动、排列活动顺序、估算活动持续时间、制订进度计划和控制进度。整个流程非常全面，体现出传统项目管理更注重"程序正义"的特点，认为严格按照流程去做，预期结果就会出现。但其实进度延误大都不是程序的问题，而是人在执行过程中出问题了。把拖延的人管住，才能管好进度。你可能会问："我就是个有职无权的项目经理，很多项目成员我都得罪不起，我能管理好他们，进而管理好进度吗？"除了"甲方需求频繁变化，导致工期延长"这个问题（第10章已经给出了解决方案），其余问题的解决思路就是本章要说明的内容。

以下描述了如何应用项目管理新本质思维和新创新思维来解决的这几个问题。

1. 团队成员不积极，没有按时完成任务

- 控制思维：确定任务的进度和完成情况，通过项目管理工具（如甘特图、任务看板）跟踪进展，对及时完成任务的团队成员给予奖励，对未按时完成任务的成员进行适当沟通和调整。
- 系统思维：分析影响成员积极性的系统性原因，可能是个人问题、人际关系问题、激励制度问题等，从全局角度找到根源并解决。

2. 供应商没有按期交货

- 控制思维：强化合同管理和供应商绩效考核，将交付期限和罚则写入合同，

加强对供应商的监督和沟通。

- 结构思维：建立多供应商策略，减少对单一供应商的依赖，从而降低风险。
- 排序思维：将关键任务和次要任务区分开来，优先处理最紧急和重要的交付问题。

3. 审批人员迟迟不审批

- 程序思维：建立清晰的审批流程，并明确各审批环节的责任人和审批时限，从流程上进行规范化管理。
- 系统思维：从系统角度考虑审批延误的原因，如审批环节过多、权责不清等，进行流程优化。
- 平衡思维：与审批人员保持良好沟通，了解他们迟迟不审批的原因，合理调整资源和时间安排，以保证整体进度。

从创新思维的角度，本书提供了两种方法：节奏共振法强调利用团队工作的固定节奏和规律来提高工作的效率和质量，从而使团队更加积极并按时完成任务；改变决策方式法涉及优化决策流程，以促进审批的加速和效率。以下是一些推荐的具体做法。

（1）简化审批流程

对现有审批流程进行梳理，识别冗余环节，简化审批步骤，减少不必要的层级，以提高决策速度。

（2）设定明确的审批时限

为每个审批环节规定明确的时限，确保相关人员在限定的时间内完成审批。使用项目管理软件设置提醒和通知功能，确保审批人员即使繁忙也不会遗漏重要的审批事项。

（3）审批权限适当下放

根据项目和任务的重要性，将审批权限适当下放给更接近实际工作的人员，减轻高层管理人员的负担，提高审批效率。

（4）审批流程透明化

将审批流程透明化，使所有参与者都能够看到每个审批环节的进展情况，增强参与者对流程的理解和重视。在审批系统中添加状态追踪和责任人标记，便于查询和督促。

（5）建立预审批机制

对一些常见且重要性较低的事项预先制定审批策略或模板，减少重复审批的工作量。开发自动化系统，根据预定义规则自动处理某些类型的审批请求。

（6）定期评估和反馈

定期审查各类审批的时效性，收集反馈，找出瓶颈并持续优化。与审批人员直接沟通，理解其困难和顾虑，共同寻找解决方案。

（7）确保沟通渠道畅通

确保审批人员与项目团队之间的沟通渠道畅通，可以通过定期会议或即时通信工具加强联系，以便及时解决审批中的问题。

应用项目管理新本质思维、新创新思维解决这四个高频难点问题的总结如表12.1所示。

表12.1　本章高频难点问题及解决思路

高频难点问题	解决思路		
	项目管理新本质思维	新创新思维	AI应用
20. 团队成员不积极，没有按时完成任务	系统思维（1.3.3节） 控制思维（1.3.6节）	节奏共振法（2.2.3节）	案例73
21. 甲方需求频繁变化，导致工期延长	目标思维（1.3.1节） 平衡思维（1.3.2节） 系统思维（1.3.3节） 结构思维（1.3.4节） 排序思维（1.3.5节） 控制思维（1.3.6节） 适度思维（1.3.7节） 程序思维（1.3.8节）	第一性原理（2.2.4节） 耳听为虚、眼见为实（2.3节） 投入产出分析法（2.5.2节） 利益交换法（2.5.2节）	案例65 案例66 案例67 案例68 案例69
22. 供应商没有按期交货	结构思维（1.3.4节） 排序思维（1.3.5节） 控制思维（1.3.6节）	—	案例74
23. 审批人员迟不审批	平衡思维（1.3.2节） 系统思维（1.3.3节） 程序思维（1.3.8节）	改变决策方式法（2.5.2节）	案例75

12.2　进度管理的AI应用案例

12.2.1　案例73：AI+进度共振

1. 知识介绍

项目终于成功启动，进入了执行阶段。王进步和艾学习有一天又找到了张老师。

王进步：我最近跟踪几位跨部门成员，但是结果不尽如人意，他们拖了两个月才把界面原型设计完。有时候我不禁在心里劝自己，我凭什么管他们，催多了不仅自己累，还没效果。人家会吐槽你是"催命三郎"，就知道一个劲儿催！

艾学习：项目经理确实挺难的。团队本来就是因为一个临时任务组建起来的，大家都有自己的本职工作，想让大家齐头并进，可不就得靠催吗？项目经理不催，难道要靠团队成员的自制力完成任务吗？另外，有的项目经理是技术出身，有时候着急了，直接上手替项目成员干活，但最后不仅出力不落好，进度耽搁了还得"背锅"。

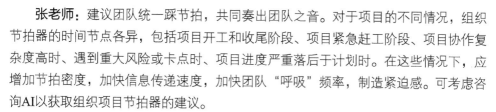

张老师：建议团队统一踩节拍，共同奏出团队之音。对于项目的不同情况，组织节拍器的时间节点各异，包括项目开工和收尾阶段、项目紧急赶工阶段、项目协作复杂度高时、遇到重大风险或卡点时、项目进度严重落后于计划时。在这些情况下，应增加节拍密度，加快信息传递速度，加快团队"呼吸"频率，制造紧迫感。可考虑咨询AI以获取组织项目节拍器的建议。

2. 输入AI

针对本案例，应如何组织项目的节拍器？

3. AI回复

针对项目管理平台升级项目，推荐以下节拍器组织方法。

（1）确定节拍器的周期

根据项目的规模和复杂程度，可以选择每周、每两周或每月等周期。考虑到项目的快速迭代和敏捷开发的特点，较短的周期可能更合适。

（2）制订节拍器的目标和计划

在每个节拍器开始之前，制订节拍器的目标和计划。确定每个节拍器的关键任务、交付物和里程碑，以确保项目顺利推进和达成预期目标。

（3）制订详细的项目计划

在项目启动阶段，制订详细的项目计划，包括各阶段的时间安排、任务分配和资源需求。将项目计划与节拍器的周期相结合，以确保项目能够按时交付，并进行必要的调整和优化。

（4）召开节拍器会议

在每个节拍器的开始和结束阶段，都组织节拍器会议。在会议上，回顾前一个节拍器的工作完成情况，讨论当前节拍器的进展和问题，并制订下一个节拍器的计划和目标。会议应该是高效的，并提供足够的时间用于解决问题和做出决策。

（5）督促任务完成和沟通

在每个节拍器内设定明确的任务和交付期限，并督促团队成员按时完成工作。及时进行项目信息的共享和沟通，以确保团队共享知识和资源，并能够有效解决问题。

（6）定期评估和改进

定期回顾和评估节拍器的效果和结果，确定问题和挑战，并及时采取改进措施。根据团队的反馈和实际情况，适时调整节拍器的安排和内容，以提高项目管理的效率和质量。

4. AI回复点评

通过以上方法，我们可以更好地组织项目的节拍器，确保项目管理平台升级项目按时交付，并满足客户的需求和期望。重要的是根据项目的特点和团队的工作方式进行适当调整并保持灵活性。

12.2.2 案例74：AI+动态跟踪机制

王进步：如果是领导拖延呢？我要请领导决策项目方案的修改，但审批流程太长，信息发出以后，领导要么已读不回，要么隔好几天才回，我只能默默等领导回复；或者厚着脸皮迎难而上，催领导审批，换着法儿催，邮件、语音、电话、敲办公室门……最后还不一定能搞定。

张老师：你知道为什么会这样吗？很简单，因为在你这里是天大的事，可能在领导那里就是件小事。领导卡着你，不是不讲理，而是代表项目中一个很难打破的框架，就是权力。不要以为大家都认同"合作大于一切"，也不要以为在市场经济中资源就可以绝对自由地配置，权力会弱化。只要有决策，就有权力存在；只要有权力存在，就会分等级；只要分等级，就会带来重要性评估差异。这是一个社会现象。

艾学习：我惹不起还躲不起吗？我跳过他，或者绕过他，让别人来决策行不行？

王进步：你绕开他，风险更大。表面上看可能快一点，但是你也把这个人彻底得罪了，后患无穷。

张老师：作为项目经理，自然觉得要跟着项目走，我有自己的计划表和决策框架。但你别忘记，决策者也有自己的决策框架。我曾听一位领导跟我诉苦，他的公司正在紧锣密鼓地准备大客户周年答谢活动，他在活动上还要上台发言。结果在活动当天一位项目经理非要他在一份合同上签字，而且是一份200页的合同。我当年也和你一样，总是追着决策者跑。有一次，我去找领导审批项目方案，他直接推掉。我当时还觉得委屈，这不是你发起的项目吗？后来我才知道，领导那天有一个非常重要的会议，要接待一位重要来宾。这都是因为没关注到决策者的决策框架。应该怎么做呢？你要把自己的项目信息嵌入领导的决策框架。他仍然在自己的决策框架里，不会因为决策你的项目而绕路，也不会打乱原有的安排，用最小的成本就可以给你举'通过'牌，又怎么会拖延你的进度呢？

艾学习：该怎么拿到领导的决策框架，又该怎么把项目信息嵌进去，让他顺便做出决策呢？

张老师：记住这四步。第一，找决策框架；第二，讲进度；第三，发喜报；第四，说困难。先来看第一步。既然双方决策框架不一样，那怎么找到决策者的决策框架呢？我帮你梳理了一张决策者信息表（见表12.2）。

表12.2　决策者信息表

重点观察的行为信息	询问线人得到的信息
<ul><li>日程表</li><li>通勤习惯</li><li>午休习惯</li><li>早上什么时候开始回信息</li><li>晚上什么时候发消息基本不回</li></ul>	<ul><li>他现在结束会议了吗</li><li>他现在脸色好吗</li><li>接下来他有重要的事情吗</li></ul>

很多公司内部人员的日程表都是公开的，可以通过内部办公软件查看决策者的会议时间、空闲时间和假期安排。这些信息非常重要，如通勤习惯。有些人在乘坐公共交通工具时会处理工作，此时发消息会更容易得到回复；而驾车通勤的人可能无法及时回复。了解对方的通勤习惯至关重要。

午休习惯也很重要。午睡后，人会分泌皮质醇，导致情绪低落。如果决策者有午休习惯，那么最好不要在他刚醒来时谈论重要工作。

工作节奏也很关键，它决定了决策者何时回复消息。可以询问身边的同事或领导周围的同事，以获取更多有用的信息。

我们不仅要理解决策者的决策机制，还需要与之同步进度，提前沟通可能出现的问题。定期向决策者汇报项目进展，及时报告好消息，并如实说出困难，避免因掩盖问题而耽误解决问题的最佳时机。

王进步：对于我这种情况，应该怎么办？

张老师：首先，寻找决策机制。查看领导的日程表和其他信息渠道，了解他的通勤时间和在早上开始会议的时间，以便预估他的可用时间。同时注意他回复信息的时间点，将项目方案的修改内容提前准备好。

其次，根据记录的时间点，按时向他同步汇报进展情况，将需要他审批的项目方案修改内容放入信息中，以便提前嵌入他的决策流程。

再次，一旦项目有进展，就立即向他发送喜报，并在他回复后迅速跟进，询问审批流程的相关问题。

最后，整理当前方案的难点和客户反馈，并及时向他发出警报，告知他决策的最终时间点及该事件的重要性和优先级，寻求他的支持。

总体来说，当决策者拖延时，你需要将你们之间的交流从平行线变为交叉线。从获取领导的决策机制开始，将项目信息融入他的决策机制，使他对项目的了解与你保持同步。不要简单地将他视为签字盖章的决策者，而要将他看作一个具体的人，了解他的行为习惯，尊重他的轨迹，向他传递信息和提供依据，为他的决策提供足够的支持。

王进步：您说的这四点，AI能帮到我吗？

张老师：后面三点都是文档的整理和编写，是AI的强项啊。关于第一点，你要单独建立和保存一个对话文档，经常向AI提供关于决策者的信息，AI就能识别出领导的决策框架了。

12.2.3　案例75：AI+供应商管理

1. 知识介绍

王进步：供应商的进度拖延了，怎么办？我们部门有很多项目，经常由于供应商的延期导致进度拖延，该怎么管理？

张老师：供应商延期问题是常见的挑战，需建立通畅的沟通渠道以提高信息透明度。具体方法包括深入了解供应商工作过程，共享物流信息，使用协作办公软件，实时公布项目进度数据，提供员工及设备数据。这些措施有助于早期发现延期问题，确保项目顺利进行。选择数字化转型程度较高的供应商有助于提高信息透明度，而数字化产品的定价评估需要考量服务能力和服务思维。采购体系应更关注供应商的数字化服务能力，而非仅仅按低价选择供应商。确保能够准确评估数字化供应商的服务意识和能力，避免后期出现问题。

艾学习：那具体对项目经理来说，供应商进度拖延，有哪些实际的操作建议呢？

张老师：可以提需求。每天完成的代码是不是可以实时查看？实现的功能点是不是可以即时演示？就算外包暴露出的问题解决不了，咱们也能及时识别风险，早早止损，中止合作。项目经理要主动提高信息透明度。提需求也好，到现场也罢，要获知相关的信息，拿回对进度的掌控权。再回溯一步，在选择供应商的时候，就要选择数字化程度高、信息足够透明的团队来合作。

艾学习：那AI能帮什么忙？

张老师：咱们不要仅仅局限于AI的文本工具。AI现在有很多低代码工具，代码当量分析度量工具，你可以了解一下。再举一个例子，就是华为公司的供应链管理。华为供应链管理的数字化水平非常高，极度透明。通过数字化系统，华为能够实时展示收货人、货物及物流信息，使其管理过程变得更加高效和可追踪。在华为的供应链中，商流、物流、信息流和资金流都能被实时查看，这意味着用户可以随时了解货物的位置、运输时间及其他相关细节。另外，华为采用电子交易和签单方式，从根本上防止了篡改的可能性，使整个交易过程更加可靠和透明。

这种极度透明的供应链管理，不仅增强了供应链的可视化程度，还大幅提升了供应商的履约能力。通过数字化系统，华为能够清楚地显示每个供应商的履约情况，包括交货时间、质量等方面的履约表现。这种实时的监控机制使供应商无法掩盖任何不履约的行为，从而确保供应链稳定、可靠。

另外，华为在供应链管控上的创新还在于打破了传统的"人找料"模式，引入了智能化的"料找人"机制。一旦有新的订单生成，司机就可以通过预约的方式提前到达库房，此时货物已经准备就绪，司机只需立即装车。这样的智能化操作大大提高了货物装载效率，缩短了等待时间，进一步加速了整个供应链的流程。

华为供应链管理所体现的极度透明和数字化，不仅仅是为了提高自身的运营效率，更重要的是建立与甲方和客户的紧密衔接。通过数字化系统，华为与合作伙伴实现了毛细血管级别的联通，建立了一个共创、共享的价值网络。这种数字化时代下的供应链管理，摒弃了单点供应的脆弱性，以价值网络的战斗力为保证，实现了供应链的稳固和灵活。

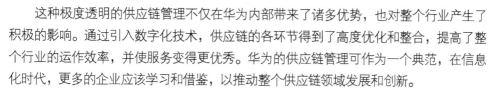

这种极度透明的供应链管理不仅在华为内部带来了诸多优势，也对整个行业产生了积极的影响。通过引入数字化技术，供应链的各环节得到了高度优化和整合，提高了整个行业的运作效率，并使服务变得更优秀。华为的供应链管理可作为一个典范，在信息化时代，更多的企业应该学习和借鉴，以推动整个供应链领域发展和创新。

2. 输入AI

在项目管理中要提高供应商透明度，都有哪些方法？

3. AI回复

供应商透明度在项目管理中非常重要。以下是一些常见的方法，可以提高供应商透明度。

（1）采购流程规范

建立明确的采购流程和程序，确保供应商的申请、评估、选择和合同签订等过程透明、可追溯。

（2）供应商评估和审查

对供应商进行全面评估和审查，包括其绩效、财务状况、合规性等方面的评估，确保所选供应商具备良好的信誉和可靠性。

（3）信息共享和沟通

与供应商建立开放和透明的沟通渠道，定期分享关键信息，包括项目进展、变更、风险等，确保供应商了解项目的最新情况。

（4）监控和审核

建立有效的监控机制，对供应商的执行能力、交付能力和合规性进行定期审核，确保其按照合同要求履行责任。

（5）数据分析和报告

利用数据分析工具和技术，对供应商的性能进行监测和分析，及时生成相关报告和指标，以帮助项目经理评估供应商的表现和效率。

（6）风险管理

识别和评估潜在的供应商风险，并制定相应的风险应对策略，以确保项目供应链具有透明度和稳定性。

4. AI回复点评

对于项目管理中的供应商透明度，AI给出了六类方法：采购流程规范、供应商评估和审查、信息共享和沟通、监控和审核、数据分析和报告、风险管理。你也可以继续追问这些方法的具体细节，直到满意为止。这些方法可以帮助项目管理团队提高供应商透明度，从而提高与供应商合作的效率和质量。

第13章 ▶▶▶

AI赋能数字化项目管理之敏捷管理

13.1 敏捷管理的挑战

本章将重点解决敏捷项目管理中的四个高频难点问题：如何快速进行需求优先级排序、如何快速设计迭代待办列表、如何快速设计敏捷会议议程、如何快速设计系统流程和界面。

以下描述了如何应用项目管理新本质思维和新创新思维来解决这几个问题。

1. 如何快速进行需求优先级排序

- 排序思维：将需求按照重要性和紧迫性进行排序，确定哪些需求对项目目标和客户价值贡献最大。
- 控制思维：制定明确的优先级准则和标准，以确保优先级排序的透明性和一致性。

2. 如何快速设计迭代待办列表

- 结构思维：将项目分解成可管理的小任务，将这些任务按功能、阶段或团队进行分类。
- 排序思维：根据每个任务的优先级和依赖关系，确定处理的先后顺序。
- 目标思维：确保待办任务与项目的整体目标和关键绩效指标（KPI）一致。

3. 如何快速设计敏捷会议议程

- 程序思维：遵循敏捷方法框架，如Scrum，设置固定的会议结构和时间（如每日站会15分钟）。
- 结构思维：设计清晰、简明的会议议程，包括待办事项检视、任务更新和障碍识别等环节。
- 控制思维：确保会议按议程进行，避免跑题，提高会议效率。

4. 如何快速设计系统的流程和界面

- 系统思维：从全局视角出发，考虑系统的各部分及其相互关系，确保设计的流程和界面与整体系统协调一致。
- 结构思维：分解复杂系统，识别关键功能模块和用户操作路径，采用模块化设计。
- 适度思维：在设计中寻找简洁和功能的平衡，避免过度复杂，确保用户体验良好。

应用项目管理新本质思维、新创新思维解决这四个高频难点问题的总结如表13.1所示。

表13.1 本章高频难点问题及解决思路

高频难点问题	解决思路		
	项目管理新本质思维	新创新思维	AI应用
24.如何快速进行需求优先级排序	排序思维（1.3.5节）控制思维（1.3.6节）	—	案例76
25.如何快速设计迭代待办列表	结构思维（1.3.4节）排序思维（1.3.5节）目标思维（1.3.1节）	—	案例77
26.如何快速设计敏捷会议议程	程序思维（1.3.8节）结构思维（1.3.4节）控制思维（1.3.6节）	—	案例78
27.如何快速设计系统的流程和界面	系统思维（1.3.3节）结构思维（1.3.4节）适度思维（1.3.7节）	—	案例79案例80

13.2 敏捷管理的方法

王进步：听说你们公司的敏捷项目管理做得不错，我们公司也准备开展敏捷项目管理，您给我介绍一下敏捷项目管理吧？

张老师：先从敏捷的定义说起吧！

王进步：您先说说敏捷项目管理和传统项目管理之间的区别吧。

张老师：敏捷项目管理和传统项目管理是两种不同的项目管理方法。传统项目管理采用线性和顺序的方法，包括确定目标、规划、执行和控制等阶段。在传统项目管理中，项目的需求和范围被尽可能详细地定义，并且变更通常需要经过复杂的变更控制程序。另外，传统项目管理通常采用大规模的计划和预测来控制项目进展。

相比之下，敏捷项目管理强调灵活性和快速适应变化。敏捷方法鼓励团队迭代和增量开发，合作和沟通也是其核心原则。敏捷项目管理的重点是通过持续交付有价值的成果来满足客户需求，而非依赖详尽的计划。

敏捷项目管理与传统项目管理相比有以下区别。

第一，需求和范围的处理。在传统项目管理中，需求和范围尽可能在项目开始前就定义，变更会导致较大的影响和额外的成本。而敏捷项目管理倾向于接受变更，并通过短周期迭代和增量开发来逐步完善需求和范围。

第二，沟通和合作方式。敏捷项目管理注重团队合作和高效沟通。团队成员通常频繁地交流和协作，以确保项目持续改进和快速响应变化。传统项目管理则更注重严格的计划和控制。

第三，项目控制方式。传统项目管理关注计划和预测，通过详尽的计划和监控来控制项目进展。而敏捷项目管理更加强调自组织团队的灵活性和自律性，在适应变化的同时保持项目的可控性。

需要强调的是，无论是选择敏捷项目管理还是传统项目管理，都应根据具体项目的特点和需求来决定。每种方法都有其适用情境和优势，取决于项目的规模、复杂程度、变动幅度及客户需求等因素。

王进步：Scrum是什么意思？

张老师：Scrum其实很简单，就是三个核心组件、三个角色及四个活动。在Scrum框架中，有以下三个核心组件。

第一，产品待办列表（Product Backlog）。产品待办列表是一个有序的需求列表，包含项目的所有功能、特性、用户故事及其他需求项。产品负责人负责创建和维护产品待办列表，并与项目干系人合作进行优先级排序。产品待办列表中的事项应该是可测量、可验收的，并且应该根据对业务价值和需求的理解进行细化和精炼。

第二，迭代待办列表（Sprint Backlog）。迭代待办列表是在每个迭代开始时，团队在迭代计划会议上共同确定的一组用户故事和任务。迭代待办列表通常是从产品待办列表中选择的，其中的项被认为是在当前迭代期间可以完成的工作。团队成员根据自身能力、资源估算完成这些项所需的时间，并根据迭代目标组织和安排团队的工作。

第三，燃尽图（Burndown Chart）。燃尽图是一种可视化工具，用于跟踪团队在迭代或发布周期内工作的进度。它展示了迭代期间剩余工作量的变化情况，通常以理想燃尽线和实际燃尽线的形式呈现。理想燃尽线代表预计完成所有工作所需的进度，而实际燃尽线则显示实际完成工作的剩余量。通过观察燃尽图，团队可以识别出工作是否按计划进行，并及时采取措施来调整和优化进度。

艾学习：Scrum的三个角色是什么？

张老师：第一个角色是产品负责人（Product Owner，PO）。他首先要描述产品的定义，如这个产品要做成什么样，蓝图是什么，以及要达到什么样的目的。然后要定义产品需求的优先级，如先做哪些、后做哪些，第一个迭代做哪些功能，第二个迭代优化哪些事项等。

第二个角色是团队。团队的工作就是实现产品。但是这里有一点需要注意，在Scrum中，团队不会再细分。但在传统项目管理中，团队可能分成架构师、开发人员、测试人员等多个角色。

第三个角色是Scrum Master。他首先要为团队消除障碍，然后带领团队按照敏捷的思维和模式去运作项目。与传统项目管理中的项目经理角色相比，其实区别是非常大的。

王进步：Scrum的四个活动是什么？

张老师：Scrum的四个活动，其实指的就是四个会议。这四个会议分别是：迭代计划会议，每个迭代都有一个计划会议；每日站会；每个迭代在结束的时候会有一个评审会议，演示产品或整个迭代的增量；回顾会议，主要回顾整个迭代中有哪些方面做得好，哪些方面还有欠缺，哪些方面可以继续保持。

13.3 敏捷管理的AI应用案例

人类的估算在本质上是存在问题的，但我们没办法改变这一点。然而，AI能够更好地实现迭代计划、发布计划的制订及资源的分配。AI能够比人类更快地发现风险和瓶颈，在其导致较大的不良后果之前减轻或消除它们。AI能够有效地对需求进行优先级排序和自适应重新排序。这不仅能降低成本，还能让每个人自发地在重要的事情上保持一致。

13.3.1 案例76：AI+产品待办列表

1. 知识介绍

优先级排序的相关内容可以参考本书的1.3.5 节，这里不再赘述。

2. 输入AI

产品待办列表如下。

①用户登录功能。

②注册新用户功能。

③创建和编辑个人资料功能。

④发布和查看帖子功能。

⑤运营数据分析报告功能。

请对此待办列表进行优先级排序。

3. AI回复

根据提供的产品待办列表，以下是优先级排序建议。

（1）用户登录功能

用户登录是基本且必备的功能，通常是许多其他功能的前提条件。

（2）注册新用户功能

注册新用户功能是用户加入和使用系统的关键步骤，应紧随用户登录功能。

（3）创建和编辑个人资料功能

创建和编辑个人资料功能通常是用户个性化体验的核心，因此应赋予较高的优先级。

（4）发布和查看帖子功能

根据具体项目需求，如果帖子的发布和查看是核心功能，并与用户交互紧密相关，那么它应处于较高的优先级。

（5）运营数据分析报告功能

这个功能可能更倾向于后期版本迭代，因为它需要收集和处理大量的数据并编写分析报告，以更好地支持运营决策。

4. AI回复点评

请注意，优先级排序仅供参考，你可以根据具体项目的需求、战略目标和项目干系人的反馈来进行调整。项目干系人的意见和需求也是非常重要的考虑因素。在进行优先级排序时，团队应该根据价值、复杂性、依赖关系和紧迫性等因素进行综合评估，以确定最佳顺序。

13.3.2　案例77：AI+迭代待办列表

1. 知识介绍

产品待办列表、迭代待办列表的相关内容请参考本书13.2节。AI可以根据产品待办列表自动生成推荐的迭代待办列表。

2. 输入AI

请根据此优先级排序生成迭代待办列表。

3. AI回复

根据前面的优先级排序，下面是一个迭代待办列表示例。

①迭代1：用户登录功能、注册新用户功能。

②迭代2：创建和编辑个人资料功能。

③迭代3：发布和查看帖子功能。

④迭代4：运营数据分析报告功能。

4. AI回复点评

请注意，这只是一个示例，你可以根据实际情况和团队能力进行调整和安排。确保每个迭代具有可完成且有价值的功能，并确保团队能在迭代结束时交付高质量的工作成果。在制订迭代计划时，要考虑任务的复杂性、依赖关系和预计工作量，以确保任务能够合理地在每个迭代中完成。

13.3.3　案例78：AI+Scrum迭代计划会议

1. 知识介绍

Scrum迭代计划会议的相关内容请参考本书13.2节。

2. 输入AI

请帮忙制定一个Scrum迭代计划会议议程。

3. AI回复

以下是一个常见的迭代计划会议议程，你可以根据自己团队的需求进行调整。

（1）会议开场（5分钟）

①确定议程和目标。

②确定会议时间和地点。

③确定会议的主持人和记录员。

（2）迭代回顾（15分钟）

①回顾上次迭代的成果。

②分享团队的亮点和难点。

③确定改进的机会和行动项。

（3）用户故事更新（30分钟）

①检查并更新用户故事列表。

②确定哪些用户故事是上次迭代未完成，可以继续进行的。

③根据反馈和变化更新用户故事。

（4）任务估算（30分钟）

①将用户故事拆分为小任务。

②与团队一起估算每个任务的工作量。

③确定每个任务的相对优先级。

（5）迭代计划（30分钟）

①确定迭代目标和计划。

②确定哪些任务可以在本次迭代中完成。

③确定任务的责任人和交付日期。

（6）会议总结（10分钟）

①确认下次会议的时间和地点。

②总结会议讨论和决策内容。

③汇报会议记录和行动事项。

4. AI回复点评

需要注意的是，以上仅为基本议程，你可以根据团队的具体情况和需求进行调整和定制。另外，请记得按时开始和结束会议，并确保参会人员有效地参与和沟通。

对于敏捷的每日站会、评审会议、回顾会议，这里不再举例说明。

13.3.4　案例79：AI+ Jira工具定制界面设计

1. 知识介绍

Jira工具定制界面设计是指用户可以根据自己或团队的需求对Jira工具界面进行个性化定制，以提高工作效率和用户体验。以下是一些常见的 Jira 工具界面定制功能。

- 自定义字段。用户可以根据项目需求添加自定义字段，以捕获特定信息。这有助于更好地跟踪和管理任务、问题或需求。

- 工作流定制。用户可以创建和定制工作流，以便匹配他们的团队工作流程。这包括定义不同状态、转换和权限，以确保任务可以按照预期的方式顺利进行。

- 仪表盘定制。用户可以创建个性化的仪表盘，并将所需的信息小部件添加到其中，包括图表、统计数据和报表等。这有助于用户快速查看重要数据和指标。

- 界面主题。用户可以选择不同的界面主题，改变整体界面的外观和感觉。这有助于使用户体验个性化，并使工作环境更具吸引力。

- 权限和角色管理。管理员可以根据团队成员的角色和职责设置权限，以限制他们在 Jira 工具中执行的操作。这有助于保护数据安全和隐私。

- 快捷方式和自定义菜单。用户可以设置快捷方式和自定义菜单，以便快速访问常用功能或页面。这有助于提高工作效率和操作速度。

2. 输入AI

请协助设计一个敏捷开发项目使用的Jira工具，要求具备需求管理的主要功能，以及每个功能的关键元素和图形界面。

3. AI回复

当设计一个敏捷开发项目使用的Jira工具进行需求管理时，主要功能通常包括用户故事创建、任务分配、优先级管理、状态跟踪、评论讨论等。以下是这些主要功能的关键元素和图形界面。

（1）用户故事创建

①关键元素：标题、描述、验收标准、优先级、责任人、任务点等。

②图形界面：表单式输入框，包含上述元素，允许团队成员填写和保存用户故事。

（2）任务分配

①关键元素：用户故事列表、团队成员列表、任务分配按钮。

②图形界面：列表或任务板视图，团队成员可通过拖拽用户故事到自己的任务板或分配按钮进行任务分配。

（3）优先级管理

①关键元素：优先级指示符、优先级过滤器。

②图形界面：在用户故事列表或任务板上显示优先级标识，可根据优先级进行排序和过滤。

（4）状态跟踪

①关键元素：状态标签（如待办、进行中、已完成）、状态按钮（如移动到下一状态）。

②图形界面：在用户故事列表或任务板上显示当前状态，并提供按钮进行状态更新。

（5）评论讨论

①关键元素：评论框、评论历史记录、@提及功能。

②图形界面：在用户故事列表或任务板上显示评论框，可以实时添加评论并与团队成员互动。

通过以上主要功能、图形界面和关键元素的设计，团队可以在Jira工具中高效地管理需求，跟踪任务进度，并促进团队协作和沟通。具体的设计应根据团队的需求和工作流程进行定制和调整，以取得最佳的需求管理效果。

4. AI回复点评

总体来说，AI对于图形界面和关键元素进行了清晰的解释和描述，包括用户故事创建、任务分配、优先级管理、状态跟踪和评论讨论等方面的设计要点。每个主要功能的元素都以明确的方式列出，包括关键元素和对应的图形界面设计，使团队可以更好地理解如何在Jira工具中使用这些功能。

另外，AI还强调了设计应根据团队的需求和工作流程进行定制和调整，以取得最佳的需求管理效果。这一强调帮助团队意识到在使用Jira工具进行敏捷项目管理时应该考虑的关键因素和设计原则，从而提高团队的工作效率和协作水平。综合而言，AI的回复对于深入了解Jira工具在敏捷项目管理中的应用是非常有帮助的。

13.3.5 案例80：AI+ Jira工具定制流程设计

1. 知识介绍

根据团队的工作流程和项目需求，在Jira工具中可定制并配置合适的工作流程。可以添加自定义状态和转换规则，以满足项目的需求。通过以上定制流程，团队可以根据自身需求和项目特点进行个性化定制，以使Jira工具更符合团队的工作流程和需求，提高团队在项目开发和管理过程中的效率和协作水平。当然，具体的定制流程还需根据具体情况进行调整和优化。

2. 输入AI

请协助设计一个敏捷开发项目使用Jira工具进行需求管理的主要流程、每个流程节点的主要角色及角色在流程处理中的审批关系。

3. AI回复

（1）需求管理流程

①创建用户故事。

- 角色：产品经理（创建用户故事，填写详细描述和验收标准）。
- 审批关系：产品经理自行创建并提交。

②评审用户故事。

- 角色：开发团队、测试团队、产品经理。
- 审批关系：开发团队、测试团队对用户故事进行评审，提出问题或改进建议，产品经理确认后修改。

③拆分用户故事为任务。

- 角色：开发团队。
- 审批关系：开发团队将用户故事拆分为具体任务。

④任务分配。

- 角色：Scrum Master（根据任务内容和团队成员能力进行分配）。
- 审批关系：Scrum Master负责任务分配，无须额外审批。

⑤任务执行和测试

- 角色：开发团队（完成开发）、测试团队（进行测试）。
- 审批关系：开发团队完成开发后交由测试团队进行测试。

⑥用户验收。

- 角色：Scrum Master、产品经理、客户代表。
- 审批关系：Scrum Master、产品经理与客户代表对任务结果进行验收，给予反馈或确认通过。

⑦完成任务。

- 角色：Scrum Master（确认任务完成情况）。
- 审批关系：Scrum Master确认任务全部完成，关闭任务。

（2）角色说明

①产品经理：负责用户故事的创建和维护，确保用户故事符合业务需求。

②开发团队：负责用户故事的开发和任务的执行，保证任务按时完成。

③测试团队：负责任务的测试和验证，及时发现和修复问题。

④Scrum Master：负责协调团队工作，确保任务顺利完成。

通过以上流程设计，不同角色在Jira工具中可以有效协作，完成需求管理全过程，保证需求顺利转化为可执行任务，并最终实现使用户满意的产品交付。审批关系的设置可以保障每个流程节点的质量和进度，提高敏捷开发项目的整体效率和质量。

4. AI回复点评

AI对敏捷开发项目需求管理流程设计进行了详细解释，包括从创建用户故事到任务执行和测试再到用户验收和任务完成的整个流程。在每个步骤中，AI都明确列出了各角色的职责和审批关系。同时，AI强调了团队间协作和沟通的重要性，并指出了在Jira工具中如何利用以上流程进行需求管理的关键点。

另外，AI还提供了角色说明，解释了产品经理、开发团队、测试团队和Scrum Master在整个需求管理流程中的职责和作用，以确保项目成员对于不同角色之间的协作和信息交流有清晰的认识。最后，AI总结了审批关系的重要性，以保证流程的质量和效率。

整体来看，AI对敏捷开发项目需求管理流程进行了清晰的阐述和分析，对需要设计和执行这一流程的团队提供了有用的指导和建议。

第14章 ▶▶▶

AI赋能数字化项目管理之团队管理

14.1 团队管理的挑战

本章将重点解决如何争取重要干系人的支持、如何提振团队士气，以及其他一些团队管理的高频难点问题。以下描述了如何应用项目管理新本质思维和新创新思维来解决这几个问题。

1. 如何寻求业务部门的支持

- 目标思维：明确业务部门支持的具体目标，如资源、信息或协作。
- 程序思维：制定清晰的支持请求流程，跟踪请求的状态和结果。

2. 如何寻求领导的支持

- 排序思维：优先展示项目与公司战略目标和领导目标的关联，突出最重要的问题。
- 程序思维：创建明确的请求和汇报程序，确保领导能够迅速理解和响应。

3. 如何全方位有效设计相关奖励和荣誉称号

- 平衡思维：考虑不同干系人的需求和平衡，确保体系公平且具有激励作用。
- 结构思维：设定明确的标准和层级，确保激励和荣誉具有透明度和可操作性。
- 系统思维：理解企业文化和员工需求，设计一个适用于多部门、多层次的体系。

4. 采用哪种冲突解决方法最合适

- 目标思维：明确冲突解决的最终目标是恢复关系、重新达成一致还是其他。
- 平衡思维：考虑双方的利益和平衡，寻找最能兼顾双方需求的解决方案。
- 系统思维：理解冲突产生的根本原因及其对整个项目的影响，制定综合性的解决方案。

5. 采用哪种激励思维最有效

- 结构思维：构建一个系统的激励策略，包括长期和短期、物质和非物质激励。

- 平衡思维：考虑不同激励措施的短期和长期效果，平衡即时奖励与未来发展。
- 程序思维：设立明确的激励程序和衡量标准，确保激励措施有效实施和评估。

6. 项目经理和干系人建立什么关系最合适

- 平衡思维：平衡项目利益和干系人的利益，确保关系长期稳定和互惠互利。

7. 新手项目经理如何面对位高权重的领导

- 目标思维：明确与高层领导互动的具体目标，如寻求支持、汇报进展、获取指导等。
- 结构思维：准备结构清晰的汇报材料和沟通计划，展示自己对项目的全面了解。
- 排序思维：优先展示领导关注的关键点和项目的核心价值。
- 适度思维：保持自信，同时不超越自己权限范围，展示专业性和谦逊态度。

从创新思维的角度，本书提供了两种方法：利益共生、决策创新及向军队学激励，解决前三个高频难点问题，具体解决思路可以参考案例81、案例82、案例83、案例84、案例87。应用项目管理新本质思维、新创新思维解决这七个高频难点问题的总结如表14.1所示。

表14.1 本章高频难点问题及解决思路

高频难点问题	解决思路		
	项目管理新本质思维	新创新思维	AI应用
28. 如何寻求业务部门的支持	目标思维（1.3.1 节） 程序思维（1.3.8 节）	利益共生、决策创新（2.5 节）	案例 81 案例 87
29. 如何寻求领导的支持	排序思维（1.3.5 节） 程序思维（1.3.8 节）	利益共生、决策创新（2.5 节）	案例 82 案例 83
30. 如何全方位有效设计相关奖励和荣誉称号	平衡思维（1.3.2 节） 结构思维（1.3.4 节） 系统思维（1.3.3 节）	向军队学激励（2.4.4 节）	案例 84
31. 采用哪种冲突解决方法最合适	目标思维（1.3.1 节） 平衡思维（1.3.2 节） 系统思维（1.3.3 节）	—	案例 86
32. 采用哪种激励思维最有效	结构思维（1.3.4 节） 平衡思维（1.3.2 节） 程序思维（1.3.8 节）	—	案例 85
33. 项目经理和干系人建立什么关系最合适	平衡思维（1.3.2 节）	—	案例 87
34. 新手项目经理如何面对位高权重的领导	目标思维（1.3.1 节） 结构思维（1.3.4 节） 排序思维（1.3.5 节） 适度思维（1.3.7 节）	—	案例 88

14.2 团队管理的AI应用案例

项目的成功依赖于人的努力，而人也是项目中最大的变量。处理与人有关的问题并不容易。经过调研，我们发现与人有关的困扰集中表现为如何争取重要干系人的支持、如何化解人际冲突、如何提振团队士气。我们经常遇到以下情况：在项目推进中需要其他部门的支持，却被告知对方忙于其他事务；向领导寻求支持，却被要求先行动起来；人手不足导致团队士气低迷，但领导反问是否达成本月目标。这些问题都无法在传统项目管理教材中找到答案。沟通固然重要，但在面对复杂情境和具体挑战时该如何进行沟通却没有明确答案。以上述情况为例，潜台词是"他应该支持我，但他没有"。这是一种"应该思维"的干扰。我们常常忽视把人当作具体的个体来看待，应先给予他们支持，以换取他们对我们的支持。因此，要获得支持，不要站在自己的角度提出要求，而要站在对方的角度清除障碍。障碍包括以下几方面：首先，对方看不清自身可以获得的利益；其次，对方觉得支持你需要付出较高的成本；最后，领导层可能预见到支持你的决策将带来风险，因而有所顾虑。因此，为了清除这些障碍，我们可以采用"三步清障法"：第一步，利益检查；第二步，决策成本检查；第三步，决策风险检查。

14.2.1 案例81：AI+利益检查

1. 知识介绍

王进步：这个项目执行起来确实困难重重啊！

张老师：有人反对你，给你下绊子？

王进步：那倒没有。我在一些项目流程的实现过程中，比较了同行业几家公司，发现我们公司的这个项目审批流程有很大的优化空间。于是我找到了这个流程的负责人，但是负责人不愿意配合，他说他觉得现在的流程挺好的，如果想改，我就要先拿出修改方案。我怎样才能够争取到流程负责人的支持呢？

张老师：你有点越权了吧？你只负责实现需求，而这个需求的提出和定义是流程负责人的事。

王进步：根据我和几家公司交流的结果，这个项目审批流程确实需要改进啊。

张老师：让我们分析这个问题。如果我忙于其他工作，你跳出来要我支持你，你就要展示让我支持的收益大于当前工作的收益。争取对方支持的关键是让利益可视化。如果支持你符合我的绩效目标，我就会考虑。你的项目能否帮助我锻炼团队并积累经验？支持你后，公司能否公开表扬我？利益主要包括物质奖励、达成绩效目标、锻炼团队和成绩被认可。可以使用利益检查清单工具以备不时之需。

王进步：对于我这个问题，具体该怎么做？

张老师：问问AI。

2. 输入AI

角色：项目管理平台升级项目的项目经理。

需求：我在比较了同行业几家公司之后，发现目前的项目审批流程有很大优化空间。于是我找到了流程负责人，但流程负责人不愿意配合，他觉得现在的流程挺好，如果想改，我就要先拿出修改方案。

问题：怎样才能够争取到流程负责人的支持？按照利益检查清单回答，即下面四点。

①这个项目有奖金吗？

②支持做这个项目，能够在多大程度上满足或契合部门现在的绩效目标？

③这个项目能不能让部门人员去练练兵，或者让部门人员基于这个项目积累经验，将来再迁移到别的项目上去？

④部门对这个项目的贡献能不能在公司层面上得到宣传，被老板看见？

3. AI回复

要说服流程负责人支持项目经理，可以按照利益检查清单的四个方面进行分析。

（1）奖金

在讨论项目绩效时，可以提及，如果项目获得成功，团队成员就将获得一定的奖金。这将激励团队成员更加积极地参与项目并努力工作，同时提振整个部门的士气。

（2）部门绩效目标

解释项目的优化流程能在多大程度上满足或契合现在部门的绩效目标，说明这个项目将有助于提高效率、降低成本及增强内部控制，从而为部门带来实质性的提升和改进。

（3）练兵机会

强调项目对于部门人员是一次难得的技术发展和练兵机会。指出这个项目可以提供新的技术设想和案例，让团队成员能够扩展自己的知识和技能、丰富经验，并为将来的项目做好准备。

（4）贡献宣传

说明项目在公司层面上的重要性和贡献，表明一旦项目取得成功，部门就能在公司内部得到广泛宣传，并引起高层管理者的关注和赞赏。这也将为项目经理提供展示自己能力和成就的机会。

4. AI回复点评

强调奖金激励、与部门绩效目标的契合、练兵机会及贡献宣传，可以在说服流程负责人时增加说服力，并争取他们的支持。

张老师：参考AI的建议，你可以这样做。首先，你要帮助这个流程负责人更好地达成绩效指标。所以你要看一看，他们部门的绩效指标是什么。举例来说，他们的绩效指标中有一项是根据调研提升项目流程的使用满意度，支持项目经理的项目管理。

你是不是可以从这里寻找突破口呢？你是项目管理平台升级项目的项目经理，天天跟流程使用者接触，能不能在拜访流程使用者的时候，就帮助流程负责人完成需求调研？原本流程负责人还得花精力去做的事，现在你顺手帮他解决了一大部分。这样你就从你的角度为对方提供了支持，对方自然也就愿意帮你了。你还要反复强调，对方在你这个项目上的投入和贡献最后一定能够被更多的人看见。军功章的一半，一定要戴在他们部门身上。例如，你和部门领导沟通，如果项目最后小有成绩，就请他在公开场合称赞一下流程负责人的支持。你把这些工作都做好之后，再去找流程负责人，我相信取得他的支持不再是什么难事。

王进步：我明白您的意思了。兄弟部门不支持时，一定要把利益摆在他的面前。那么供应商不支持，又该怎么办？我原来认为供应商不敢不支持我，合同上白纸黑字写得清清楚楚。我可是甲方，他如果不支持我，尾款就不给他了。结果我发现还真有供应商偷偷地不支持我。例如，一项任务原本三天就能完成，但供应商说，这个需求比较复杂，需要七天才能完成。再例如，供应商说他们已经派出了本公司最强的团队来支持我的项目，但实际上他们把最强的团队派到了其他公司的其他项目上。

张老师：对方不支持你，先从"利益"这一层找原因。从物质奖励、达成绩效目标、锻炼团队和成绩被认可四个维度设计利益，让利益可视化。套用美国心理学家米奇·普斯坦的一句话"你想让别人怎么对你，最好的办法就是先主动地怎么对别人"。另外，我们在向对方求助的时候，心态可以稍微调整一下。你不要总认为自己有求于人，所以提要求的时候小心翼翼。转换一下思路，你能不能把它看成我给对方提供了一个工作机会？你摆出这个机会的价值，对方往往就会接受你的要求。

14.2.2　案例82：AI+决策成本检查

1.知识介绍

王进步：我们部门领导张总也不怎么支持我。我这个项目只有三个成员，急需人手。我特别希望张总能够从部门或别的项目多抽调几个人来支援这个项目。但是张总跟我说，这个阶段每个项目都缺人，没有富裕的人手。

张老师：作为下属，你或许认为项目是部门领导展示实力的方式，觉得他们自视甚高。但实际上，他们也在考虑投入与产出之间的平衡。例如，为了支持你的项目，可能需要调动其他项目的人手，这将对其他项目的运作造成影响。领导者会权衡这种损失能否被你的项目弥补。额外招聘也不是唯一选择，因为招聘新员工意味着更高的人力成本和复杂的管理成本，领导者需谨慎思考。

决策者需要全面考虑各种因素，包括投入、产出和各种成本。在提出需求时，除了自身利益，也要考虑外部因素。要明白领导者的立场和推理方式，他们需综合评估并做出最符合整体利益的决策。因此，在提出需求前，务必全方位考虑各种成本和影

响，以便更有效地交流和协作。

在提出要求时，不仅要看到好处，还要关注隐藏的成本。可以使用决策成本检查清单来帮助识别和减少潜在成本，并评估时间、沟通、精力、切换、协调、人情和机会等方面的成本。

王进步：具体说说我这个项目吧。我希望张总能够再多派几个人手，应该怎么办？

张老师：先看看AI的建议。

2. 输入AI

对于本案例，请帮助项目经理设身处地为张总想一想：张总如果支持本项目，是不是会产生时间成本、沟通成本、精力成本、切换成本、协调成本、人情成本和机会成本等。请识别出这些成本，并给出减少这些成本的建议。

3. AI回复

为了争取张总的支持，项目经理可以考虑以下建议来减少这些成本。

（1）时间成本

项目经理可以提供清晰的项目计划和时间表，并展示项目中关键任务的优先级。项目经理也可以主动寻找和解决一些会延误项目进展的问题，以确保整个团队高效工作。

（2）沟通成本

项目经理应当保持沟通渠道通畅，并确保与张总及时分享项目的进展、风险和需求。定期组织有效的团队会议、汇报和进度更新，以减少不必要的沟通成本。

（3）精力成本

项目经理可以提前准备好项目相关材料和文档，并将其整理成易于阅读和理解的形式。在与张总进行沟通和汇报时，简化信息和报告的内容，以节约双方的精力和时间。

（4）切换成本

项目经理可以灵活调整项目资源和人员的安排，以适应其他项目的需要。在需要抽调项目成员支援其他项目时，合理安排工作顺序，以最小化切换成本。

（5）协调成本

项目经理可以积极主动地与其他项目经理和团队进行协调与合作，确保资源和人员合理分配。通过积极分享资源和经验、互相支持和帮助，最小化协调成本。

（6）人情成本

项目经理可以关注团队成员的需求和福利，提供良好的工作环境和发展机会。通过建立良好的团队关系和激励机制，确保团队成员的合作意愿和积极性得到提高。

（7）机会成本

项目经理可以展示项目的前景和潜力，以及项目对公司运营和利益的重要性。通过说明项目对公司战略目标的贡献，引起张总对项目的重视，并提高项目的优先级。

4. AI回复点评

综上所述，项目经理可以通过减少时间、沟通、精力、切换和协调等方面的成本，争取张总的支持。另外，项目经理还应当关注人情成本和展示项目的机会价值，以增强部门领导对项目的兴趣和支持程度。

张老师："参考AI的建议，你可以让AI帮你设计一段和张总的对话。"

5. 输入AI

请根据以上内容，帮我设计一段我和张总的对话，目的是寻求张总的支持。

6. AI回复

作为项目经理，我诚挚地希望得到您的支持和指导，并向您提出以下改善成本效益的建议。

在时间成本方面，我将提供明晰的项目计划和时间表，并凸显关键任务的优先级，以确保团队高效运作。同时，我将主动解决可能影响项目进展的问题，确保工作顺利进行。

在沟通成本方面，我承诺保持良好的沟通，及时向您分享项目进展、风险和需求。定期组织有效的团队会议和汇报，有效减少不必要的沟通成本。

在精力成本方面，我会提前准备项目相关材料，并简化报告内容，确保信息易于阅读和理解，以节约双方的精力和时间。

在资源和人员切换成本方面，我将灵活调整人员安排，以应对其他项目需求，最小化切换成本，并合理安排工作顺序。

在协调成本方面，我将积极与其他团队合作，确保资源和人员合理分配，最小化协调成本。通过互相支持和分享资源，共同努力达成项目目标。

在人情成本方面，我将重视团队成员需求，提供良好的工作环境和发展机会，建立良好的团队关系和激励机制，确保提高团队积极性和合作意愿。

最后，我将展示项目的前景和潜力，以及对公司利益的重要性。通过说明项目对公司战略目标的贡献，引起您对项目的重视，提高项目优先级。

期待能得到您的支持与指导，共同推动项目取得成功。感谢您的关注和支持！

7. AI回复点评

对沟通高手来说，以上AI回复还是比较全面的。对沟通能力不强的项目经理来说，AI回复至少提供了沟通的思路，可以据此丰富和完善自己的想法。

14.2.3　案例83：AI+决策风险检查

1. 知识介绍

王进步：我觉得可能因为我在公司的资历比较浅，项目开始后，各二级部门的配合度不高，项目开展得特别不顺利。于是我就有个想法，希望部门领导张总来帮我一下，当着项目团队同事的面，正式授予我在这个项目上的指挥权。但张总说这是我自己的事。我怎样才能取得张总的公开支持呢？

张老师：你已被明确指定为项目经理，你觉得领导就应该公开授权给你。但是可能领导还有所顾虑，因为做出决策的人往往拥有权力，而权力背后往往伴随着风险。要获得领导的支持，就要先了解他的担忧和风险。你的需求大致分为四类，即授权任命、资源审批签字、背书支持、超出职责范围需要他帮忙争取资源。但领导在给予支持前需要考虑到责任、协调资源、声望、信用等风险。作为项目经理，你应该展现出成就，证明自己值得投资。不是口头上说愿景，而是用实际行动做出成绩，消除领导的顾虑，这样才能得到支持。不要只依靠铺垫，而要靠实际表现获得认可。

王进步：对我这个项目，您有什么好的建议？

张老师：先看一下AI的建议。

2. 输入AI

请分析本案例，张总如果支持本项目，可能承担哪些风险？怎样才能取得张总的公开支持？

3. AI回复

在本案例中，如果张总支持该项目经理并正式授予他在项目上的指挥权，可能承担以下风险。

（1）责任风险

张总在公开支持该项目经理后，也将承担一定的责任和压力，因为项目的成功或失败将与张总的决策和支持密切相关。

（2）组织效率风险

张总在授权该项目经理独立指挥项目后，有可能引发其他部门的不满或抵触，影响整个组织的工作效率和协作。

（3）沟通协调风险

项目经理既是项目执行者又是团队成员，张总授权他指挥项目之后，他需要更加主动地进行沟通和协调，并及时向张总汇报项目进展和问题。

为了取得张总的公开支持，项目经理可以考虑以下建议。

（1）项目规划和沟通

项目经理可以事先准备一个详细的项目计划，包括项目目标、任务分配、关键里程碑等，并向张总展示项目的重要性和挑战，并解释项目需要领导支持的理由。

（2）成果展示和回顾

项目经理可以定期向张总展示项目的成果和进展，并反馈项目面临的问题和挑战，以便张总了解项目的实际情况，做出更准确的决策。

（3）风险评估和管理

项目经理可以对项目面临的风险进行全面评估，并提出有效的应对策略。在与张总沟通时，强调解决风险和问题的能力与计划。

（4）团队建设和协作

项目经理可以积极促进各部门之间的合作和协调，在团队内外展现出领导能力和协调能力。这样可以使张总对项目经理更加信任，增加公开支持的可能性。

（5）授权请求和建议

项目经理可以主动向张总提出对指挥权的授权请求并提供明确的理由，承诺解决项目中遇到的问题和困难。

4. AI回复点评

通过这些努力，项目经理可以为张总提供清晰的项目信息，并展示优秀的领导能力，从而取得张总的公开支持。然而，需要注意的是，即使没有得到公开支持，项目经理仍须尽力推进项目并与各部门进行有效合作，以保证项目顺利进行。

现在，项目经理要把注意力聚焦在团队内部，看看怎么提振项目团队的士气。

为什么要把"士气"单拿出来分析？如果一个项目看上去资源非常丰富，团队兵强马壮，但是团队成员个个意志消沉，没有战斗力，那么项目能成功吗？如果一个项目貌似已经陷入绝境，但是团队的每个成员都斗志昂扬、齐心协力，那么是不是有希望力挽狂澜？士气就是如此重要。

传统项目管理通过"塔克曼团队发展模型"来认识项目团队。这个模型是美国俄亥俄州立大学教育心理学教授塔克曼博士在 1965 年创建的。这个模型把一个团队的发展分成了五个阶段，分别是组建期、震荡期、规范期、成熟期和解散期，并且这五个发展阶段与团队的士气是一一对应的。在团队的组建期和震荡期，团队的士气由高到低，迅速滑至谷底。随着团队进入规范期，士气开始慢慢回升，形成了V字形。这个模型揭示了团队不同的发展阶段和团队士气之间的对应关系。

但是，这个模型并没有给出具体的实践指导，也就是说，没有告诉我们当团队士气低落的时候该怎么办。提振士气不是一件容易的事，对项目经理来说尤其难。为什么？首先，项目团队往往是由于某个任务而临时组建起来的，团队成员之间没有形成牢固的信任关系，不产生摩擦就不错了，哪有那么容易拧成一股绳？其次，项目经理大多有责无权，不能像职能组织架构下的直属领导一样，用发奖金、给团队成员升职加薪的方式激励团队。

那项目经理该怎么办呢？一个可能的解题方向是学习军队。因为军队对"士气"最有研究，也是士气的最佳实践场。军队必须保持战斗意志和战斗精神才能打胜仗。千百年来，军队已经积累了丰富的士气管理经验，远比只有百年历史的企业管理深厚得多。军队的"战斗精神"是军队文化的精华，很多企业也纷纷效仿，将其迁移到自己的组织管理中。华为、联邦快递、福特汽车等一大批优秀企业都这么做。不仅如此，很多管理学家也在研究和借鉴军队的经验，丰富自己的理论体系。中国的《孙子兵法》、美国的海豹突击队，都是经典的学习对象。想要提振士气，向军队学习，该怎么学呢？在前期访谈调研过程中，我们发现所有与士气相关的问题，无外乎下面这三类。

- 第一类问题，团队成员抱着"打零工"的心态加入项目组，投入度不高，该怎么办？
- 第二类问题，团队成员觉得自己的付出和回报不成正比，心态失衡，积极性不高，该怎么办？
- 第三类问题，项目连连受挫，团队的信心下滑很严重，该怎么办？

下面来看看向军队学习能找到哪些好办法。

14.2.4　案例84：AI+相关奖励和荣誉称号

1. 知识介绍

在项目中，设计相关奖励和荣誉称号可以起到以下几种作用。

（1）激发创造力和卓越表现

设计相关奖励和荣誉称号可以激发团队成员的创造力和卓越表现。通过明确奖励设计师或团队的好设计、创新思维和卓越成果，鼓励他们超越期望，不断追求更高水平的设计。

（2）建立内部竞争氛围

奖励和荣誉称号可以促使团队成员之间形成一种健康的内部竞争氛围。通过竞争，设计师和团队会自发地追求更好的设计和更优秀的解决方案，以争取获得荣誉和奖励。

（3）提高工作满意度和士气

得到奖励和荣誉称号的设计师和团队成员会感到工作的价值和对自己的肯定，这可以提高他们的工作满意度和士气。设计是一项创造性的工作，给予应有的认可能够激励设计师为项目付出更多努力，并保持积极进取的态度。

（4）吸引人才和推动团队发展

设计相关奖励和荣誉称号可以帮助项目吸引和留住优秀的设计人才。在一个注重设计和创新的项目中，良好的奖励体系和荣誉体系将成为吸引人才的关键因素，同时推动整个团队发展和提升。

（5）宣传和品牌塑造

优秀的设计和设计师获得的奖励和荣誉称号可以用于宣传项目和建立品牌形象。这些奖励和荣誉称号可以作为项目和团队的亮点，提升项目在行业内的知名度和声誉，对组织的长期发展和市场竞争力的提高具有积极影响。

需要注意的是，奖励和荣誉称号的设计需注意公正性、透明度和价值准则，以确保公正评选，并保证奖励和荣誉称号具有真实意义和影响力。

设计相关奖励和荣誉称号可以看看AI的建议，了解一些常见的做法。

2. 输入AI

对于个人的相关奖励和荣誉称号，请分类详细说明。

3. AI回复

个人的相关奖励和荣誉称号可以按照不同的类别详细说明，以下是常见分类。

（1）最佳表现类

①最佳员工。评选出在项目中表现最出色、成绩最突出的个人。

②杰出贡献奖。认可为项目成功做出杰出贡献的个人。

（2）专业能力类

①专业榜样。表彰在特定领域具有卓越专业能力的个人，如最佳技术专家、最佳项目管理专家等。

②创新思想奖。奖励那些在项目中提出创新想法或解决方案的个人。

（3）领导与合作类

①卓越领导者。表彰在项目中展现出卓越领导能力、促进团队合作和目标达成的个人。

②最佳合作者。奖励在团队合作中做出积极贡献和表现出协作精神的个人。

（4）个人成长类

①最佳学习者。鼓励个人不断学习和自我提升，并给予学习奖励，以促进个人的专业发展。

②成长导师奖。认可在项目中积极分享经验和指导他人成长的个人。

（5）客户关系类

最佳客户关系奖。奖励与客户有良好的沟通与合作并使客户满意的个人。

（6）创业精神类

创业明星。鼓励具有创业精神和创新能力的个人，并给予相应的奖励和认可。

4. AI回复点评

请注意，具体的个人奖励和荣誉称号可以根据项目特点和组织需求进行定制和设计。这些奖励和荣誉称号需要建立在公正、透明和可衡量的基础上，以确保激励有效、公平。

14.2.5 案例85：采用哪种激励思维最有效

1. 典型案例

张老师：这次聚会，我想分享的是运用目标设定理论和激励心理学原则调动团队成员的积极性和主动性。下面是一个案例。

作为项目经理，你可能发现有些人按照自己的方法工作。他们喜欢按照自己的方法，是因为这能给他们带来成就感。虽然有良好的出发点，但是经验告诉我们，这样的方法可能不会取得好结果。在这种情况下，你是否应该叫停他们的行为？这是一个两难的选择。如果你选择叫停他们，他们可能感到郁闷，导致积极性和创造性受挫。这会对项目的成功产生负面影响。我希望达到两个目标。第一，我希望他们回到正确的方法上来。第二，我想保护好他们的积极性和创造性。在座诸位，在这种情况下，你应该怎么做？

这样说可能比较抽象，我用一个简单的例子来说明一下。在经历了一整天极度疲惫的旅程后，我回到了家。然而，当我打开门时，看到的是5岁的孩子正在客厅的墙面上创作一幅巨型油画。尽管他在极力表达对画画的热诚，但实际效果并不理想。我必须叫停他的行为，因为这超出了我能忍受的范畴。尽管我担心他的反应，但是我希望他能够明白，并转向我所期望的行为。如果你是我，你将如何说服孩子？

王进步：先肯定，"干得好！干得不错"。

张老师：听到这句话，孩子会得出结论，既然很好，那就继续做！

王进步：当然，后面有转折，要说明要求，让他意识到自己的错误和危害性。

张老师：如果你先肯定他这么做很好，那么我觉得这个转折太大了。做得好，怎么会有危害性？

王进步：先肯定其态度。你的态度是不错的，但是……

张老师：孩子一听"但是"，焦点就放在了后面，"你就是否定我"。

艾学习：在轻松的场合，或者在活动时私下说，让他感觉高兴一点。

张老师：无论在什么场合，你对他进行了否定，他很难高兴得起来，对不对？

艾学习：先予以肯定——"画得好"，再指出不足之处——"不应该在墙上画，到小屋里画去吧"。

张老师：听了你的话，他在那里郁闷不止。你看他又说了，要按他的方式做，在小屋里画有什么好处？

艾学习：先鼓励他画得好，再以委婉的方式来提出要求。

张老师：真是说起来容易，做起来难！

王进步：把他做的事情放在家庭会议上讨论，进行后果分析。

张老师：把他做的事情放在家庭会议上讨论，批斗啊？这样也不太好吧！

王进步：让他的偶像或老师对他说。

张老师：当然，这是一种很不错的方法，不过很多时候你未必找得到这样的偶像或老师。如果你把我的偶像叫过来，对我说这样做不对，我立刻改掉。但关键是你要找到这样的人，而且要有时效性。

王进步：实在不行，让他做更重要的事情！

张老师："宝贝，该吃饭了！"他吃完饭后，用更多的精力投入绘画工作中了。

艾学习：通过直接和非直接的手段让他认识到这个问题。可以先让本人描述他的工作方式和目标，根据方式提出具体的改进意见和措施。例如，他的工作方式难以实现目标，但更换工作方式可以实现目标。如果到小屋里去画，就会有一个新玩具等着他。

张老师：他可能会按照你的方式做，因为不按你的方式做，他就没有得到新玩具的机会。但是他并不认同这种方式。你逼他可以，但是他未必认同你。人在心甘情愿的时候才能取得最佳绩效。

艾学习：您直接说最佳解决方案吧。

张老师：大家可能都看过一本书，叫《梦的解析》。这是谁写的？

艾学习：弗洛伊德。

张老师：这本书中有一句话我觉得很有道理，对我们管理者和协调者来说是非常有用的，"人的所有行为都是被某些原动力推动的。"他描述了两种原动力。

王进步：哪两种原动力？

张老师：这两种原动力我们不关心，但是这句话对我们很有启发。原动力说白了就是大家关心的东西——需求！行为是由人的需求驱动的。我把在墙上画画这个行为叫作A，它一定是由某个需求驱动的，假如需求的原动力叫作B。你现在想让他心甘情愿地把A行为转向C行为，到小屋里去画。怎样才能让他心甘情愿地这样做呢？

王进步：马斯洛把人的需求分为五层。

张老师：但他没有说五层里面有多少种需求。人的欲望是无限的，因此人有无穷多种需求，这些需求之间有没有关系呢？我估计大家都有这样两个需求，一个需求叫作事业有成，另一个需求叫作健康长寿。这两个需求有没有矛盾？

艾学习：有！我想起了刻骨铭心的、通宵达旦的工作！

张老师：我们希望尽量把这两个需求完美地统一在工作和生活当中，但很多时候不一定能统一起来。要想事业有成，有时就要通宵达旦！因此，当你面临需求矛盾的时候，你会选择哪个呢？

王进步：不同的人有不同的选择。

张老师：如果是一个刚参加工作的大学毕业生，我估计他一定会发自内心地说"我现在的需求是事业有成"。但很多人已经工作了十几年，处于亚健康甚至不健康状态。如果事业有成对健康长寿有很大的损害，这些人宁愿放弃事业。

因此只要你能找到另一种需求D，D需求包含B需求，并且D需求驱动C行为，B需求驱动A行为（见图14-1），通常他就会心甘情愿地转变。现在就简单了，找到他的需求就行了。例如，家长一推门，看到自己的孩子那样做，立刻就会下意识地说……

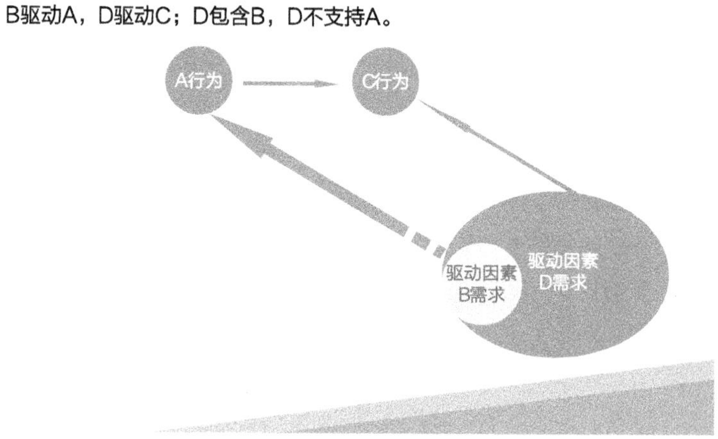
B驱动A，D驱动C；D包含B，D不支持A。
A行为
C行为
驱动因素
B需求
驱动因素
D需求

图14.1　需求驱动行为

艾学习：画得太好了！

张老师：心里却在想，“天啊，真让人受不了，我想让他到小屋里去画。”下面怎么办？找到需求，“画得太棒了！毕加索小时候也画过一幅画，他长大以后把画卖了出去，卖了１万美元。我看你画得比他好多了。你长大了比他更有才华，你的画至少可以卖2万美元。”下面要进行什么工作呢？你要让他的需求和他的行为产生矛盾，和你期望的行为产生关联。“但是你画在我们的墙上会怎么样？”

艾学习：不能卖。

张老师：他也许会说，“画在墙上留给后人瞻仰多好呀！”你一定要找到激烈的矛盾、尖锐的矛盾。“你看咱们家这么潮湿，在这样的环境下，通常两三年墙面就会出现小幅剥落，三五年就会出现大幅剥落，六七年就会全体剥落，你就再也卖不了画了，损失了2万美元！不要再这样画了，留住你的钱吧！”那该怎么画呢？推出你的行为，“毕加索是怎么通过卖画得到100万美元的呢？他就是拿着本子和笔画出来的。建议你也那样去画吧！”对话中有没有对孩子的否定？没有，你是在用他的需求推动他的行为！于是他拿了本子和笔到小屋里画去了。要想改变人的行为，组织协调他人，应从何处入手？要从他人的需求入手，否则他人永远都不会听你的话。出于我们的项目特性，我们必须保护好每个人的创造性，无论他是哪个部门的。

王进步：这回我明白了，请您再给我们讲讲相关的理论吧！

张老师：目标设定理论和激励心理学原则是调动团队成员积极性和主动性的重要工具。通过设定明确的目标，团队成员可以更清晰地了解自己的任务和责任，并有明确的努力方向。同时，激励心理学原则提供了外部和内部激励措施，能够激发团队成员的动力和热情，推动他们更加主动地投入工作。综合运用目标设定理论和激励心理学原则，可以调动团队成员的积极性和主动性，从而有效提高团队的工作效率。

目标设定理论是一种广泛应用于激励管理和组织行为领域的理论。它认为设定具体、可衡量的目标可以激发个体的积极性和主动性，引导他们朝着更卓越的表现努力。当团队成员清楚地知道他们需要达到的目标，并且这些目标与他们的能力和意愿相匹配时，他们更有动力去追求成功。

例如，在一个销售团队中，团队经理可以根据每个销售人员的能力和工作经验，设定每月销售额的具体目标。这些目标可以根据历史数据和市场趋势来确定，并且应该是具体、可衡量的，如"每月增加10%的销售额"。当销售人员知道自己需要为实现这个目标而努力，并且目标与他们的能力和意愿相符时，他们更有动力去寻找新客户，改进销售技巧，并推动销售业绩的改善。如果目标过于模糊或不切实际，他们就可能缺乏动力和方向，从而影响团队的整体表现。

总之，目标设定理论的应用可以帮助团队成员明确工作目标，并提供具体的指导和激励，以调动他们的积极性和主动性。通过设定合适的目标，团队成员将有更明确的方向，更清晰地了解自己需要付出的努力，从而使团队的整体表现更佳。

在调动团队成员的积极性和主动性方面，激励心理学原则起着至关重要的作用。

首先，奖励机制是一种常见的外部激励方式。团队管理者可以制定明确的奖励制度，并将其与团队成员的目标相匹配。例如，可以设立阶梯式奖励制度，根据团队成员的工作表现给予不同级别的激励，如奖金、晋升机会或其他特殊福利。这样的奖励机制可以有效激励团队成员追求更高的目标，并为他们提供实现个人价值和成长的动力。

其次，内部激励也是调动团队成员积极性和主动性的重要手段。团队管理者可以通过认可和赞扬等方式来提升团队成员的自我价值感和满足感。团队成员感到他们的工作得到了认可和重视，就更有动力去主动参与团队活动并努力实现目标。另外，团队管理者还可以提供良好的工作环境和发展机会，以激发成员的内在动机，使他们体会到工作对他们个人的意义。

举个例子，假设一个团队的目标是开发一款新的软件产品，并按时推向市场。团队领导者可以使用目标设定理论来设定明确的阶段性任务，如完成每个功能模块的时间和质量要求。团队领导者可以与团队成员一起讨论并制定个人目标，在达到特定的里程碑时给予奖励和认可。另外，团队领导者可以提供培训和学习机会，帮助团队成员改进技能，并通过及时给予反馈和表扬，增强团队成员的自我价值感和主动性。

目标设定理论和激励心理学原则的综合应用可以进一步提升对团队成员的激励效果。通过充分理解每个团队成员的个体差异，我们可以根据他们的能力、动机和兴趣来制定个性化的目标和激励措施。

首先，我们应该考虑团队成员的能力水平。目标设定理论认为，具有适当挑战性的目标可以激发个人的积极性和主动性。因此，我们需要根据每个成员的能力，设置具有挑战性但仍然可以达到的目标。对于能力较强的成员，可以设定更高难度的目标；而对于能力较弱的成员，目标可以相对容易一些，以增加成功的机会，并逐渐提高难度。这样做不仅可以激发团队成员的热情和努力，还能促进个人的成长和发展。

其次，我们需要考虑团队成员的动机和兴趣。激励心理学原则强调了内部动机的重要性，即个人对任务本身的内在满足感。因此，我们应该将团队成员的兴趣和喜好纳入考虑，并设置与其相关的目标。例如，如果某个团队成员对数据分析特别感兴趣，我们就可以将他派遣到数据分析项目，并设定与数据分析相关的目标，以激发他的工作积极性和主动性。

最后，在综合运用目标设定理论和激励心理学原则时，我们还需要灵活调整目标和激励措施。随着团队成员的成长和变化，他们的能力、动机和兴趣也会发生变化。因此，不断了解团队成员的需求和动态，及时调整目标和激励方式是至关重要的。定期与团队成员进行反馈和沟通，了解他们的意见和建议，并根据情况进行相应调整，可以不断提升激励效果，进一步调动团队成员的积极性和主动性。

张老师：根据项目管理心理学理论，王进步负责的这个项目管理平台升级项目有哪些方面做得不足？有哪些方面做得优秀？

艾学习：我们可以看到项目管理团队运用了多种理论和原则来提升项目管理效果。以下是给出的意见。

（1）做得优秀的方面

①明确目标。挖掘出四大目标，并制订了项目计划。明确的目标有助于团队成员了解项目的方向和愿景，使他们更有动力去实现这些目标。

②调研需求和痛点。通过需求调研和对外部项目管理平台工具厂商的调研，团队了解到80个需求和十大痛点。这些信息可以帮助团队更好地理解用户需求和问题所在，并制定相应的解决方案。

（2）做得不足的方面

①缺乏交流和沟通。在项目立项成功前，仅听取了部门领导的汇报。项目管理团队可以进一步与相关项目干系人与团队成员进行交流和沟通，以获取更全面的反馈和建议，从而更好地满足他们的期望和需求。

②激励措施不够个性化。虽然团队运用了激励心理学原则来调动团队成员的积极性和主动性，但在激励措施上可能还存在不足之处。团队可以更具体地了解团队成员的动机和个人喜好，为他们提供个性化的激励措施，以提升团队成员的投入感和参与度。

总体来说，项目管理团队在目标设定和需求调研方面表现出色，但需要加强沟通和交流，并且进一步提供个性化激励措施，以提高整个团队的绩效和合作效果。

张老师：其实我也这么觉得。项目经理都在单打独斗，与项目的需求代表、团队成员缺乏交流和沟通，对团队成员的激励措施不够。不过这也是大部分项目经理的通病吧。

艾学习：另外，从心理学角度建议，启动阶段增加一个破冰环节。项目团队成员通过自我介绍说说各自的性格特点、兴趣爱好，以及对项目的期待。还可以给每个成员做一下性格测试，这是项目团队建设的第一步。

2. 案例分析与总结

我们必须保护好每个项目团队成员的创造性，这样的激励才能真正调动团队成员的积极性。以下是保护团队成员创造性的一些重要作用。

（1）提振团队士气

保护团队成员的创造性有助于提振团队士气和提高工作满意度。当团队成员感到他们的创意得到认可和尊重时，就更有动力投入工作，并为实现项目目标寻找更好的解决方案。

（2）鼓励创新与改进

保护团队成员的创造性可以鼓励他们提出新的想法和创新的解决方案。这将促进团队持续发展和改进，帮助项目取得更好的成果。

（3）加强团队合作

保护创造性有助于加强团队合作和信任。当团队成员感受到他们的想法和贡献受到赞赏和支持时，更倾向于积极参与合作，分享知识和资源，从而促进团队的共同成功。

（4）提高问题解决能力

保护团队成员的创造性可以帮助解决复杂的问题和挑战。每个团队成员都有独特的视角和经验，保护他们的创造性意味着他们有机会提出新的解决方案，从而提高团队的问题解决能力和应对能力。

（5）促进个人发展

保护团队成员的创造性可以促进个人发展。鼓励团队成员尝试新的想法和方法，帮助他们扩展技能和知识，从而提高自己的竞争力和能力，在职业道路上取得进步。

总之，保护每个项目团队成员的创造性是为了提振团队士气、鼓励创新与改进、加强团队合作、提高问题解决能力，以及促进个人发展。这将为项目的成功和团队的长期发展奠定基础。

14.2.6 案例86：采用哪种冲突解决方法最合适

1. 知识介绍

在项目团队中，团队成员长时间一起工作，难免发生矛盾和冲突。当团队成员发生冲突时，项目经理可以采用以下五种解决方法，如表14.2、图14.2、图14.3所示。

表14.2　冲突的五种解决方法对比

类型	定义	适用案例	效率	体验
强迫命令	为了解决冲突，职位高的一方在不考虑对方感受的情况下，强迫职位低的一方接受自己的意见	既重要又紧急	五星	一星
合作解决	为了找到大家都满意的解决方法，双方决定心平气和地坐下来，一起商量对策，采用合作的方式取得双赢的效果	重要但不紧急	五星	五星
妥协调解	在发生冲突时，秉着"退一步海阔天空"的原则，双方各退一步，虽然各自的利益都打了折扣，却有利于冲突的解决	紧急但不重要	二星	二星
缓和包容	发生冲突时，其中一方选择缓和包容的方式解决冲突，通俗地说，就是"争不过你，都听你的""承让"	不紧急也不重要	一星	五星（被包容方）
撤退回避	由于暂时无法解决冲突，其中一方或双方采取暂时搁置冲突的方法，等以后条件成熟了/有机会了，再去解决	不紧急也不重要	一星	一星

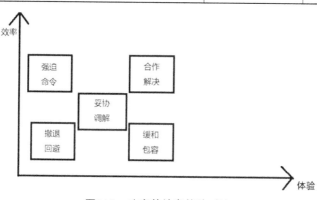

图14.2　冲突的效率体验对比

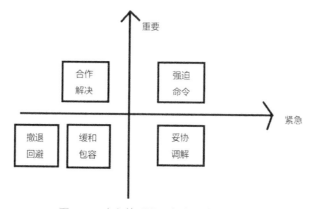

图14.3　冲突的重要、紧急程度对比

在选择这五种方法解决冲突时，要综合考虑事情的效率、对方的体验和事情的重要、紧急程度。

2. 典型案例

关于冲突解决，有一个很有名的例子：负荆请罪。有一次，一位外国友人和张老师探讨了负荆请罪这个话题。

外国友人：你好，我有一个问题想请教你。

张老师：请尽管问吧。

外国友人：我听说中国人很推崇退出冲突的方式，这是真的吗？

张老师：是的，我们中国人确实很重视退出冲突的方式。有一个著名的成语"负荆请罪"，它描绘了一个经典的冲突场景，即廉颇和蔺相如之间的冲突。

外国友人：廉颇为什么挑起了冲突？他是看不起蔺相如吗？

张老师：廉颇觉得自己靠着努力才取得今天的成就，而蔺相如只做了几件微不足道的事情，因此起了冲突。

外国友人：面对这样一个人，蔺相如怎么应对呢？

张老师：蔺相如选择了避让。无论对方怎样反对他的意见，他都保持沉默；对方不给他让路，他绕道而行；总之，他避开了与对方的直接冲突。最终，故事的结局是非常好的。廉颇背着荆条去向蔺相如请罪。

外国友人：故事确实很精彩。

张老师：听了这个故事，我深受启发。有一天，我太太生气地冲着我大喊大叫，我内心很愤怒，希望能够回敬她。但是，我突然想起了蔺相如的例子，决定向他学习。于是，在太太怒气最盛的时候，我默默地看了她一眼，然后转身走了。我认为她应该找几根荆条背上来找我，就像廉颇请罪一样。但是，我最后看到她拿了一根棍子过来找我。我一直都想不通，为什么蔺相如能获得好的结果，而我却不能？你知道原因吗？

外国友人：我觉得可能是因为你没有考虑到你太太的感受。在退出冲突的策略中，关键是让对方真正感受到你退出的诚意。对你的太太来说，你的态度是一种挑衅，因此退出的策略对她无效。

张老师：原来如此，我没有考虑到她的感受。我应该先让她感受到我真正退出冲突的诚意。感谢你的解答！

3. 案例分析与总结

本案例中，张老师虽然采取了撤退回避的冲突解决方法，但是没有掌握这种方法的精髓，没有顾及太太的感受，因此没有取得应有的效果。

14.2.7 案例87：项目经理和干系人建立什么关系最合适

1. 知识介绍

一位资深的项目经理曾经和张老师分享过他的经验。项目中遇到的最大的困难，往往不是来自项目或交付本身，而是来自项目团队。

2. 典型案例

王进步与艾学习聊起了项目团队的重要性。

王进步：你知道吗？我们在项目中遇到的最大困难往往不是来自项目本身，而是来自项目团队。

艾学习：是吗？为什么这么说呢？

王进步：因为团队与干系人之间建立信任、团队成员有归属感，才能推动项目顺利前行，哪怕共同经历狂风巨浪。

艾学习：我们应该怎样处理与项目干系人的关系呢？

王进步：常规的做法是识别干系人，规划他们的参与方式，并监督他们的执行和配合情况。例如，发给团队的周报更具体，而发给某个干系人的周报更简要。

艾学习：但这些还远远不够吧？

王进步：没错！要干系人真正支持项目，我们需要进一步和他们建立信任。在建立团队的时候，我会和每个干系人好好沟通，了解他们对项目的期待，与他们共同工作，并提供各种有效的帮助，这样就建立起了人与人之间的信任。

艾学习：怎样才能建立真正的合作伙伴关系呢？

王进步：除了提供前面说的有效帮助，我觉得项目经理还要急干系人所急。有时干系人并不会明确表达自己的期待，只有我们真正代入他们的感受，补充他们考虑的不足，为他们提供更全面、更广阔的视角，给予他们独到的价值，才能将与干系人的关系转变为真正的合作伙伴关系。

艾学习：原来如此，我明白了。这些方法真的很有用！

王进步：是的，团队的配合和信任是项目成功的关键。只有与干系人建立良好的关系，并成为真正的合作伙伴，才能顺利推进项目。

3. 案例分析与总结

项目经理与项目干系人关系的转变如图14.4所示。

图14.4　项目经理与项目干系人关系的转变

14.2.8 案例88：新手项目经理如何面对位高权重的领导

1. 典型案例

项目经理王进步今天要与领导沟通，但自己是新手，总是缺乏自信，不敢毫无保留地表达自己的想法。

王进步步履匆匆地走进会议室，领导张总已经在那里等候。他在心里默默鼓励自己，要勇敢地说出自己的想法，别让新手身份束缚住自己。

王进步（紧张地）：张总，您好！我最近正在考虑一项新的策划方案，我想多听听您的意见。

张总（微笑）：很好，王进步，我很期待听到你的想法。

王进步有些犹豫，他拿起桌上的一份文件，手指轻轻敲打着页面。

王进步（犹豫地）：其实，我在调研过程中发现了一个潜在的问题，我觉得我们现有的方案可能需要一些改进。

张总（关注地）：哦？请你说说具体的问题。

王进步试图克服自己的紧张，他深吸一口气，然后毅然说出了自己的疑虑。

王进步（坚定地）：我觉得我们现有的方案在市场竞争中可能面临一些困难。而且，考虑到我们目标受众的需求变化，我建议我们对方案进行一些调整，以更好地满足市场需求。

张总（思索片刻）：你的观点很有道理，我认为你的建议很有潜力，我们可以进一步讨论和研究。

（回到办公室后）

艾学习（兴奋地）：王进步，你真棒！你勇敢地表达了自己的想法！

王进步（微笑）：谢谢，艾学习。我意识到新手身份不应该束缚我的思维和表达。

张总（赞许地）：不错，王进步。勇敢地提出自己的想法和建议是成长的关键，只有不断突破自己，才能更上一层楼。

通过这次沟通，王进步渐渐摆脱了新手身份给自己带来的限制，从而在以后的工作中更加自信地表达自己的观点和想法。他明白，只有敢于冒险、敢于尝试，才能获得真正的成功。而这个案例也成了公司内部的经典故事，鼓励着其他新人勇敢发声，展示自己的才华和智慧。

2. 案例分析与总结

面对这种情况，我们建议忘记自己的身份，而牢记对方的身份。无论在何种情境中，这都是有效的沟通技巧。不要过分强调自己的地位，如新手项目经理总是把自己当作"菜鸟"，在很多场合下可能失去自信，不敢发表自己的想法。相反，应该忘记自己是新手，全心关注团队的发展并积极参与问题的讨论和沟通。同时，我们也要牢记对方的身份，尊重对方的权威。只有在这样平等、尊重的沟通过程中，才能建立起真正友好、礼貌的沟通方式。这样的沟通方式既不会过于谦卑，也不会因为担心自己的新手身份而退缩。

还要注意，项目经理并非一味为领导服务，领导也不会刻意对项目经理进行频繁观察。如果项目经理有一种被刻意观察或评估的感觉，就会不自觉地变得紧张，表现失态。然而，这种情况对于互相沟通和信任是不利的。事实上，我们应该相信领导更关心的是项目的交付和团队的健康，包括业务的快速发展。领导不会单独评估项目经理的个人表现，因为项目经理只是团队中的一员。因此，项目经理不必太过紧张，也不必太过在意领导是否在刻意观察自己。

基于以上两点，我们可以得出结论：做好自己就足够了。项目经理应该通过实际行动证明自己的价值，只有当你所做的事情真正有意义时，才能赢得领导的信任。还要关注与干系人的沟通内容、频率和方式。如果已经过了一个季度，项目经理还没有和某位干系人进行过沟通，那么往往存在重大问题。

第15章

AI赋能数字化项目管理之结项管理

15.1 结项管理的挑战

本章重点讨论项目如何交付项目成果、如何沉淀经验、赋能组织等高频难点问题，以下描述了如何应用项目管理新本质思维和新创新思维来解决这几个问题。

1. 项目怎么评价最合适

- 平衡思维：通过多维度的评价标准（如时间、成本、质量、客户满意度）全面评估项目。

2. 项目经理无法做到全能，怎么办

- 系统思维：建立强有力的团队，明确分工，发挥每个成员的特长，协同完成项目。

3. 项目如何交付项目结果

- 控制思维：制订详细的交付计划，确保所有交付物符合验收标准，并与客户沟通交付细节。

4. 项目如何沉淀经验、赋能组织

- 适度思维：通过项目总结和复盘会，记录项目经验教训，创建知识库，分享给组织成员，按照不断积累的经验执行，少走很多弯路。

5. 复盘会成了表功会、"甩锅"会，怎么办

- 目标思维：明确复盘会的目的，强调学习和改进，避免个人表功和推卸责任。

6. 组织没有复盘文化，怎么办

- 结构思维：推动建立复盘文化，通过培训和实践，使复盘成为组织的常态流程。

7. 客户故意拖延时间不验收，怎么办

- 控制思维：明确合同中的验收条款，定期与客户沟通，强调按时验收的重要性和合同义务。

8. 验收会上客户故意"挑刺"，怎么办

- 适度思维：准备充分的验收文档和测试报告，客观应对客户的质疑，寻求合理的解决方案。

9. 交付后客户又提了新需求，怎么办

- 程序思维：将新需求纳入变更管理流程，评估其影响，协商后续的处理方式和成本。

10. 如何深入探讨和分析组织问题的根本原因

- 系统思维：使用根本原因分析工具（如鱼骨图、"5Why法"），全面探讨问题的根源，制定有效的改进措施。

另外，以上十个难题要考虑对以后工作的借鉴，即资治通鉴的思路。

从创新思维的角度，本书提供了六种方法：跳出角色法、角色转换法、课题分离法、峰终定律、提前泄压法、投资心态法。

面对客户故意拖延时间不验收的情况，可以采用跳出角色法解决。项目管理团队可以暂时放下自己的身份，站在客户的角度思考问题，理解客户拖延验收的原因和动机。可能客户有其他方面的需求或担忧，需要通过沟通和理解解决。同时，可以尝试角色转换法，将自己从项目管理者的身份转变为客户代表的身份，以便更好地与客户沟通和协商解决方案。跳出角色法、角色转换法在管理方面更多偏向于人文方面，这些方法有助于我们在处理复杂的人际关系和沟通矛盾时采取更有效的应对措施。

课题分离法是一种通过明确任务和责任，将个体的任务和责任从团队或集体任务中分离开来，从而更加清晰地识别和解决问题的方法。这种方法可以帮助确保复盘会的重点不偏离，避免成为表功会、"甩锅"会，从而使其成为真正有效的学习和改进过程。

峰终定律是一种心理学理论，指人们对一段经历的记忆主要由其中的顶点（高峰时刻）和结束时刻决定。这意味着在验收会的关键时刻和结束部分留下积极的印象非常重要，以应对验收会上客户故意"挑刺"的难题。解决这个难题的另一个创新思维是提前泄压法。顾名思义，提前泄压法就是在正式的验收会或审查会之前，通过提前沟通、演示、讨论等方式，尽早发现和解决潜在的问题，从而减轻正式场合的压力。这种方法在项目管理和客户关系管理中被广泛应用，有助于提高工作的透明度，增进双方的理解和信任。

投资心态法意味着将看待问题的角度从"成本"转换为"投资"，评估新需求是否有可能带来更大的价值。运用这种思维可以有效处理客户在交付后提出的新需求。

应用项目管理新本质思维、新创新思维解决这十个高频难点问题的总结如表15.1所示。

表15.1 本章高频难点问题及解决思路

高频难点问题	解决思路		
	项目管理新本质思维	新创新思维	AI应用
35. 项目怎么评价最合适 36. 项目经理无法做到全能，怎么办	平衡思维（1.3.2节） 系统思维（1.3.3节）	—	案例89
37. 项目如何交付项目结果	控制思维（1.3.6节） 资治通鉴（1.2节）	—	案例90
38. 项目如何沉淀经验、赋能组织	适度思维（1.3.7节） 资治通鉴（1.2节）	—	案例91
39. 复盘会成了表功会、"甩锅"会，怎么办	目标思维（1.3.1节） 资治通鉴（1.2节）	课题分离法（2.4.3节）	案例91
40. 组织没有复盘文化，怎么办	结构思维（1.3.4节） 资治通鉴（1.2节）	—	案例91
41. 客户故意拖延时间不验收，怎么办	控制思维（1.3.6节）	跳出角色法（2.4.1节） 角色转换法（2.4.2节）	案例90
42. 验收会上客户故意"挑刺"，怎么办	适度思维（1.3.7节）	峰终定律（2.3.2节） 提前泄压法（2.4.5节）	案例90
43. 交付后客户又提了新需求，怎么办	程序思维（1.3.8节）	投资心态法（2.5.2节）	案例90
44. 如何深入探讨和分析组织问题的根本原因	系统思维（1.3.3节） 资治通鉴（1.2节）	—	案例91

15.2 结项管理的AI应用案例

15.2.1 案例89：项目评价的是与非

1. 知识介绍

项目快收尾了，王进步和艾学习又来张老师这里讨论有关问题。

张老师：我曾经受过项目评价的"摧残"。几年前，我一连做了三个项目，做得都很不错，客户很满意，好评如潮。你们猜我年底的时候会得到什么奖励？

艾学习：应该有个大红包，红包里面应该有奖金。

王进步：还应该有长期兑现的股票期权，或者加薪升职那样的通知。

张老师：有一天，人力资源经理果然拿着一个红包朝我走了过来，我一看到他，正兴奋呢，他就撕开了红包。失望，真失望！你们猜猜红包里是什么？

艾学习：感谢信？

张老师：错了，就是两张打印的PPT，上面写着："在年终之际，我们依照既定程序对全体员工实施了全面的360度评估，此评估涵盖了50项关键绩效指标（衡量项目经理的50项技能）。评估结果显示，您在8项指标上表现出色，然而，遗憾的是，在剩余的42项指标上，您的成绩未能达到平均水平。"面对这一评估结果，我深感自责与羞愧，因为我们从小被教导要勤劳、善良、聪明、勇敢，并具备忍辱负重和自我批评的精神。我意识到，在未能达到标准的情况下，寻求额外的奖励是不恰当的，甚至有失尊严。

然而，我的同事鼓励地拍了拍我的肩膀，引用了一句中国古谚："绳锯木断，水滴石穿，只要功夫深，铁杵磨成针。"他指出，尽管我面临42项挑战，但只要持之以恒、不懈努力，终将克服困难、取得进步。受到这番话的启发，我决定将评估结果复制多份，分别放在办公室、家中及随身携带，以此作为自我激励和持续改进的工具。

经过三个月的持续努力和自我磨练，我进行了自我审查，以评估进展情况。那些曾经看似坚不可摧的"铁杵"是否已经变得更加精细？

艾学习：没有？

张老师：每日不懈地研磨，我确信铁杵已略有细小变化，尽管这种变化微不足道，几乎难以用肉眼察觉。然而，令我震惊的是，原本纤细的8根针竟以惊人的速度增长，已然成为粗壮的铁杵。如今，我手中已无细针，全为铁杵，这无疑令人沮丧。在这段灰暗的日子里，我有幸前往美国参加一场国际管理大会。在那里，我遇到了一位管理领域的权威专家。我将两页PPT翻译成英文，递给了他，并询问："据称，拥有这50项技能的人便是成功的项目经理。请您评判，为何我始终无法达到这样的境界？"专家仅用15秒便回应道："我游历世界，从未见过有人真正完全掌握这50项技能。我建议你停止这种无谓的磨练，否则在你崩溃之前，你的身体可能已先承受不住。"

他接着说："对于涉及多个部门的大型系统项目，是否真的需要这50项技能？答案是肯定的，不应对此有任何怀疑。项目确实需要这些技能，但关键在于，作为项目经理和协调者，你需要明确自己在哪些方面是'针'，哪些方面是'铁杵'，再决定在哪些方面继续磨练。例如，如果你在与不同部门的人沟通时容易情绪失控，那么是否应该磨练自己，从3分钟内爆发到10分钟后再爆发，甚至达到不再失控的境界？虽然理论上可能，但投入产出比并不合理。专注于磨练自己的弱点，可能只会带来有限的进步和成果。因此，适当的磨练是必要的，但应控制在可接受的范围内。一旦达到一定程度，就应停止无谓的磨练。接下来，应该寻找合适的人来弥补你在'铁杵'方面的不足。这50项技能对于项目管理团队意味着什么？它们是项目管理团队必须掌握的，而作为项目经理，你在其中扮演的是主导和协调的角色，应该具备关键的沟通和协调技能。如果你缺乏这些技能，那么你将难以胜任项目经理的职位。"

2. 案例分析与总结

本案例谈论了项目评价的是与非。建议把对项目经理的评价和对项目的评价分开。这是为了提供更准确和全面的反馈，以及明确责任与贡献。以下是分开评价的作用。

（1）区分个人表现和项目结果

将对项目经理的评价与对项目的评价分开，可以区分个人的工作表现和项目的实际结果。在项目中，有时即使项目经理努力工作，但由于外部因素或团队成员的因素等，项目可能并未达到预期目标。分开评价可以准确地评估项目经理在整个项目过程中所起的作用，而不仅仅依赖项目结果。

（2）促进个人成长和发展

将对项目经理的评价与对项目的评价分开，能够为项目经理提供个人成长和发展的机会。针对个人表现的评价可以帮助项目经理识别自己的强项和改进的方向，进而提升自己的管理能力和领导能力。

（3）支持目标设定和绩效奖励

分开评价能够提供基准和参考，支持目标设定和绩效奖励的制定。在对项目进行总体评价时，团队可以根据项目目标是否达到、工作质量、时间管理等因素进行评价。而对项目经理的评价可以重点关注个人能力、团队管理效果及决策能力等因素，为目标设定和绩效奖励提供有针对性的依据。

（4）促进沟通和反馈

分开评价可以使沟通和反馈更有效。明确区分个人和项目的评价，可以更精准地传达信息，有效地指导个人的改进和项目的持续发展。同时可以为团队成员提供更具体和个性化的反馈，帮助他们理解自己的角色和责任，并取得更好的结果。

综上所述，将对项目经理的评价和对项目的评价分开有助于提供准确、全面的反馈，促进个人成长和发展，支持目标设定和绩效奖励，并促进沟通和反馈。这样可以实现团队的整体提高和持续进步。

15.2.2 案例90：项目验收四点对齐

1. 知识介绍

王进步的项目快做完了，马上要进行项目验收了，他和艾学习又来找张老师。他担心又遇到项目验收阶段的三个老大难问题：第一，客户故意拖延时间不验收；第二，验收会上客户故意"挑刺"；第三，交付后客户又提了新需求。

张老师：项目交付是重要里程碑。它意味着上一个阶段的结束，也代表着下一个阶段的开始。除了成功地完成项目，我们还应该总结经验教训，并关注未来的发展。只有让项目真正"活"起来，我们才能获得更多的机会。现在，让我们来看看关于交付的问题。

传统项目管理提供了一套标准的交付流程，包括最终验收、合同关闭、财务收尾、相关方满意度调研、文档归档、经验总结和庆功会等。然而，这部分通常只有几段话。传统项目管理强调程序正义，认为只要前面每个阶段做对了，交付就应该顺利完成，不会出现问题。但实际情况是，到了交付阶段，遇到的问题会越来越复杂。例如，客户可能推迟验收或拖延支付尾款；在验收会上可能反复"挑刺"；或者在验收阶段又提出了一堆新需求……总之，想要顺利完成项目交付简直是一项艰巨的任务！

艾学习：刚才您描述的几种情况，好像问题都出在甲方，都是他们事儿多。

张老师：请改变你的思维方式！先不要考虑对方是谁，而把他们视为真实情况和挑战的一部分。这会帮助你理解为什么他们在验收阶段提出意见。成功交付的关键在于什么？在于对方如何接受，而不是你如何交付。如何交付指的是如何完成交付，而如何接受则涉及如何让对方获得良好体验。只要换个角度看问题，很多难题就会迎刃而解。

我们必须就项目交付结果符合质量要求达成共识。如果质量不达标，就根本无法讨论其他问题。如果出现此类情况，请诚挚道歉并积极改进。还有一个常见问题是，交付物质量良好，但流程不完善。在这种情况下，你需要审查交付环境和项目文件清单，确保充分准备好交付。

排除了交付物本身的问题，接下来需要关注客户最关心的几类交付问题。

王进步：客户故意拖延时间不验收，怎么办？我的项目按照项目的实施计划，系统成功上线，就算完成交付了，结果客户就是迟迟不验收。我估计他可能担心验收之后系统就没人管了，也可能心中有个算盘，如果验收通过，后面出了问题，不知道怎么向领导交代。怎么做才能让客户尽快验收？

张老师：我们希望尽快验收，但客户希望在验收前解决潜在问题。这只是观点不同而已。客户推迟验收可能让你感到困扰，但也许只是信息不对称导致的失控感。解决之道在于多沟通，共享信息，将控制权传递给客户。建议采用"四点对齐法"确保项目顺利交付。明确目标与客户共识，展示成果及后续解决方案。共享里程碑计划与成果，遇到困难时及时沟通。与客户分享成果，并提供改进机会。最终交付时，确保信息同步，客户见证努力结果。"四点对齐法"将控制权交还给客户，保持信息同步，操作简便。

2. 输入AI

在项目管理平台升级项目中，利用四点对齐法，即项目的起点、终点、赛点（里程碑）、卡点（项目中遇到的问题），从项目立项之初就把控制权交给客户，与客户拉齐信息。我该做哪些工作，有哪些建议？

3. AI回复

在项目管理平台升级项目中，利用"四点对齐法"将控制权交给客户，并与客户拉齐信息，以下是一些建议和相关工作。

（1）起点阶段

①与客户明确项目目标和需求。与客户深入沟通，确保对项目目标、预期结果和需求清晰理解。记录并确认客户的期望。

②共同制订项目计划。与客户共同制订项目计划，包括时间表、交付物和关键里程碑等。确保项目的范围和时间限制符合客户要求。

（2）终点阶段

①定义交付标准和验收规则。与客户一起定义项目交付的标准和验收规则，确保客户满意并接受项目的最终交付成果。

②进行项目总结和反馈。与客户共同进行项目总结和反馈，及时了解客户对项目的满意度，并采取必要的改进措施。

（3）赛点阶段（里程碑）

①共享里程碑计划与结果。在项目管理平台上分享里程碑计划，定期向客户报告里程碑的完成情况并共享结果，确保与客户保持信息一致。

②同步调整和优化计划。根据客户的反馈和要求，及时调整项目计划，并与客户协商确定优先级。

（4）卡点阶段（项目中遇到的问题）

①建立问题跟踪与解决机制。在项目管理平台上建立问题跟踪系统，记录和跟踪项目中遇到的问题，并与客户共享问题及解决情况。

②及时沟通和协作。确保与客户及时沟通和协作，共同寻找解决方案，并及时更新进展。

4. AI回复点评

总之，在项目立项之初就将控制权交给客户，需要与客户紧密沟通和协作。通过利用项目管理平台分享和更新项目信息，与客户拉齐信息，在项目起点、终点、赛点和卡点上达成一致。

王进步：第二个问题，怎么做才能避免验收会开成"挑刺"会？

张老师：如果换位思考一下，假设你是甲方，也就是需求方，我敢打赌你也一定能挑出一大堆"刺"来。为什么？因为验收会是现场会，甲方肯定会找领导来监督。到那时，你要客气地请求领导给一些建议，而领导就会本能地提问题。所以说，这个问题的核心在哪儿？在于你把所有的压力、矛盾都集中在验收会上有限的时间和空间里。那该怎么办呢？就是别让压力在验收时爆发，得给它找个出口。具体来说，我们可以用"泄压三步法"帮客户缓解压力。第一，向前泄压。提前和各关键角色达成共识，确保验收时只有"朋友"，没有"敌人"。第二，向上泄压。给客户留下超级棒的体验，让对方为自己评个满分。第三，向未来泄压。和客户一起展望未来，把客户的情绪、注意力引向遥远的未来。

王进步：具体怎么做呢？

张老师：怎么向前泄压？在验收会之前，你一定要和客户方的关键角色挨个沟通，收集他们的意见。把他们的意见纳入你的方案，把对方变成你的朋友，这就是提前共识，向前疏解压力。我发现很多项目经理对验收会的认识存在误区，认为验收会是一个共识会，实际上不是。验收现场不是追求共识，而是完成一个仪式，让所有人一致鼓掌表决通过。而所有的共识早在验收会之前就已经达成了。怎么向上泄压？想想"峰终定律"。

王进步：我知道峰终定律（见图15.1），就是每个人在经历了一次事件之后，有两个环节会给他留下非常深刻的印象。第一个是高峰时刻，第二个是结束时刻。

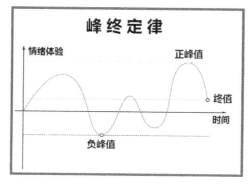

图15.1　峰终定律

张老师：为了给客户创造出完美的高峰体验，一位房地产开发项目的经理在项目验收的过程中利用了峰终定律来给客户留下积极的印象。他的方法是在项目验收之前，通过宣传和推广突出项目的特点和高品质设计，并展示项目提供的设施、环境和居住体验等。然后，在项目进展的各阶段进行交付展示，让客户对项目的完成产生期待感。最后，在整个小区竣工后，组织隆重的仪式来展示小区的景观和设施，并邀请专家参与。这样可以让客户一直保持积极的感受，确保成功验收并提升客户的满意度和信任度。

王进步：向未来泄压又是什么意思呢？

张老师：就是不要让客户把关注点放在验收现场，而要放在未来。你想，如果客户把所有注意力都放在现场的交付物上，这就是零和博弈。你把打分权拱手让给客户，客户怎么都会给你"挑刺"。但是我们可以稍微换个姿态，携手客户转身面向未来，共同憧憬未来的美好，让客户看到这个交付物是怎么嵌入客户之后的工作和生活的，是怎么跟用户互动、和客户的计划发生化学反应的，又是怎么结出丰硕果实的。

下面让AI为我们提出一些建议。

5. 输入AI

项目管理平台升级项目马上要进行项目验收了，我们可以通过"泄压三步法"帮助客户泄压。请据此对项目管理平台升级项目提出建议。

6. AI回复

针对项目管理平台升级项目，以下是基于"泄压三步法"的建议。

（1）向前泄压

①在项目验收会前，与关键角色进行深入沟通和协商。确保双方对项目目标、交付物和验收标准达成共识，避免出现分歧和冲突。

②提前与关键角色分享项目进展和成果，让他们参与到项目的决策过程中。这样可以加强他们对项目的归属感和主动性。

（2）向上泄压

①为客户创造一个峰值体验，如在项目验收会上展示项目的重要成果和亮点。确保项目交付符合客户的期望，并通过现场演示或演讲来展示项目的优势和创新之处。

②主动征求客户的反馈和意见，鼓励客户发表正面评价。可以提供客户满意度调查问卷，或者请求客户在项目管理平台上留下积极的评价和意见。

（3）向未来泄压

①和客户一起展望未来，讨论项目交付后的持续支持和维护计划。强调项目的可持续性和长期价值，以引起客户对未来发展的关注和期待。

②提供培训和支持，使客户能够更好地适应和利用升级后的项目管理平台。与客户共同制订学习和发展计划，以提高他们的技能和能力。

7. AI回复点评

综上所述，向前泄压、向上泄压和向未来泄压三种方法可以帮助客户释放压力。这三种方法强调沟通、共识和合作，确保项目团队与客户保持良好关系，并着眼于长期价值和客户满意度的提升。

王进步：第三个问题，交付后客户又提了新需求，怎么办？

张老师：如果你的目光足够长远，你甚至可以主动为客户创造"麻烦你"的机会。我家楼下有一家房产中介公司，他们一到周末就会在小区广场组织磨剪子和菜刀的免费服务。扩音喇叭一响，小区的老爷爷、老奶奶们就会准时集合。你会看到这样一个奇观，每到周末，小区广场中央就会出现一条长长的队伍。这样的服务，看似成本不高，但是长期做下来，也需要一笔不小的费用。这件事和卖房子没有任何关系。他们为什么这么做？因为这就是那根"长长的杠杆"。通过主动去做一些业务边界以外的事情，他们与客户建立了联系，形成了信任。如果你住在这个小区，有一天你有房要出租或出售，在多家房产中介中，你会选哪家？一定是他们啊。

王进步： 如果我自己遇到这样的情况，项目已经交付了，客户又提了新需求，我是接还是不接呢？标准是什么呢？

张老师： 我的答案非常简单，只要满足下面这三个标准，就可以接。第一，客户的需求符不符合我们的价值观？违法乱纪的事千万不要做。第二，客户的需求是不是能够让我们的品牌更深地植根在用户意识当中？第三，客户的需求能不能让我们趁势实现破圈营销，让更多的人看到？

作为项目经理，如果把职业生涯看成一段漫长的人生旅途，那么你的每次项目交付都不是终点，而是下一次项目的起点。你要做的就是把项目的责任边界和下一笔生意之间的这堵墙推倒。下面我们还是让AI给出一些建议。

8. 输入AI

作为项目管理平台升级项目的项目经理，项目已经验收通过了，客户又提了新的需求，我是接受还是不接受需求？请按照投资心态法的思路提出一些建议。

9. AI回复

作为项目经理，在客户提出新需求之后，需要综合考虑以下因素并基于投资心态法做出选择。

（1）价值与回报

评估新需求对项目价值和回报的影响。考虑新需求是否能够带来更多的收益或增加项目的竞争优势。如果新需求能够明显增加项目的价值和回报，就可以考虑接受需求。

（2）成本与资源

评估新需求对项目成本和资源的影响。考虑新需求是否会导致额外的开支、调整项目计划及增加团队工作量。如果接受新需求将对项目的成本和资源投入造成较大压力，就可以考虑不接受需求，以保持项目可控。

（3）时间与风险

评估新需求对项目进度和风险的影响。考虑新需求是否会引起项目延期、增加项目风险或导致其他问题。如果接受新需求会严重影响项目的进度并增加风险，就需要谨慎考虑是否接受需求。

（4）合同和合作关系

评估与客户的合同条款和合作关系。考虑接受新需求是否符合合同约定，是否容易实施，并要注意与客户的合作关系是否能够承受额外需求带来的压力。

基于投资心态法的思路，项目经理应权衡以上因素，并考虑以下建议。

- 如果新需求在价值、回报、成本、资源、时间和风险等方面带来明显正面影响，同时符合合同约定和合作关系，则可以接受需求，并与客户协商确定相应的变更管理措施。

- 如果新需求的投资回报较低，同时导致了过高的成本、风险或项目延期，则可以考虑不接受需求，并与客户进行充分沟通，共同寻找其他解决方案。

10. AI回复点评

综上所述，投资心态法的思路要求项目经理在评估新需求时综合考虑各种因素，并思考其对项目整体的影响，从而做出明智的决策。

15.2.3 案例91：项目复盘知识沉淀

1. 知识介绍

王进步： 为什么项目经理一定要懂得复盘？因为复盘能沉淀经验、总结规律。我相信，任何成熟的项目经理都不会质疑项目复盘的重要性。但是我从未复盘过。我看到有的项目经理把复盘会开成了"表功会"和"甩锅会"，我们部门也没有复盘的文化，怎么办？

张老师： 复盘是重新定义项目的过程，能够展现项目的全部价值。项目的价值不仅在于成果，更在于经验。总结好的经验可以推广到整个组织，增加个人影响力。总结不好的经验可以避免再犯错。交付是满足需求方的要求，复盘是交付项目经验。通过复盘，项目经理将项目经验交付给组织，能够提升整个组织的能力。如何复盘并沉淀有价值的经验呢？

王进步： 传统项目管理用经验教训登记册（见表15.2）来复盘和记录项目经验。

张老师： 但经验教训登记册可不是只在最后阶段才用的哦！它要贯穿整个项目过程，与项目的变更日志、问题日志等一起同步更新，记录项目遇到的问题、挑战，以及那些比较好的实践。

表15.2 经验教训登记册

				经验教训登记册				
项目 名称	提交 时间	问题 描述	教训 总结	适用 范围	解决 方案	实施 效果	经验 分享	登记 人员

备注：

经验教训编号	每个经验教训的唯一标识符，方便索引和引用
项目名称	相关经验教训所属项目的名称
提交时间	经验教训被记录的时间

续表

问题描述	描述发生的问题或困难，具体说明问题情况、原因、影响等
教训总结	对解决问题得到的经验进行总结，提炼出有价值的教训和改进建议
适用范围	指明该经验教训适用于哪些阶段、过程或类似项目
解决方案	对问题的解决方案或改进措施进行详细描述
实施效果	对解决方案或改进措施的实施结果进行评估，包括改进的效果和影响
经验分享	分享和传递该经验教训的方式与途径
登记人员	记录经验教训的人员姓名或身份

在经验教训登记册中，每个问题都有一个独立的记录条目。记录的内容应该足够详细，以便未来参考和学习，包括对问题的描述、原因分析、解决方案的实施和效果评估等。登记人员负责将经验教训进行适当分类和整理，确保其易于查找和利用。

王进步：复盘会成了"表功会""甩锅会"，怎么办？

张老师：部分人只会相互吹捧和夸奖，还有一部分人遇到问题只会互相推卸责任。为什么会这样？很简单，缺乏课题的明确界定。只要明确了自己要处理的事情和别人的事情，就能更好地管理自己的事情，不过多关注他人的事情。只有界定清晰、任务明确，我们的工作才能有序进行。

课题分离就是区分"项目功过"和"个人表现"。很多复盘会变得混乱不堪，就是因为没有区分总结项目经验和评估个人表现。如果没有清晰划分，那么与会者往往把发现问题、吸取经验和找差距等都视为评判个人表现的机会。在这种情况下，人们往往推卸责任、批评他人，设法不让责任落在自己身上。复盘会演变成一场竞赛，评判的是"谁做得更出色"和"谁犯了错"。

我们应该沿用课题分离的思路，全面转变会议形式，专注于向继任者传授经验。在复盘会上，每个人都要针对继任者发表意见。会议的焦点不再是历史功过，而是向继任者传授经验。整个会议氛围将焕然一新，不再争论功过大小，而是看'谁的话最有建设性"。简言之，大家通过分享个人经历，让复盘会成为一个共享经验的平台，而非竞技场。

王进步：那么这个项目的复盘会议该怎么召开呢？

张老师：我们看看AI有什么建议。

2.输入AI

作为项目管理平台升级项目的项目经理，在项目复盘会中，该怎么做到课题分离（将复盘会议从指向项目经理变成指向项目的继任者）？

3.AI回复

在项目复盘会中实现课题分离，并将焦点从项目经理转移到项目的继任者，可以采取以下方法。

（1）专注于项目目标和成果

确保复盘会的主要关注点是项目目标是否达成，以及项目成果。不过多强调个人角色，聚焦项目本身。

（2）归纳和概括议题

确保议题和讨论重点涵盖整个项目，而非局限于某个角色或个人责任。以整体的、全面的方式归纳和概括议题，使复盘会更关注项目管理和项目成果。

（3）分享意见和反馈

鼓励项目团队成员和干系人分享他们的意见和反馈，特别是项目的继任者。让他们对整个项目的执行情况进行评估并发表看法，以便听取更广泛的观点和经验。

（4）强调知识传承

强调知识传承和经验教训的分享。鼓励项目团队成员将他们在项目中获得的经验教训分享给项目的继任者，以便他们能够借鉴这些经验并避免类似的困扰。

（5）分享项目文档和资料

提供项目文档和资料作为参考，并鼓励项目的继任者仔细审查这些文件。这样可以帮助他们更好地理解整个项目的执行情况，并获取相关信息。

（6）设立过渡计划和交接期

为项目的继任者设立过渡计划和交接期，以便顺利转交项目责任。在复盘会中讨论并落实这些计划，确保项目平稳转移。

4. AI回复点评

通过上述方法，可以将复盘会的焦点从项目经理转移到项目的继任者，并确保复盘讨论涵盖整个项目，以便能够有效地继续推进项目并应对未来的挑战。

王进步：组织没有复盘文化，怎么办？

张老师：真正的复盘高手复盘的不是经验教训，而是结构上的优化点。我给你一个思考框架，可以帮你做深度复盘。这个思考框架就是来自丰田公司的"5Why"法，针对任何一个问题，追问5个"为什么"。

有一次，丰田公司的副社长到生产线上视察，发现机器停转了。于是他问了第一个问题："为什么机器停转了？"员工回答："因为超负荷，保险丝断了。"他接着问了第二个问题："为什么会超负荷？"员工回答："因为轴承的润滑不够。"他又问了第三个问题："为什么润滑不够？"员工回答："因为润滑泵吸不上油。"

他又问了第四个问题："为什么吸不上油？"员工回答："因为油泵轴磨损了。"

接着他又问了第五个问题："为什么磨损了？"员工回答："因为没有安装过滤器，混进了铁屑等杂质。"连着问了5个为什么，终于落实到优化组织的流程上。接下来，丰田公司就在润滑泵上加装滤网，根治了这个问题。

那么，下一个问题来了，这5个"为什么"怎么问，才能层层深挖呢？在项目复盘这个特定问题上，我给你搭个脚手架，即五层组织复盘法，你可以对照来看，每个问题能不能深挖一层。第一层，突发情况；第二层，个人失误；第三层，流程、标准；第四层，制度章程；第五层，关系结构。

这五层有一个分割线。前两层是个人级别的总结；后三层是组织级别的总结。复盘的最高境界是从个人级别总结到组织级别总结，挖掘组织的痛点，实现组织进化。建议使用内部专利法在项目过程中设置激励措施，如奖金或福利。团队成员每沉淀一个经验文档或被组织其他人查阅一次，就会得到相应的奖金。对于组织没有复盘文化的问题，项目经理可以从自己的项目入手，通过"5Why"法和五层组织复盘法推动小迭代，优化公司流程、项目机制，持续这样做。当你开始考虑优化组织流程、制度、结构时，你就已经成功拿下了这道加分题。

5. 输入AI

作为项目管理平台升级项目的项目经理，我有一份紧急文件要去公司财务部盖章，盖完章，我还得赶飞机去另一个城市出差。结果财务部小王说："我想午休一会儿，你下午再来吧。"现在请利用"5Why"法和五层组织复盘法对这件事进行分析。

6. AI回复

通过运用"5Why"法和五层组织复盘法，我们可以深入分析这件事。

第一，为什么财务部小王拒绝在中午盖章？因为他想午休一会儿。

第二，为什么他觉得午休很重要？可能因为他感到疲劳或需要休息。

第三，为什么他无法在其他时间盖章？或者为什么没有安排别人代替他来盖章？

- 可能因为他是唯一可以盖章的人员。
- 可能因为他负责的任务很多，所以无法腾出时间盖章。

将问题延伸到五层组织复盘法，分析如下。

第一层，突发情况：由于需要赶飞机去另一个城市出差，项目经理的时间非常紧迫，这可能是一个突发情况。

第二层，个人失误：项目经理可能在计划行程时未准确评估到达公司财务部的时间，并没有与财务部小王提前沟通。

第三层，流程、标准：公司可能缺乏明确的流程和标准，以确保及时处理和审批重要文件，或者缺乏替代方案来处理这种情况。

第四层，制度章程：公司可能需要建立更健全的制度章程，在文件审批流程中明确角色和责任，以避免过度依赖个别人员。

第五层，关系结构：项目团队与财务部小王之间的沟通和合作关系可能需要进一步加强，以确保项目紧急事务得到及时处理。

通过以上分析，我们可以得出以下一些解决方案。

- 在计划行程时要充分考虑各项任务的时间安排，并与相关人员提前沟通，以避免类似的时间冲突。

- 建立明确的流程和标准，确保文件审批流程顺畅进行，包括明确责任分工和安排备用人员。
- 加强团队内部和跨部门的沟通和合作关系，建立良好的工作关系网络。

7. AI回复点评

在本案例中，通过五层组织复盘法，AI更加深入和准确地给出了三个解决方案。可以根据实际情况综合考虑这些建议，并采取适当的措施，以避免类似问题发生，确保项目顺利进行。

五层组织复盘法是一种组织学习和改进的方法，旨在深入探讨和分析组织问题的根本原因。它的主要意义包括以下几方面。

（1）全面了解问题

通过五层组织复盘法，人们可以对组织中出现的问题进行全面了解和分析。这种方法不仅关注事实和现象，还深入研究背后的原因和影响因素。它帮助人们超越表象，定位和理解问题的本质，从而更好地解决问题。

（2）深入剖析问题根源

五层组织复盘法强调问题的多维度分析，涉及五个层次：事件表象、模式、结构、心理、信念。通过逐层展开分析，可以揭示问题的深层次原因，包括组织文化、价值观及习惯性思维模式等。对问题根源的深入剖析有助于提供更全面和长期的解决方案。

（3）增强组织学习能力

五层组织复盘法可以促进组织学习发展。通过对问题的逐层分析，组织成员可以更好地认识组织内涵、结构和文化等方面的固有特点，并从中学习，发掘潜在问题和机遇。这有助于组织不断优化自身运作方式，提高适应性和创新能力。

（4）促进团队合作和达成共识

五层组织复盘法需要团队成员共同参与和合作，共同分析和理解问题。通过多角度的探讨和交流，团队成员可以彼此倾听、学习和分享经验，建立共识和共同目标。这有助于增强团队的凝聚力、协作能力和创造力。

（5）推动持续改进和进步

五层组织复盘法强调问题的根本原因和解决方案。通过深入分析根本原因，找到有效的解决路径，组织可以实施相应的改进措施，并不断优化自身的运作模式。这种持续改进的过程使组织能够适应变化、迎接挑战，并取得持续进步。

总之，五层组织复盘法的意义在于全面了解问题、深入剖析问题根源、增强组织学习能力、促进团队合作和达成共识，以及推动持续改进和进步。它为组织问题的分析和解决提供了一种系统、综合的方法论。

本书出场人物介绍

1. 王进步

王进步，大学毕业后进入一家中小型软件公司工作，最初负责系统软件的开发。他去年参与了一个需求管理平台的开发工作，业绩不错，今年因为公司人手不足，被领导任命为项目管理平台升级项目的项目经理。他性格虽然比较内向，但是工作非常认真。他参加了PMP®认证培训，拿到了PMP®证书，但是项目管理实战经验不足。他一有机会就去参加各种专业的项目管理沟通交流会议，在一次项目管理公开课上认识了本书的几位作者，发现非常合得来，于是经常在周末向几位作者请教，共同讨论和学习。

2. 艾学习

艾学习是王进步的同事，也是王进步刚入职时的指导老师，进入这家中小型软件公司5年左右。在项目管理平台升级项目中，她是项目团队成员，也是王进步的助手。她在工作上刻苦耐劳，学习上勤学好问，每天都精力十足。她的口头禅是"要么读书，要么旅行，身体和灵魂总有一个在路上"，是个工作与生活的平衡派。王进步向艾学习提起周末的交流，艾学习立即产生了浓厚的兴趣，表示非常想听一听，因此也经常参加讨论。

3. 张老师

张老师是一个虚拟的人物，代表像本书六位作者一样有丰富的项目管理咨询和培训经验的咨询师。

本书项目管理平台升级项目的相关信息

1. 痛点

（1）领导

日常工作事项繁多，希望能快速了解各部门项目的概况及详情。

用户期待：

- 快速了解部门内各小组的项目进展情况。
- 快速了解项目的详细情况。
- 系统能提供智能化的数据报表及可视化图表。
- 系统交互与操作简洁、便捷，信息展示清晰、易读。

（2）PMO

负责项目管理的标准规划设计并推动实施，对项目进行日常监控和跟踪，希望系统能快速响应管理要求。

用户期待：

- 系统需求开发速度更快，能够快速响应管理要求。
- UI交互更具易用性，降低项目经理的上手成本。
- 快速了解项目风险并做出应对，提高项目成功率。
- 能够定制智能报表，并实时推送给相关用户。
- 帮助项目经理直观掌握各关键里程碑及时间节点，及时做出应对。

（3）项目经理

日常忙于具体工作及项目团队管理，希望系统能帮助降低管理成本，提高管理效率。

用户期待：

- 系统能对项目过程提供指引。

- 系统能提供关键里程碑管理及智能提醒功能。
- 快速了解项目需求进展情况。
- 清晰了解项目资源使用情况。
- 快速了解团队成员的工作负荷。
- 清晰了解项目人力缺口。
- 对项目风险进行管理和发出预警。
- 系统能与OA等外部系统联动，能快速发起和获取OA相关流程。

（4）内控人员

负责项目的外包人力管理及预算管理，希望系统能提供相应的数据及信息。

用户期待：

- 快速了解外包团队情况。
- 快速了解项目预算使用情况。
- 清晰了解部门预算在各项目中的分配情况。
- 系统在财务汇报周期内能自动生成项目的财务报表。
- 了解外包团队在各项目中的工作量及工作完成情况。

（5）项目成员

日常为公司各系统及项目的安全、运维提供保障，希望系统能为运维提供资源信息。

用户期待：

- 提前了解项目的资源估算情况，以提前做好资源分配。
- 快速了解项目的资源使用情况。
- 快速了解项目的应用架构和部署架构，以做出安全性评估。

2. 解决方案

解决方案1：开发系统模块，提供项目概况和项目详情的信息展示功能，包括项目进度、问题、风险等。

解决方案2：提供项目详细信息的查询功能，包括项目计划、资源分配、任务进展等。

解决方案3：开发智能报表模块，提供各类数据报表和可视化图表，帮助领导层直观了解项目情况。

解决方案4：优化系统的界面设计和交互流程，确保操作便捷、界面清晰、信息可读性强。

解决方案5：加快开发速度，缩短需求开发周期，建立即时沟通渠道，及时响应管理要求。

解决方案6：优化系统的用户界面设计，提供友好的用户体验和操作指引，降低项目经理的上手成本。

解决方案7：开发风险管理模块，及时识别和评估项目风险，并提供相应的风险应对措施和预警机制。

解决方案8：开发定制智能报表功能，允许用户根据需求定制报表内容，并设置实时推送机制。

解决方案9：提供关键里程碑管理和智能提醒功能，帮助项目经理直观掌握项目进展和关键时间节点，及时做出应对。

解决方案10：开发项目过程导航功能，为项目经理提供详细的项目执行指南和最佳实践。

解决方案11：提供关键里程碑管理工具，包括设置关键里程碑、跟踪进度、发送提醒等功能，帮助项目经理及时了解重要事件。

解决方案12：开发需求管理模块，让项目经理能够实时掌握项目需求进展情况。

解决方案13：提供资源管理工具，包括资源分配、使用情况统计等功能，帮助项目经理有效管理和优化项目资源。

解决方案14：开发工作负荷管理模块，让项目经理能够了解团队成员的工作负荷情况，并做出适当调整。

解决方案15：提供人力资源管理工具，帮助项目经理及时了解项目的人力需求和缺口，并采取相应措施。

解决方案16：提供风险管理模块，让项目经理能够识别和评估项目风险，并采取相应措施进行风险管理和发出预警。

解决方案17：实现与OA等外部系统的集成，提供与OA流程的无缝衔接，方便项目经理快速发起和获取相关流程。

解决方案18：提供外包团队管理模块，包括团队成员信息、工作分配、工作量统计等，帮助内控人员全面了解外包团队情况。

解决方案19：开发预算管理模块，记录和分析项目预算的使用情况，为内控人员提供准确的数据和信息。

解决方案20：提供预算分配管理工具，记录和查看部门预算在各项目中的分配情况，方便内控人员进行预算控制和管理。

解决方案21：开发财务管理模块，自动生成项目的财务报表，方便内控人员进行财务分析和编制报告。

解决方案22：提供外包团队工作量和完成情况统计功能，及时了解外包团队在各项目中的工作情况。

解决方案23：提供资源估算模块，让项目成员在项目启动之前就能获得项目资源的估算情况，有针对性地做出准备。

解决方案24：提供资源使用情况查看功能，使项目成员可以实时了解项目的资源占用和资源剩余情况。

解决方案25：提供应用架构和部署架构的可视化展示功能，使项目成员可以直观了解项目的架构和安全性评估。